孙文全集

规 章（上）

黄彦 主编

第五册

SPM
南方出版传媒
广东人民出版社
·广州·

誓約 ⊙二一

立誓人孫文為救中國危亡極生民困苦願
犧牲一己之身命自由權利統率同志再舉
革命務達民權民生兩主義並創制五權憲
法使政治修明民生樂利措國基於鞏固維世
界之和平特誠謹矢誓如左

一　實行宗旨
二　慎施命令
三　盡忠職務
四　嚴守秘密
五　誓共生死

從茲永守此約至死不渝如有貳心甘受極刑

中華民國廣東省香山縣孫文

民國三年七月八日立

图为中华革命党领袖之誓约，以"统率同志再举革命"为职责，其第二项为"慎施命令"，以对同志。此誓约于中华革命党正式成立之日由孙文亲书并按指模。

中華革命黨總章

一　本黨名曰中華革命黨

二　本黨以實行民權民生兩主義為宗旨

三　本黨以掃除專制政治建設完全民國為目的

四　本黨進行秩序分作三時期

（一）軍政時期　此期以積極武力掃除一切障礙而奠定民國基礎

（二）訓政時期　此期以文明治理督率國民建設地方自治

（三）憲政時期　此期俟地方自治完備之後乃由國民選舉代表組織憲法委員會創制憲法憲法頒布之日即為革命成功之時

五　自革命軍起義之日至憲法頒布之時名曰革命時期在此時期之內一切軍國庶政悉歸本黨負完全責任

六　凡於中國同胞皆有贊進本黨之權利義務

七　凡於革命軍未起義之前進本黨者名曰首義黨員……

八　凡本黨黨員須犧牲一己之身命自由權利而為本黨盡忠宣誓書……

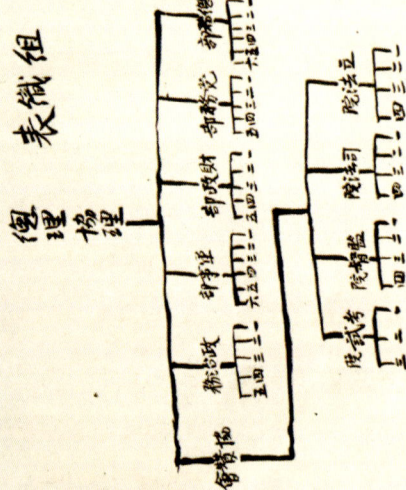

一九一四年，孙文所书《中华革命党总章》。

《建国大纲》为孙文手拟，一九二四年一月二十日中国国民党第一次全国代表大会开幕典礼后，即于当日下午提出交议，孙文并亲作详细说明，经大会一致通过。孙文手书《建国大纲》通行者两种，其一为一九二四年一月十八日作，书后题曰"右建国大纲二十五条，为今日再造民国必由之径，草成并书为科儿玩索"，当系初拟完成所书，命孙科研读者；其二为同年四月十二日写，签"孙文书"字样，后有宋庆龄跋文，图为一九二四年四月十二日书印之件。

國民政府建國大綱

一 國民政府本革命之三民主義五權憲法以建設中華民國

二 建設之首要在民生故對於全國人民之食衣住行四大需要政府當與人民協力共謀農業之發展以裕民食共謀織造之發展以足民衣建築大計畫之各式屋舍以樂民居修治道路運河以利民行

三 其次為民權故對於人民之政治知識能力政府當訓導之以行使其選舉權行使其罷官權行使其創制權行使其複決權

四 其三為民族故對於國內之弱小民族政府當扶植之使之能自決自治對於國外之侵畧強權政府當抵禦之並同時修改各國條約以恢復我國際平等國家獨立

五 建設之程序分為三期一曰軍政時期二曰訓政時期三曰憲政時期

六 在軍政時期一切制度悉隸於軍政之下政府一面用兵力以掃除國內之障礙一面宣傳主義以開

化全國之人心，而促進國家之統一。

七、凡一省完全底定之日，則為訓政開始之時，而軍政停止之日。

八、在訓政時期，政府當派曾經訓練考試合格之員，到各縣協助人民籌備自治，其程度以全縣人口調查清楚，全縣土地測量完竣，全縣警衛辦理委善，四境縱橫之道路修築成功，而其人民曾受四權使用之訓練，而完畢其國民之義務，誓行革命之主義者，得選舉縣官，以執行一縣之政事，得選舉議員，以議立一縣之法律，始成為一完

九、全自治之縣。其國民有直接選舉官員之權，有直接罷免官員之權，有直接創制法律之權，有直接複決法律之權。

十、每縣開創自治之時，必須先規定全縣私有土地之價，其價由地主自報之，地方政府則照價徵稅，並可隨時照價收買，自此次報價之後，若土地因政治之改良，社會之進步而增價者，則其利益當為全縣人民所共享，而原主不得而私之。

十一、土地之歲收，地價之增益，公地之生產，山林川澤之息，鑛產水力之利，皆為地方政府之所有，而用以經營地方人民之事業，及育幼養老濟貧救災醫病與夫種種公共

之需

十二 各縣之天然富源與及大規模之工商事業本縣之資力不能發展與興辦而須外資及能經營者當由中央政府為之協助而所獲之純利中央與地方政府各占其半

十三 每縣對於中央政府之負擔當以每縣之歲收百分之幾為中央歲費每年由國民代表定其限度不得少於百分之十不得加於百分之五十

十四 每縣地方自治政府成立之後得選國民代表一員以組織代表會

十五 凡候選及任命官員無論中央與地方皆須經中央考試銓定資格者乃可

十六 凡一省全數之縣皆達完全自治者則為憲政開始時期國民代表會得選舉省長為本省自治之監督至於該省內之國家行政則省長受中央之指揮

十七 在此時期中央與省之權限採均權制度凡事務有全國一致之性質者劃歸中央有因地制宜之性質者劃歸地方不偏於中央集權或地方分權

十八 縣為自治之單位省立於中央與縣之間以收聯絡之效

十九 在憲政開始時期中央政府當完成設立五院以試行五權之治其序列如下曰行政院曰立法院曰

司法院曰考試院曰監察院

二十行政院暫設如下各部一內政部

二外交部三軍政部四財政部五

農鑛部六工商部七教育部八交

通部

廿一憲法未頒布以前各院長皆歸總

統任免而督率之

廿二憲法草案當本於建國大綱及訓

政憲政兩時期之成績由立法院

議訂隨時宣傳於民衆以備到時

采擇施行

廿三全國有過半數省分達至憲政開

始時期即全省之地方自治完全

成立時期則開國民大會決定憲

法而頒布之

廿四憲法頒布之後中央統治權則歸

於國民大會行使之即國民大會

對於中央政府官員有選舉權有

罷免權對於中央法律有創制權

有複決權

廿五憲法頒布之日即為憲政告成之

時而全國國民則依憲法行全國

大選舉國民政府則於選舉完畢

之後三個月解職而授政於民選

之政府是為建國之大功告成

民國十三年四月十二日孫文書

先生建國大綱二十五條實為施

行三民主義五權憲法之基礎而

國國家長治久安之至道也荻持

將先生親筆稿付石印以供先覩

之快並作民國開創之寶典焉

妻宋慶齡謹跋並書

本　册　目　录

规

章

（上）

檀香山兴中会章程①

（一八九四年十一月）②

中国积弱，非一日矣！上则因循苟且，粉饰虚张；下则蒙昧无知，鲜能远虑。近之辱国丧师，翦藩压境③，堂堂华夏不齿于邻邦，文物冠裳被轻于异族。有志之士，能无抚膺！夫以四百兆苍生之众，数万里土地之饶，固可发奋为雄，无敌于天下。乃以庸奴误国，涂〔荼〕毒苍生，一蹶不兴，如斯之极。方今强邻环列，虎视鹰瞵，久垂涎于中华五金之富、物产之饶。蚕食鲸吞，已效尤于接踵；瓜分豆剖，实堪虑于目前。有心人不禁大声疾呼，亟拯斯民于水火，切扶大厦之将倾。用特集会众以兴中，协贤豪而共济，抒此时艰，奠我中夏。仰诸同志，盍自勉旃！谨订规条，胪列如左：

一、是会之设，专为振兴中华、维持国体起见。盖我中华受外国欺凌已非一日，皆由内外隔绝，上下之情罔通，国体抑损而不知，子民受制而无告。苦厄日深，为害何极！兹特联络中外华人，创兴是会，以申民志而扶国宗。

一、凡入会之人，每名捐会底银五元。另有义捐以助经费，随人惟力是视，务宜踊跃赴义。

一、本会公举正副主席各一位，正副文案各一位，管库一位，值理八位，差

① 孙文于一八九四年六月赴天津投书于清直隶总督李鸿章，呼吁革新中国，未获接见；七月日本发动侵华战争（即中日甲午战争），清军在战争中节节败退。孙文乃于十月（另说十一月）前往檀香山，随后在檀香山正埠创立革命团体兴中会，亲自制订章程，并以当地华侨刘祥、何宽为正副主席。檀香山是当时中国人对夏威夷群岛（Hawaii Islands）的通称，原为君主立宪国家，一八九八年起成为美国属地（territory）。其首府火奴鲁鲁（Honolulu），又译火纳鲁鲁、汉那鲁炉，华人称为檀香山正埠或檀香山大埠（简称檀山正埠或檀山大埠）；现今的"檀香山"则通常专指火奴鲁鲁。

② 底本作一八九四年，无月日。按：据檀香山兴中会一八九四、一八九五两年收支数目的原始纪录，最早有二人于一八九四年十一月二十四日缴纳会费（即会底银），则说明是日兴中会已存在，且在十一月内成立的可能性最大，故酌定为该月。

③ 此指中日战争爆发后，清军在平壤陆战、黄海海战中接连溃败，日军分兵偷渡鸭绿江和侵入辽东半岛，在辽南地区攻城掠地并占据大连、旅顺等要塞。

委二位，以专司理会中事务。

一、每逢礼拜四晚，本会集议一次。正副主席必要一位赴会，方能开议。

一、凡会中所收会底各银，必要由管库存贮妥当，或贮银行以备有事调用。惟管库须有殷商二名担保，以昭郑重。

一、凡会中捐助各银，皆为帮助国家之用，在此不得动支，以省浮费。如或会中偶遇别事要用小费者，可由会友集议妥允，然后支给。

一、凡新入会者，须要会友一位引荐担保，方得准他入会。

一、凡会内所议各事，当照舍少从多之例而行，以昭公允。

一、凡以上所订规条，各友须要恪守。倘有善法，亦可随时当众议订加增，以臻完美。

> 据杨刚存：《中国革命党在檀小史》之《兴中会宣言书》(转录何宽藏原件)，载郑东梦总编：《檀山华侨》，檀香山正埠，檀山华侨编印社一九二九年九月印行

檀香山兴中会誓词①

（一八九四年十一月）②

驱除鞑虏，恢复中国，创立合众政府，倘有贰心，神明鉴察。

> 据邓想：《中国国民党茂宜支部史略》，载郑东梦总编：《檀山华侨》，檀香山正埠，檀山华侨编印社一九二九年九月印行③

---

① 孙文除起草《檀香山兴中会章程》公开载明本会宗旨外，还制订秘密誓词，供会员入会时宣誓之用。这个誓词，是孙文首次在文字上提出推翻满清、建立共和政府的革命目标。

② 底本未说明制订时间，仅称此系"兴中会时代"的"誓词"。估计该誓词或则于檀香山正埠成立兴中会时已存在，或则成立后不久所订，暂酌为一八九四年十一月标出。

③ 另见冯自由《中华民国开国前革命史续编》上卷（上海，中国文化服务社一九四六年八月出版）有相同记载。按：研究学者对此尚存争议，有的认为一八九五年初在香港成立兴中会后始制订该誓词的可能性更大，有的对该誓词是否存在表示怀疑。按底本乃记述檀香山茂宜岛（Maui Island，今亦译毛伊岛）建立兴中会至中国国民党演变过程，该岛兴中会支会系由孙文及其侨居当地的胞兄孙眉等所创立，孙文到檀香山各岛建立兴中会的目的在于筹集人力财力以发动反清起义，故此记载当可信。

兴 中 会 章 程①

（一八九五年二月二十一日）②

中国积弱，至今极矣！上则因循苟且，粉饰虚张；下则蒙昧无智，鲜能远虑。堂堂华国，不齿于列邦；济济衣冠，被轻于异族。有志之士能不痛心！夫以四百兆人民之众，数万里土地之饶，本可发奋为雄，无敌于天下。乃以政治不修，纲维败坏，朝廷则鬻爵卖官，公行贿赂，官府则剥民刮地，暴过虎狼。盗贼横行，饥馑交集，哀鸿过〔遍〕野，民不聊生。呜呼惨哉！方今强邻环列，虎视鹰瞵，久垂涎于中华五金之富、物产之繁。蚕食鲸吞，已效尤于踵接；瓜分豆剖，实堪虑于目前。呜呼危哉！有心人不禁大声疾呼，亟〔亟〕拯斯民于水火，切扶大厦之将倾，庶我子子孙孙或免奴隶〈于〉他族。用特集志士以兴中，协贤豪而共济。仰诸同志，盍自勉旃！谨订章程，胪列如左：

一、会名宜正也。本会名曰兴中会，总会设在中国，枝会设于四方。

二、本旨宜明也。本会之设，专为联络中外有志华人，讲求富强之学，以振兴中华、维持国体起见。盖中国今日政治日非，纲维日坏，强邻轻侮百姓，其原皆由众心不一，只图目前之私，不顾长远大局。不思中国一旦为人分裂，则子子孙孙世为奴隶，身家性命且不保乎！急莫急于此，私莫私于此，而举国愦愦，无人悟之，无人挽之，此祸岂能幸免？倘不及早维持，乘时发奋，则数千年声名文物之邦，屡世代衣冠礼义之族，从此沦亡，由兹泯灭，是谁之咎？识时贤者，能辞责乎？故特联结四方贤才志士，〈切〉实讲求当今富国强兵之学，化民成俗之经，力为推广，晓谕愚蒙，务使举国之人皆能通晓，联智愚为一心，合遐迩为一

---

① 孙文为在中国南方策动反清起义，于一八九五年二月自檀香山抵达香港，建立兴中会总机关。他以《檀香山兴中会章程》为基础改订章程，并计划在各地广设支会。后人亦称本文为《香港兴中会章程》。

② 底本未说明改订章程的时间，今据《顺德尤列先生八秩开一荣寿征文启》中所载兴中会在香港举行成立会的日期标出。

德，群策群力，投大遗艰。则中国虽危，无难救挽。所谓"民为邦本，本固邦宁"① 也。

三、志向宜定也。本会拟办之事，务要利国益民者方能行之。如设报馆以开风气、立学校以育人才、兴大利以厚民生、除积弊以培国脉等事，皆当惟力是视，逐渐举行。以期上匡国家〈以〉臻隆治，下维黎庶以绝苛残，必使我中国四百兆生民各得其所，方为满志。倘有藉端舞弊，结党行私，或畛域互分，彼此歧视，皆非本会志向，宜痛绝之，以昭大公而杜流弊。

四、人员宜得也。本会按年公举办理人员一次，务择品学兼优、才能通达。推一人为总办，一人为帮办，一人为笈〔管〕库，一人为华文文案，一人为洋文文案，十人为董事，以司理会中事务。凡举办一事，必齐集会员五人、董事十人公议妥善，然后施行。

五、交友宜择也。本会收接会友，务要由旧会友二人荐引，经董事察其心地光明，确具忠义，有爱戴中国为其父母之邦，竭力维持中国以臻强盛之地，然后由董事带其入会。必要当众自承其甘愿入会，一心一德，矢信矢忠，共挽中国危局；亲填名册，并即缴会底银五元，总会发给凭照收执以昭信守，是为会友。若各处枝会，则由各该处会员暂发收条，俟将会底银缴报总会，讨给凭照，然后换交。

六、枝会宜广也。四方有志之士，皆可仿照章程，随处自行立会。惟不能在一处地方分立两会，无论会友多至几何，皆要合而为一。又凡一处新立一会，至少有会友十五人方算成会。其成会之初，所有待〔缴〕底、领照各事，必要托附近老会代为转达总会，待总会给照认妥，然后该枝会方能与总会直通消息。

七、人材宜集也。本会之需人材尤亟，会友散处四方，自当随时随地物织贤才。无论中外各国之人，倘有心益世，肯为中国，皆得收入会中。待将来用人，各会可修书荐至总会，以资臂助。故今日广为搜集，则各会之职司也。

八、款项宜筹也。本会所办各件，事体重大，需款浩繁，故特设银会以集巨资；用济公家之急，兼为股友生财捷径，一起两得，诚善举也。各会友好义急公，

① 语出《尚书》"五子之歌"，原文是："民惟邦本，本固邦宁。"

自能惟力是视，集腋成裘，以助一臂。兹将办法节略于后：每股科银十员，认一股至万股，皆随各便。所科股银，由各处总办、管库代收，发回收条为据。将银暂存银行，待总会收股时，即汇寄至总会收入，给回银会股票，由各处总办换交各友收存。开会之日，每股可收回本利百员。此于公私皆有裨益，各友自具爱国之诚，当踊跃从事，比之捐顶子、买翎枝，有去无还，洵隔天壤。且十员可云报效，一万可以图亿，利莫大焉，机不可失也。

九、公所宜设也。各处枝会当设一公所为会员办公之处，及便各友时到叙谈，讲求兴中良法，讨论当今时事，考究各国政治，各抒己见，互勉进益。不得在此博弈游戏，暨行一切无益之事。其经费由会友按数捐支。

十、变通宜善也。以上各款，为本会开办之大纲，各处枝会自当仿为办理。至于详细节目，各有所宜，各处枝会可随地变通，别立规条，务臻妥善。

据二楸庵①：《支那の秘密结社》（二）"兴中会"之《兴中会章程》，载东京《革命评论》② 第五号，一九〇六年十一月十日发行

东京军事训练班誓词③

（一九〇三年秋）

驱除鞑虏，恢复中华，创立民国，平均地权。

据冯自由：《革命逸史》第三集，"同盟会四大纲领及三民主义溯源"，重庆，商务印书馆一九四五年九月初版④

---

① 即平山周，日本人，一八九六年在香港加入兴中会，藏有改订《兴中会章程》原印件。

② 《革命评论》（报纸型日文半月刊）系日籍同盟会员宫崎寅藏、萱野长知等于一九〇六年九月创办，所载中文文件按原文排版。

③ 一九〇三年秋，孙文在东京秘密创办一个军事训练班（未有正式名称），聘请日本军官向十四名中国留学生讲授战术及兵器学，历时半年。而开班时举行宣誓式，由众学员宣读誓词，即孙文首次提出的十六字革命纲领。底本作者冯自由时任香港《中国日报》驻日记者，曾列席宣誓式。

④ 另见该班学员胡毅生所撰《东京革命军事学校补述》（载冯自由：《革命逸史》第五集，上海，商务印书馆一九四七年十一月初版），誓词与底本相同。

附：另一版本

矢志革命，推翻满清，建立民国，服从革命党领袖之领导，并须严守秘密。

据陈雅整理：《从兴中会至辛亥革命的忆述——李自重①回忆录（遗稿）》，载中国人民政治协商会议广东省委员会文史资料研究委员会编：《广东辛亥革命史料》，广州，广东人民出版社一九八一年七月出版

致公堂重订新章②

（一九〇四年五月）③

原夫致公堂之设，由来已久。本爱国保种之心，立兴汉复仇之志，联盟结义，声应气求，民族主义赖之而昌，秘密社会因之日盛。早已遍布于十八行省与及五洲各国，凡华人所到之地，莫不有之，而尤以美国为隆盛。盖居于平等自由之域，共和民政之邦，结会联盟皆无所禁，此洪门之发达，固其宜矣。惟是向章太旧，每多不合时宜；维持乏人，间有未惬众意。故有散漫四方，未能联络一气，以成一极强极大之团体，诚为憾事。近且有背盟负义、赴〔误〕入歧途、倒戈相向者，则更为痛恨也。若不亟图振作，发奋有为，则洪门大义必将沦隳矣！有心人

---

① 李自重系当时军事训练班十四名学员之一。

② 致公堂系美洲洪门团体的通称。洪门本是国内秘密会党天地会之别称，以反清复明为宗旨，流传至海外后逐渐演变为各地华侨的联络互助团体，侨胞列名堂籍者占居多数。为争取广大侨胞支持参加革命，孙文于一九〇四年一月在檀香山加入洪门，受"洪棍"之职。同年四月自檀香山抵达旧金山后，建议重订致公堂章程，揭橥共和革命宗旨，往美国各埠演说发动，举行堂友总注册，以联合成一大团体。旧金山致公堂大佬（盟长）黄三德等接受孙文的建议，并委托他重订新章程。据有关史料记载，孙文手订新章共八十条；底本前言的部分内容，应为后来他人所添加。

③ 文末标为"乙巳孟春"即一九〇五年阴历正月所订，此时孙文离美赴欧已约两个月，故当是旧金山致公堂修订刊布该件的时间。按孙文于一九〇四年五月二十四日偕黄三德等自旧金山启程，携新章程往数十埠进行注册和演说革命，历时数月，据此酌定为是年五月手订。

忧之，于是谋议改良，力图进步，重订新章，选举贤能，以整顿堂务而维系人心。夫力分则弱，力合则强，众志可以成城，此合群团体之可贵也。

我堂同人之在美国者不下数万余人，向以散居各埠，人自为谋，无所统一，故平时则消息少通，有事则呼应不灵。以此之故，为外人所轻蔑、所欺凌者所在多有，此改良章程、维持堂务所宜急也。且同人之旅居是邦，或工或商，各执其业，本可相安无事。但常以异乡作客，人地生疏，言语不通，风俗不同，入国不知其禁，无心而偶干法纪者有之矣。又或天灾横祸，疾病颠连，无朋友亲属之可依，而流离失所者亦有之矣。其余种种意外危虞，笔难尽述。语有之曰："人无千日好，花无百日红。"若无同志以相维护，以相赒恤，一旦遇事，孤掌难鸣，束手无策，此时此境，情何以堪！此联合大群，团集大力，以捍御祸害、赒恤同人，实为本堂义务之不可缺者一也。

本堂人数既为美洲华人社会之冠，则本堂之功业亦当驾乎群众，方足副本堂之名誉也。乃向皆泄泄沓沓无大可为者，此又何也？以徒有可为之资，而未有可为之法，故虽欲振作而无由也。今幸遇爱国志士孙逸仙先生来游美洲，本堂请同黄三德大佬往游各埠，演说洪门宗旨，发挥中国时事，各埠同人始如大梦初觉，因知中国前途，吾党实有其责。先生更代订立章程，指示办法，以为津导，我旅美同人可以乘时而兴矣。况当今为争竞生存之时代，天下列强高倡帝国主义，莫不以开疆辟土为心，五洲土地已尽为白种所并吞，今所存者，仅亚东之日本与清国耳。而清国则世人已目之为病夫矣，其国势积弱，疆宇日蹙。今满洲为其祖宗发祥之地，陵寝所在之乡，犹不能自保，而谓其能长有我中国乎？此必无之理也。我汉族四万万人岂甘长受满人之羁轭乎？今之时代，不争竞则无以生存，此安南、印度之所以灭也；惟争竞独立，此美国、日本之所以兴也。当此清运已终之时，正汉人光复之候，近来各省革命风潮日涨，革命志士日多，则天意人心之所向。吾党以顺天行道为念，今当应时而作，不可失此千载一时之机也。此联合大群，团集大力，以图光复祖国、拯救同胞，实为本堂义务之不可缺者二也。

中国之见灭于满清，二百六十余年而莫能恢复者，初非满人能灭之、能有之也，因有汉奸以作虎伥，残同胞而媚异种。始有吴三桂、洪承畴以作俑，继有曾国藩、左宗棠以为厉。今又有所谓倡维新，谈立宪之汉奸以推波助澜，专尊满人而抑汉族，假公济私，骗财肥己。官爵也，银行也，铁路也，矿务也，商务也，学堂也，皆所以饵人之具，自欺欺人者也。本堂洞悉其隐，不肯附和，遂大触彼党之忌。今值本堂举行联络之初，彼便百端诬谤，含血喷人。盖恐本堂联络一成，则彼党自然瓦解，而其所奉为君父之满贼亦必然覆灭，则彼汉奸满奴之职，无主可供也。其丧心病狂，罪大恶极，可胜诛哉！凡吾汉族同胞，非食其肉，寝其皮，无以伸此公愤而挫兹败类也。本堂虽疲弩，亦必当仁不让，不使此谬种流传，遗害于汉族也。此联合大群，团集大力，以先清内奸而后除异种，实为本堂义务之不可缺者三也。

今特联络团体，举行新章，必当先行注册，统计本堂人数之多少，以便公举人员，接理堂务。必注册者然后有公举之权，有应享之利，此乃本堂苦心为大众谋公益起见，法至良，意至美。凡我同人，幸勿为谣言所惑，迟疑观望，自失其权利可也。今特将重订新章先行刊布，俾各埠周知参酌妥善。待至注册告竣之日，然后随各埠公举议员，择期在本大埠会议，决夺施行。望各埠堂友同心协力，踊跃向前，以成此举。同人幸甚！汉族幸甚！

谨将重订新章条款详列呈览：

第一章　纲　领

一　本堂名曰致公堂，总堂设在金山大埠①，支堂分设各埠。间有名目不同者，今概改正，名曰"致公堂"，以昭划一。

二　本堂以驱除鞑虏、恢复中华、创立民国、平均地权为宗旨。

三　本堂以协力助成祖国同志施行宗旨为目的。

四　凡国人所立各会党，其宗旨与本堂相同者，本堂当认作益友，互相提携。其宗旨与本堂相反者，本堂当视为公敌，不得附和。

五　凡各埠堂友，须一律注册报名于大埠总堂，方能享受总堂一切之权利。

六　凡新进堂友，须遵守洪门香主陈近南先生遗训，行礼入闱。

---

①　金山大埠即金山，为旧金山（San Francisco）别称，亦译三藩市，属美国加利福尼亚州（California）。

七　所有堂友，无论新旧，其有才德出众者，皆能受众公举，以当本堂各职。

八　本堂公举总理一名，协理一名，管银一名，核数一名，议员若干名（以上百人公举一名）。

九　本堂设立华文书记若干名，西文书记若干名，委员若干名，干事若干名。以上各人，皆由总理委任，悉归总理节制。

十　本堂设立公正判事员三名，公正陪员廿名，皆由总理委任，但不受总理节制。

十一　总理、协理以四年为一任。管银、核数一年为一任。议员由初举时执筹①，分作三班：第一班一年为一任，满期照数选人补充，或再举留任；第二班两年为一任，满期选补；第三班三年为一任，满期补充。如是议员之中，常有三分之二为熟手之人。

十二　判事员为长久之任，若非失职及自行告退，不能易人。判事〈员〉、陪员分两班：第一班一年为一任，满任由总理择人充补；第二班两年为一任，满期择人充补如之。

十三　各埠支堂当举总理一名，书记一名，管银一名，核数一名，值理若干名，皆由堂友公举，呈名于总堂总理批准，方能任事。如所举非人，总理有权废之，堂友当另行再举妥人。

十四　各埠支堂堂友可随地所宜议立专规，以维持堂务。然必当先呈总堂议员鉴定，总理批准，方得施行。

十五　各埠新立香主，必经总堂议员议决，总理批准，方能领牌受职。该埠叔父、职员等必先查明该新香主品行端正，堪为表率者，方可联保。至领牌受职之后，凡放新丁一名，须缴回本堂底票银贰圆。如未经议准领牌，竟欲开台，该处叔父、职员等切勿徇庇，并带新丁入闱。如有不守堂规，或不领牌，或不缴交底银，一经查出，定将名号革除，并追回票牌等件。

十六　凡公举人员之期，皆以每年新正②为定。

十七　议员议事必要人数若干方为足额，乃能决事。

---

①　执筹，广州方言，抓阄之意。

②　新正，阴历正月。

第二章　权　限

十八　本堂事权分为三等，一曰议事权，一曰行事权，一曰判事权。而总权则集于堂友之全体。

十九　议事权则各埠所举之议员操之，可以议立新例，可以废除旧例。凡例非经议员议立者，行事员不得妄自举行。凡例非经议员议废者，行事员必当遵守。

二十　本堂凡举一大事，必经议员议妥准行，方得举行。

二十一　筹本堂一切财政皆归议员监督，年中经费皆由议员预期算定，列明一表，名曰预算表，行事人按表开销。一年期满，管银、核数二人将开销长短之数列明为一表，名曰决算表，呈议员考核。

二十二　凡本堂筹款派捐，必由议员议妥，然后与行事员举行。

二十三　议事员所议决各等事件、条例，须呈总理批准，方为定例。若总理有不合意者，必于三日内将不合之理由申明，交回议员再议。如有三分二之议员决行，则为定例。如不足此数，则为废例。若总理于三日内不将议决之例批准，亦不驳回，则为定例。惟理或因事故不暇，则不在此例，然必当将不暇之由报告议员，将议案留下待批。

二十四　总理为代表堂友掌执一堂之事权，奉行议员所议定之事件、条例，有委任、革除其节制内人员之权，有批驳议案之权，有招集额外会议之权，有委任判事人员之权。

二十五　协理为赞襄总理办理一切事宜，兼当议员之议长。若遇总理有事不能任事，则代总理行事，权限与总理无异。其议长之职，则由议员自举其中一人当之。

二十六　行事人员除协理、管银、核数三人为堂友公举，受总理节制之外，其余一切华西文书记、委员、干事各人员，皆归总理调度差遣，如有失职，由总理去留之。

二十七　判事权归判事员三人及陪员廿人司执之。凡判断事件，有陪员一半在场，便能判决。

二十八　判事员为独立之权，总理及议员皆不能干涉之。

二十九　凡堂内人员失职，堂友犯规，堂友争执，皆归判事人员判断曲直。

三十　总理失职，则必合判事员及议事员两团体，方能判断之。

三十一　判事员及陪员失职，则必合行事员及议事员两团体，方能判断之。

第三章　专　责

三十二　总理为掌执一堂内外事权之人，凡文凭、书信、银折、收单，必经总理会同签名，方为实据。行事各员必当受命于总理，方能行事。

三十三　协理为掌管公堂印箱之员，总理签名各件，协理然后盖印。

三十四　华文书记至少二人，一专司记录堂内事件及议决、批准条例，并存管进支数目；一专司通信起草，及代总理批驳议案事件。

三十五　西文书记专管一切要文、信函、事件，及与西人交涉事务。

三十六　管银人专管出入银两收单、赈部、契件、文凭等件。取银折单，先由管银人签名，然后发交书记，会同总理再签，协理盖印，方能取银发给堂底凭票。右项收单，皆要会同三人签名，协理盖印方可。各人经手签名盖印各银，则收单、凭票各件，必当各存部记，以备核数人及议、堂之查核。

三十七　核数专为考核一切进支数目，每月至少清查一次。凡书记、管银二人所出各项清单、月结等，必经核数人查明不错，然后盖印呈堂。呈堂之后如有错误，则惟核数是责。

三十八　其余行事人员，皆归总理差委，如有失职，惟总理是责。

三十九　议事员有监察行事员之责任，随时可查核各项数目及考验各件事务。

四十　议员之中，当举坐埠熟手人员为监察值理，各司一事，以专责成，而免流弊。

四十一　堂友全体为本堂之主权，有监督全堂各员之责任。如觉有弊端，可指出凭据，呈诉于判事人员，以备查究处分。

四十二　判事员专为考查堂中职员功过，判断事理之是非曲直，与及为堂友排难解纷。

四十三　判事员有判断、处罚之权，凡堂员失职犯规，按事之轻重处罚，轻则记过，重则革除。凡堂友有犯规不法情事，亦按轻重处罚，重则罚款，轻则记过。

四十四 堂友须遵守堂规，内则亲爱同气，外则和平接人，毋得手足相残及倚势凌人。如有告发，判明确实，处罚不宽。

四十五 堂友一年之内曾记过三次者，则一年之内不能公举。记过六次者，一年之内不能当职。记过十次者，一年之内失去一切应亨〔享〕之权利。

第四章　保　卫

四十六 本堂将美国有华人之处分为三区，各设保卫局一所。其一为大埠，加罅宽呢省①及南方一带附近之埠，以至纽柯连②属焉。其二为西北设局于砵仑③，西北及千二咪一带属之。〈其〉三为东方设局于纽约，祖家一带西至市卡古、新薖④各埠属之。每局聘定长年律师一人，派定值事若干人，专为本堂堂友调理讼务。凡受人凌屈或无辜枉累者，皆由本堂为之伸理，不受分文，所有讼费亦由本堂公款开销。惟有恃势凌人，或故意犯法，与及好事争斗，则本堂不独不理，更当秉公责罚，以全本堂声望。

四十七 凡各埠堂友欲得本堂保卫之权利者，必当先期注册，报名大埠总堂。若临有事时注册，及注册不满六月者，有事本堂不理。又每人当照议员议定之数派捐经费，若隔一年不捐经费者，亦不得享受本堂权利。

四十八 凡已注册及尽足其义务于本堂之堂友，一遇有被人凌屈及枉累事端，本堂立代伸理。如该地附近之局力量、人才不足，大埠立派人前来相助，务期昭雪，以彰公道，而安生业。

四十九 本堂联络美国团休〔体〕之后，当另行设法交通中国地面各埠同志，以备凡有堂友回国，上落舟车，俱得照料妥当，以保不虞。

五十 他日本堂经费充裕，当设招待局于日本、上海、香港等处，以招接堂

---

① 加罅宽呢省，今译加利福尼亚州。

② 纽柯连（New Orleans），今译新奥尔良，属路易斯安那州（Louisiana）。

③ 砵仑（Portland），又译拨仑，今译波特兰，属俄勒冈州（Oregon）。

④ 市卡古（Chicago），又译士卡古、芝加古、芝加高，今译芝加哥，属伊利诺伊州（Illinois）；新薖（Saint Louis），又译圣薖、圣路易，今译圣路易斯，属密苏里州（Missouri）。

友上落，及带引游观名胜，免至有人地生疏，致受各种出路艰难之叹。

五十一　凡本堂堂友由中国复来美国，上岸遇有留难，本堂律师当尽力打点，以得快速登岸。此惟指带有合例回美之照而言，若系违犯美国律例，不在此例。

第五章　薪　俸

五十二　总理为常时驻堂当职人员，每月薪俸　　元。

五十三　协理为临时到堂当职人员，每月薪俸　　元。

五十四　管银、核数二职，每月薪俸　　元。

五十五　华文通信书记每月薪俸　　元，华文记录书记每月薪俸　　元，西文书记每月薪俸　　元。以上俱常时驻堂办事之员。

五十六　堂中各委员、干事人员薪俸，随时按事议订。

五十七　议事员，外埠每年以正月来大埠会议一次，来回限一个月，当给薪俸　　元，路费按远近计给。坐埠者除正月会议各埠有关之事之外，堂中随时有事另议，当以每日升堂议事给薪俸　　元。

五十八　判事员有事升堂，每日给薪俸　　元，陪员每日给薪俸　　元。

五十九　本堂所聘各局长年律师，授〔按〕其地人数、案情多少而议给薪俸。

六十　本堂随时另聘额外演说员，游历各埠演说，发挥宗旨，联络志气，每月薪俸　　元，公费　　元，路费计给。坐埠者，每月薪俸　　元。

六十一　恩俸：新章施行之后，前在公堂当职人员，或未蒙堂友选举，或年老思归者，若以前曾在公堂当职多年有功者，当议给恩俸，以酬其劳。

第六章　进　款

六十二　寻常进款：

一、大埠公堂产业租息。

二、各埠堂友当年例捐经费，每人一元，大埠由公堂值理汇收，各埠由支堂值理代收，皆限年底收齐来年经费。

三、存项出息。

六十三　额外进款：

一、现在举行注册，每人收银一元为开办新章经费。

二、各埠自后新进堂友，每人须缴堂底银二元、注册银一元，归入大埠公堂。

三、堂友义捐各款。

第七章　支　款

六十四　寻常支款：

一、公堂经费。

二、人员新〔薪〕俸。

六十五　额外支款：

一、游埠演说员经费，与及有事差遣来往人员经费。

二、衙讼律师经费。

三、怜贫恤老经费。

六十六　凡酬神建醮等事，另由总理委任特别人员专司其事，其进支款项另列清单，别为一事，不与公堂公款混杂。

第八章　办　法

六十七　开办新章之期，俟注册告竣之后议择。

六十八　施行新章之第一事为公举议员，法由大埠公堂按照每埠注册人数，发给举票。大埠者，每埠按人数多少举若干员；埠小者，合几埠公举一员，皆注明于票内。公举者按格填写被举者之名于上，如注明举一人者写一人姓名于格，如多名则照数写足。写妥之后将票封密，交该埠支堂人员汇寄大埠公堂当众开票，名多者入选。

六十九　各埠议员由各埠堂友自择，不待荐出。

七十　行事务员，必当由大埠堂友荐出几人堪当某职，注明票上公举者欲举何人，则在其名之下画一交线如"×"便可。举妥之后将票封密，交与支埠人员汇寄大埠当众开票。

七十一　议事员、行事员二项人员举妥之后，则择日传集各埠议员来大埠会议。

七十二　第一次会议之时，各埠议员须先将此新章逐条细加详订，或增或改，必期尽善尽美，以维持团体于久远。众意佥同，议决之后，各埠须一律奉行，不得视为具文。

七十三　第一次会议之时，大埠公堂旧日司事人员须将一切事务及所有公产、契件、公积银两，并各家往来数目当众算明，交与新举行事员接理。

七十四　自新章施行之后，大埠公堂所有产业、公项及各种事权，俱归各埠堂友所共有。

七十五　自新章施行之后，若有考查得其中仍有不善之处欲行修改者，须先由该埠议员于六月前将其所见之利弊，陈明报告大埠行事员，由行事员转告各埠人员、堂友知悉，然后到来年会议方能提出修改章程之案。

七十六　章程者，为维持本堂总团体之要则，与随时所议之规条不同。章程者犹乎一国之宪法，故议定时宜慎，修改时亦宜慎。凡照前款提出修改之案，必当合议事员及行事员两团体会议，要有三分二之数合意，方为决议。

七十七　各议员每年新正到大埠会议，所议之事，其大要如左：

一、核查旧年经费之决算表。

二、议定今年经费之预算表。

三、议定设法筹今年之额外经费。

四、议今年所行有关于各埠之事。

五、议批驳各埠所呈来之规条及所举之人员。

六、议提出之章程修改案。

七、议总理所拟今年当行之各事。

七十八　自新章施行之后，各埠支堂俱归总理〔堂〕节制。各埠支堂每年〔月〕至少与总堂通信一次，将其埠堂中一月之事详细报明；如有要事，随时通报。大埠公堂每月亦将公堂各事报与各埠知悉，并将各埠要事转报，以使彼此消息灵通，情谊联给〔络〕。

七十九　自新章施行之后，各埠无论大小各事，若该埠不能自行调妥者，其为堂内交涉之事，当由判事员前去调停；其属与外人交涉或衙讼事务，当由总堂派人往办。

八十　自新章施行之后，本堂递年将议事员所议决之事件、条例、款项度支，及行事员所行之大小事务，各埠所来往之要函，并判事员所判定之案件及排解之事端，印为一册，以报告堂友，名曰"致公堂某某年报告册"。递年腊底①刊印，新正发寄各埠支堂，俾共知公堂年中所办之事，以昭信实，而备考核。

天运②岁次乙巳孟春吉日

金山大埠致公堂订

据美国金山来稿《致公堂重订新章要义》，载东京《民报》第一号，一九○五年十一月二十六日初版发行③

旅欧中国留学生盟书及联络暗号④

（一九○五年二月）⑤

盟　书

具愿书人○○○当天发誓：驱除鞑虏，恢复中华，创立民国，平均地权。矢信矢忠，有始有卒。倘有食言，任众处罚。

---

①　腊底，阴历十二月底。

②　天运，即天命，谓天授于人者，系洪门文告所用年号。

③　另见《最新中国革命史》（三藩市，美洲中国同盟会会员撰述兼发行，一九一二年十月出版）录载的《致公总堂重订新章》，落款为"天运岁次丁未仲秋吉日　金山大埠致公总堂启"，即于一九○七年阴历八月再经修订者，将底本八十条略加删节后归并为六十七条，并删去前言中叙及由孙文代订章程、偕黄三德往各埠演说、举行注册等内容。

④　孙文于一九○四年十二月离美赴欧洲，一九○五年二月自英国伦敦至比利时首都布鲁塞尔。到达当晚，与留比学生贺之才、史青、魏宸组、胡秉柯和留德学生朱和中等人，在下榻处史青寓所商谈留学生参加革命运动等问题。讨论数日后，孙文在留比学生中建立革命团体（未命名），并亲自拟订盟书（入会誓词）及联络暗号，不久又至德国柏林、法国巴黎组织相同团体。此乃成立中国同盟会之先声，故后有称这未命名的团体为"欧洲同盟会"者。

⑤　底本未说明具体时间。关于孙文到布鲁塞尔的年月，乃据贺之才《中山先生介绍我参加了同盟会》一文（载一九五六年十一月十一日北京《中国青年报》第一版）所记。

天运　年　月　日

某某押（指印）

主盟人：孙文

联系暗号

问：君从何处来？

答：从南方来。

问：向何处去？

答：向北方去。

问：贵友为谁？

答：陆皓东、史坚如二人。

据冯自由：《中华民国开国前革命史》上编，第二十四章"欧洲同盟会"（盟书来源于史青所藏原件），上海，革命史编辑社一九二八年十一月初版①

---

① 除底本外，当年参加宣誓入会的留学生事后多有记述，如贺之才述《欧洲同盟会成立始末》（载冯自由《革命逸史》第二集，重庆，商务印书馆一九四三年二月初版）、朱和中遗稿《欧洲同盟会纪实》（载中国人民政治协商会议全国委员会文史资料研究委员会编《辛亥革命回忆录》第六集，北京，中华书局一九六三年四月出版），以及留法学生刘光谦《总理在欧洲最初倡导革命之情形》（中国国民党文化传播委员会党史馆藏抄件）等，所叙盟书中"驱除鞑虏，恢复中华，创立民国，平均地权"十六字均与史青提供者完全相同，其他文字则有个别出入。至于联络暗号，贺之才文亦与底本同。

中国同盟会盟书及联络暗号①

（一九〇五年七月三十日）②

总 理 盟 书

联盟人广东省香山县人孙文，当天发誓：同心协力，驱除鞑虏，恢复中华，创立民国，平均地权。矢信矢忠，有始有卒。如或渝此，任众处罚。

天运乙巳年六月二十八日③

中国同盟会会员　孙文

据《中国同盟会会员盟书》（民前七年六月二十八日），载萧继宗主编：《革命文献》第七十辑（中国国民党党章政纲集）增订本，台北，中国国民党中央委员会党史委员会编辑发行，一九七五年十一月出版

会 员 盟 书④

联盟人　　省　　府　　县人〇〇〇，当天发誓：驱除鞑虏，恢复中华，创立民国，平均地权。矢信矢忠，有始有卒。如或渝此，任众处罚。

---

① 在一九〇五年七月三十日的筹备会上，经决定建立中国同盟会并推举孙文为总理之后，孙文即亲拟盟书（入会誓词）请与会者签名，率先宣誓加盟并带领众人宣誓（加盟者六十余人），另授以会员间联络暗号。

② 据上注，同盟会的入会盟书和联络暗号均于是日确定并首次使用，故虽本篇各组件未能悉数找到原始底本，仍以是日标出。

③ 此系阴历，即公历一九〇五年七月三十日。

④ 在筹备会上所用盟书迄今未见，此件末后七月系阴历，则当为八月二十日（阴历七月二十日）在东京正式举行同盟会成立会前后使用者。

天运乙巳年七月　　日

中国同盟会会员○○○

据冯自由：《中华民国开国前革命史》上编，第二十五章"中国同盟会及民报"，上海，革命史编辑社一九二八年十一月初版

联 络 暗 号

问：何处人？答为汉人。

问：何物？答为中国物。

问：何事？答为天下事。

据邹鲁编著：《中国国民党史稿》，第一篇第二章"中国同盟会"，长沙，商务印书馆一九三八年七月出版

中国同盟会总章①

（一九〇五年八月二十日）

第一条　本会定名为中国同盟会，设本部于东京，设支部于各地。

第二条　本会以驱除鞑虏、恢复中华、创立民国、平均地权为宗旨。

第三条　凡愿入本会者，须遵守本会定章，立盟书，缴入会捐一元，发给会员凭据。

第四条　凡各地会员盟书，均须交至本会收存。

第五条　凡国人所立各会党，其宗旨与本会相同，愿联为一体者，概认为同盟会会员。但各缴入会捐一元，一律发给会员凭据。

第六条　凡会员皆有实行本会宗旨、扩充势力、介绍同志之责任。

第七条　凡会员皆得选举、被选举为总理及议员，及各地分会长，被指任为

---

① 《中国同盟会总章》原由黄兴、宋教仁、陈天华、马君武、程家柽、蒋尊簋、汪兆铭等八人起草，于是日孙文主持的同盟会成立大会上讨论修改并通过，计三十条。该件已佚，此为一九〇六年五月六日的胡汉民等改订件，计二十四条。

执行部职员及支部部长。

第八条　本会设总理一人，由全体会员投票公举。四年更选一次，但得连举连任。

第九条　总理对于会外有代表本会之权，对于会内有执行事务之权；节制执行部各员；得提议于议会，并批驳议案。

第十条　执行部设庶务、内务、外务、书记、会计、调查六科。庶务、内务、外务、会计每科职员各一人；书记科职员无定数；调查科设科长一人，科员无定数。各科职员均由总理指任，并分配其权限，但调查科员由总理与该科长指任。

第十一条　议事部议员由全体会员投票公举，以三十人为限。每年公举一次。

第十二条　议事部有议本会规则之权。

第十三条　凡选举总理及议员，以本部当地为选举区。

第十四条　凡在本部当地之会员，有担任本部经费之责。

第十五条　本部当地之会员得按省设立分会，公举会长，但须受本部之统辖。

第十六条　本会支部于国内分五部，国外分四部，皆直接受本部之统辖。其区画如左：

国内之部：

西部：重庆——贵州、新疆、西藏、四川、甘肃

东部：上海——浙江、江苏、安徽

中部：汉口——河南、湖南、湖北、江西

南部：香港——云南、广东、广西、福建

北部：烟台——蒙古、直隶、东三省、陕西、山西、山东

国外之部：

南洋：新嘉坡——英荷属地及缅甸、安南、暹罗

欧洲：比利时京城——欧洲各国

美洲：金山大埠——南北美洲

檀岛：檀山大埠——檀香山群岛

第十七条　各支部皆须遵守本部总章。其自定规则，须经本部议事部决议，总理批准，方得施行。

第十八条　各支部皆设部长一人，由总理指任。

第十九条　各支部当地会员有担任该支部经费之责。

第二十条　各支部每月须报告一次于本部。

第二十一条　各支部及其所属分会会员盟书及入会捐一元，皆由支部长缴交本部，换给会员凭据，转交本人收执。

第二十二条　各地分会皆直接受其支部之统辖。

第二十三条　各分会会长由该分会会员选举。

第二十四条　总章改良，须有会员五十人以上，或议员十人以上，或执行部提议于议事部，经议事部决议后，由总理开职员会修改之。

据邹鲁编著：《中国国民党史稿》，第一篇第二章"中国同盟会"，长沙，商务印书馆一九三八年七月出版

中国同盟会革命方略①

（一九〇六年秋冬间）

军政府宣言

天运②岁次　　年　　月　　日，中华国民军〇〇军都督〇〇〇奉军政府命，以军政府之宗旨及条理，布告国民。

今者国民军起，立军政府，涤二百六十年之膻腥，复四千年之祖国，谋四万万人之福祉，此不独军政府责无旁贷，凡我国民，皆当引为己责者也。维我中国，开国以来，以中国人治中国，虽间有异族篡据，我祖我宗常能驱除光复，以贻后

---

①　本方略原为一九〇六年秋冬间孙文与黄兴、章炳麟等在日本所制订。后曾修订多次，已知有两次，一为一九〇七年孙文至河内领导西南边境起义之时，一为一九〇八年河口起义失败后孙文在新加坡居留期间。本书所收为后一修订本，系孙文与胡汉民、汪精卫共订，增加《招军章程》、《招降清朝兵勇条件》两种，由十三个文件组成。

②　一九〇五年同盟会成立后，孙文决定弃用清历，以是年为"天运"元年。

人。今汉人倡率义师，殄除胡虏，此为上继先人遗烈，大义所在，凡我汉人，当无不晓然。惟前代革命，如有明及太平天国，只以驱除光复自任，此外无所转移。我等今日与前代殊，于驱除鞑虏、恢复中华之外，国体民生，尚当与民变革，虽纬经万端，要其一贯之精神，则为自由、平等、博爱。故前代为英雄革命，今日为国民革命。所谓国民革命者，一国之人，皆有自由、平等、博爱之精神，即皆负革命之责任，军政府特为其枢机而已。自今已往，国民之责任即军政府之责任，军政府之功即国民之功，军政府与国民同心勠力，以尽责任。用特披露腹心，以今日革命之经纶，暨将来治国之大本，布告天下：

一、**驱除鞑虏**　今之满洲，本塞外东胡。昔在明朝，屡为边患。后乘中国多事，长驱入关，灭我中国，据我政府，迫我汉人，为其奴隶，有不从者，杀戮亿万。我汉人为亡国之民者二百六十年于斯。满政府穷凶极恶，今已贯盈。义师所指，覆彼政府，还我主权。其满洲汉军人等，如悔悟来降者，免其罪；敢有抵抗，杀无赦。汉人有为满奴以作汉奸者，亦如之。

二、**恢复中华**　中国者，中国人之中国；中国之政治，中国人任之。驱除鞑虏之后，光复我民族的国家。敢有为石敬瑭、吴三桂之所为者，天下共击之。

三、**建立民国**　今者由平民革命以建国民政府，凡为国民皆平等以有参政权。大总统由国民公举。议会以国民公举之议员构成之。制定中华民国宪法，人人共守。敢有帝制自为者，天下共击之。

四、**平均地权**　文明之福祉，国民平等以享之。当改良社会经济组织，核定天下地价。其现有之地价，仍属原主所有；其革命后社会改良进步之增价，则归于国家，为国民所共享。肇造社会的国家，俾家给人足，四海之内，无一夫不获其所。敢有垄断以制国民之生命者，与众弃之。

右四纲，其措施之次序，则分三期：第一期为军法之治。义师既起，各地反正，土地人民，新脱满洲之羁绊，其临敌者，宜同仇敌忾，内辑族人，外御寇仇，军队与人民同受治于军法之下。军队为人民勠力破敌，人民供军队之需要及不妨其安宁。既破敌者及未破敌者，地方行政，军政府总摄之，以次扫除积弊。政治之害，如政府之压制、官吏之贪婪、差役之勒索、刑罚之残酷、抽捐之横暴、辫发之屈辱，与满洲势力同时斩绝。风俗之害，如奴婢之畜养、缠足之残忍、鸦片之流毒、风水之阻害，亦一切禁止。并施教育，修道路，设警察、卫生之制，兴起农工商实业主利源。每一县以三年为限，其未及三年已有成效者，皆解军法，布约法。第二期为约法之治。每一县既解军法之后，军政府以地方自治权归之其地之人民，地方议会议员及地方行政官，皆由人民选举。凡军政府对于人民之权利义务，及人民对于军政府之权利义务，悉规定于约法，军政府与地方议会及人民各循守之，有违法者，负其责任。以天下平定后六年为限，始解约法，布宪法。第三期为宪法之治。全国行约法六年后，制定宪法，军政府解兵权、行政权，国民公举大总统及公举议员以组织国会。一国之政事，依于宪法以行之。此三期，第一期为军政府督率国民扫除旧污之时代；第二期为军政府授地方自治权于人民，而自总揽国事之时代；第三期为军政府解除权柄，宪法上国家机关分掌国事之时代。俾我国民循序以进，养成自由平等之资格，中华民国之根本，胥于是乎在焉。

以上为纲有四，其序有三。军政府为国勠力，矢信矢忠，终始不渝。尤深信我国民必能踔厉坚忍，共成大业。汉族神灵，久焜耀于四海，比遭邦家多难，困苦百折，今际光复时代，其人人各发扬其精色。我汉人同为轩辕之子孙，国人相视，皆伯叔兄弟诸姑姊妹，一切平等，无有贵贱之差、贫富之别；休戚与共，患难相救，同心同德，以卫国保种自任。战士不爱其命，闾阎不惜其力，则革命可成，民政可立，愿我四万万人共勉之！

军政府与各处国民军之关系

一、各处国民军，每军立一都督，以起义之首领任之。

二、军都督有全权掌理军务，便宜行事。

三、关于重大之外交，军都督当受命于军政府。

四、关于国体之制定，军都督当受命于军政府。

五、国旗、军政府宣言、安民布告、对外宣言，军都督当依军政府所定，不得变更。

六、略地、因粮等规则，军都督当依军政府所定；惟参酌机宜，得变通办理。

七、以上各条，为军政府与军都督未交通前之关系条件；其既交通后，另设规则以处理之。

军队之编制

步 兵

一、以八人为一排。于八人中设排长一人，副排长一人，共八人。

二、以三排为一列。外列长一人，共二十五人。

三、以四列为一队。外队长一人，副队长二人，号旗手二人，号筒手二人，事务长一人，共一百零八人。

四、以四队为一营。外营长一人，副营长二人，鼓乐手八人，营旗手三人，主计一人，书记一人，共四百四十八人。挑夫、伙夫另计。

五、以四营为一标。外设标统一人，副标统二人，参谋六人，传令十二人，主计一人，书记二人，共一千八百一十六人。炮队一，工队一，辎重队一，医队一。

骑、炮、辎、医各队之编制，军政府未制定以前，标统定之。旅团以上，将来军政府制定之。

将官之等级

第一级	都督	第二级	副督	第三级	参督
第四级	都尉	第五级	副尉	第六级	参尉
第七级	都校	第八级	副校	第九级	参校

军饷（每月饷）

步兵	十元	营主计、书记	一百元
副排长	十五元	副营长	二百元
排长	二十元	营长	三百元
队号旗手、号筒手	十五元	标传令	三十元
列长	四十元	标主计、书记	二百元
队事务长	四十元	参谋	四百元

副队长	六十元	副标统	四百元
队长	一百元	标统	五百元
营鼓乐手、旗手	二十元		

骑、炮、工、辎、医各队及挑夫、伙夫等月饷，军政府未发布以前，由军标统自定。

旅团长以上之俸银，将来由军政府定之。

战士赏恤

第一　赏　典

（一）记大功者：

甲、率先起义者，按其招集人数之多寡，以定次数。

乙、攻克城镇乡村者，按其占领地方之险夷广狭及户口之多寡，以定次数。

丙、剿破敌军者，按其破坏敌军武力之大小，以定次数。

丁、降伏城镇乡村及降伏敌军者，与乙、丙同。

戊、以城镇乡村军队反正来归者，与乙、丙同。

己、防守城镇乡村力却敌军者，与乙、丙同。

（二）记功者：

甲、杀敌数人，其功昭著者，按敌人之职分及数之多寡，以定次数。

乙、俘虏敌军者，与甲同。

丙、夺得敌军粮食、器械、马匹者，按其品质数量，以定次数。

丁、探报敌情冒险得实者，按其关系之轻重，以定次数。

戊、交战出力者。

己、救援本军将士出险者。

庚、在营一年能守纪律者，记功一次；每多一年，则多一次。

以上记大功及记功者，由军政府议定行赏。为鼓励战士起见，军都督有随时行赏之权。

（三）凡当兵者，至革命大功告成时，一律照本人现饷赏食长粮，养至终身。

第二　恤　典

（一）凡交战受伤以致残疾不能任职者，其退伍后照本人现饷现俸赏给终身。

（二）凡在军身故者，无论将校兵士，均查明本人之父母妻子女，每月给养赡费。父母妻养至终身，子女养至二十岁。所给之费，兵士视其立功多寡，将校视其官职高下。

军　律

一、不听号令者杀。

二、反奸者杀。

三、降敌被获者杀。

四、私通军情于敌者杀。

五、泄漏军情者杀。

六、临阵退缩者杀。

七、临战逃溃者杀。

八、造谣者杀。

九、私逃者杀。

十、任意掳掠者杀。

十一、强奸妇女者杀。

十二、焚杀良民者杀。

十三、杀外国人、焚拆教堂者杀。

十四、勒索强买者，论情抵罪。

十五、私斗杀伤者，论情抵罪。

十六、遗失军械资粮者，论情抵罪。

十七、获敌军资粮军械，藏匿不报者罚。

十八、私入良民家宅者罚。

十九、盗窃者罚。

二十、赌博者罚。

二十一、吃鸦片者罚。

二十二、纵酒行凶者罚。

招军章程

第一条　凡有志愿充当国民军军人者，通常以十八岁以上、四十岁以下者为合格。

第二条　凡有当国民军军人者，于入营之始，要亲具誓表；宣誓之后，领回军约收执。于誓章及军约本人名字之下，皆要印取左手大指指模，以凭认别真伪。

第三条　凡有清朝兵勇来投降国民军者，除照招降条件处待之外，入营之始亦一概令填写誓表，领收军约，如上条办法。

附：誓表及军约款式

中华民国国民军誓表

入营充当中华民国国民军军人姓〇名〇〇，当天发誓：

第一，遵守国民军宗旨，驱除鞑虏，恢复中华，创立民国，平均地权。矢信矢忠，有始有卒。

第二，服从国民军军律，如有违犯，甘受罪罚。

　　　　　年岁　　　　籍贯

天运　　年　　月　　日　　　　　　　　　〇〇〇立（左大指模）

·········字队第·········号

中华民国国民军军约

一、凡充当国民军军人者，所有赏典、恤典悉从《革命方略》施行。

二、月饷定额先由该军都督存记，按其当军之日起算计，俟军政府成立后，一概发给。

三、每兵饭食及其必需之衣物，由军中粮台供足。

天运　　年　　月　　日　　　　　　　　　〇〇〇收执（左大指模）

招降清朝兵勇条件

中华民国国民军驱逐满清，光复中国，凡尔等当清朝兵勇者，须念身为汉人，当为中国立功，莫为满人替死。今奉军政府命，招降尔等，条件如左：

一、带军械来降者，记功一次，并照军械原价加四倍赏给（如原价二十五元，则赏给一百元），将来由军政府颁发。

二、投降后与义军一体看待，兵勇每月饷银十元，衣服饭食等另由军中供给。

三、立功者记功或记大功，由军政府论功行赏，升职加俸。

四、凡当兵者，至革命大功告成时，一律照本人现饷赏食长粮，养至终身。

五、投降之人，其年已老不能任职者，由军政府酌予体恤。

六、交战受伤以致残疾不能任职者，退伍后照本人现饷赏给终身。

七、在军身故者，查明本人父母妻子女，每月给赡养费。父母妻养至终身，子女养至二十岁。所给之费，视其立功大小为定。

八、不降者杀无赦。

略地规则

略地者，谓略定其地，上而省会，下而州县，凡前者满洲势力所及，使由此归属于我军政府权力之下也。

第一　略地之分别

其分别有三：（甲）就于我军攻取而得者；（乙）就于义民响应者；（丙）就于敌之文武官反正来附者。其略地之办法，稍有不同，分类说明如下。

第二　略地之办法

（甲）就于我军攻取而得者：

一、升立国旗。就其所得之城镇营垒，升立国旗，宣扬军威。

二、暂禁居民来往。于入城镇之始，下令暂时禁止居民来往，派兵士守视通衢。俟一二日后安民局设立，按户发给执照后，始许通行。

（说明）此因入城之始人心未定，暂禁其来往，一以便军队行动布置，二以免奸民乘机抢掠也。

三、缴收敌人军器粮食。所有清兵军器，概要缴交；其营中所积聚之粮食，亦要缴出，然后听凭我军安置之。

（说明）此时清兵已失战斗之力，然虑其藏匿军器粮食，仍然为患，故必严令缴出。

四、收取官印文凭及其文书册籍，封府库官业。官印文书等，恐其散失，宜收取之，交安民局保存。其府库官业，则交因粮局收。

五、破监狱释囚徒。破监狱，尽释囚徒，谕以义师所至，满洲残刑峻法一切扫除。诸囚中有无辜被祸者，皆复其自由；其有罪者亦令自新，俾人民永不受苛法之苦。

六、设安民局。每县设一安民局，立局长一人，局员十人，顾问员十人。局员择用营中人或地方绅士，顾问员则皆以地方绅士充之，均听命于局长。

局中得雇用巡查若干名，其人数视地方之大小定之。

安民局之事务，其急要者如下：

（一）发布告。印刷安民布告，分贴当众之地，使人民晓知我军队之大义。

（二）编门牌。循街之方向，由东至西、由北至南按门发牌，左单右双，每街分左右统计其户数。

（三）付通行照。每户发通行照一纸，每纸止许一人执用来往（夜出者必携街灯）。其执某户之照出街，犯事为该户是问。

（四）查户口。由安民局派员偕同地方甲长、街正人等，清查户口，每户要实核其现在住居之人口，编载册籍。

（五）抚创痍。其居民有因兵事受伤损者，或破坏家屋物业者，赈恤之。

（六）定流亡。居民有因兵事流离失所者，设法安置之。

（七）诘奸宄。如查有为敌军作奸细及为妨害我军队之行为者，捕获送军前究办。查有强盗匪徒扰害居民者，捕获之后，重则送于军前，轻则由局究办。

（八）防火害。命巡查周视，以防火警。其有存贮惹火之物者，尤要注意。

七、设因粮局。另有因粮局规则参照。

八、分别处待官吏。凡军到即降之官吏，保护其身家。愿留营者，量才器使。愿还乡者，厚给资斧，护送归家。其抗拒至力尽始降之官吏，则仅予免死。其不降者杀。

九、招集地方精壮，编入军队。按照军队编制之法办理。

十、相机防守。察看地方险要，分别防守。

十一、通报军政府或就近大军。候派员接理，以布新政。

（乙）就于义民响应者：

凡义民响应者，必将该处地方官诛戮或捕送至军队之前，始为响应之实据。

凡义民响应投到军队，即派兵随往，办理之法如下：

一、升立国旗。办法详上。

二、点收官印文凭及一切官业。办法详上。

三、设安民局。所有安民要务八项，悉如上办法。

四、设因粮局。

五、将义民编入军队，与义军一体优待。

六、相机防守。详上。

七、通报大营。详上。

（丙）就于敌之文武官反正来附者：

凡反正之官，必将其官印文书及具有永远降服誓表，送到军队之前，始为反正之确据。

凡有反正者，该文武官投到军队，即由军队派员与该地方官协同权理政事，以待军政府接收后，改布新政。

该反正之文武官照现任之廉俸倍给之，至于终身。如其才可用，另有任使者，其所得官俸不在此限。

因粮规则

第一　因粮局

一、每军设因粮局，专司因粮之事。

二、因粮局因粮之标准，须每日以十人养一兵。凡军行所至之地，因人民之多寡以定驻军之多少。

三、因粮局须设充公册、收买册、债券册，收捐册。除充公册外，皆须用三联单，分类处理。

第二　因粮之法

（甲）充公：

一、一切官业。

二、反抗军政府之满洲官吏家产。

三、反抗军政府之人民家产。

四、以上三种，由因粮局立册，将所充公之物产之文契数量，分类登记。

（乙）收买：

一、将境内一切可应军用之货物，给价收买，贮存以备随时之用。

二、收买货物，若现银不足，可先给军中凭票，记载价额及给价日期，由因粮局支给。若过期不能支给，则从此起计五厘周息。

三、凡收买货物，物主不得抗违。

（丙）借债及捐输：

一、凡军队所至，得与境内人民有家产者借用现银，以供军需。借款后，由因粮局发还债券，记载债主姓名、籍贯、住所及其数目，钤印为据，交借主收执。自给债券之日起，至迟以六个月由因粮局偿还。若满六个月限不偿还，则自满限之后起，给二厘周息。

二、凡境内人民家产一万元以上者，由因粮局令捐十分之一，以供军需；五万元以上者，捐十分之二；十万元以上者，捐十分之三；五十万元以上者，捐十分之四；百万元以上者，捐十分之五；千万元以上者，与百万者同。

三、凡经因粮局认定当借债及捐输者，不得违抗，违抗处罚。

（丁）军事用票：

一、设军事用票发行局，附属于因粮局。

二、每军得度其收入财产之数，拨归军事用票发行局作按，发行军事用票。

三、发行军事用票之数，以倍于作按之数为限。

（说明）例如军中收入财产共值银十万元，以之作按，发行军事用票三十万元，则军需可裕。所以发行之数限于二十万元者，因此有十万元作按；如发票过二十万元以上，则不足以代表实银，而票之信用失、价值跌，成为空头票。发行愈多，此弊愈大，军队非惟不能多得一钱之用，反将可以发行无弊之二十万元票亦失其用，而至于坐毙也。

四、军事用票发行局设发行员五人以上，由军都督指任之。

五、军事用票发行局设监查员十人以上，以债主、捐主之负担最巨者任之。

六、发行员专管局中一切发行、对换之事。

七、发行军事用票之先，发行员须通知监查员开会决议。监查员须查明军事用票之数，是否照第三条之规定。如数相符，则要认可发行；如有违额滥发，不得认可。

（说明）滥发之弊，前既言之。然当军需孔亟时往往不免，故发行局制度不可不精密。发行员外更设监查员，此监查员须于本地方利害最有关系者，因军队之财取诸地方，而发行军事用票尤于地方财政有大关系也。债主、捐主皆曾负担军饷者，倘再遇滥发，则受累更甚，故择其负担最巨者十人为监查员；凡发行军事用票，必须得其许可。如票数只较作按之数加一倍，则尚足以资对换周转；滥发则军队、人民立受其害，故要阻止之。

八、发行员未经监查员会之认可，不得发行军事用票。

九、凡经监查员开会决议，反对违额滥发军事用票者，军都督不得强行之。

十、军事用票每张银额，最多不得过百元，最少不得过一元。

十一、军事用票之形式如左：

十二、军事用票须照每张定额使用，不得跌价。

十三、发行军事用票之后，俟将来军政府与该军会合时，由军政府调查该局发行票数，如与第三条定额相符，军政府下令将发行之票对换收还。

（说明）军事用票发行之后，流通市面与实银同一使用。然其本体无真价，不过代表实银，不能永久，必须有收还之法。惟军需浩繁，军事用票只能行用于军队权力所及之地，其与外国交涉仍须用实银，故颇难常储实银以备与人民对换，必俟与军政府会合之后，始由军政府之力以收回之也。惟必要所发之票不逾第三条之定额（即有十万元之作按，始发行二十万元之票），始能收还；否则军政府亦不能填滥发之壑。故滥发之弊，足使财政纷乱，不可不慎也。

十四、军政府下令后，人民得凭军事用票换回相当之实银。其详细规则，军政府临时定之。

十五、军队所到之地，凡平日清政府所发行之纸币（银纸）概作为废纸。

十六、凡军中捐输，该捐主必须将军事用票缴交因粮局，不得以现银缴交。

（说明）军事用票欲其流通市面，必须设此法。例如捐主捐十万元，缴纳时如必须军事用票，则不得不将现银兑换军事用票，始能缴纳。是则军事用票有不能不流通之势，否则发行局自发行，人民自不使用，军事用票失其效力矣。

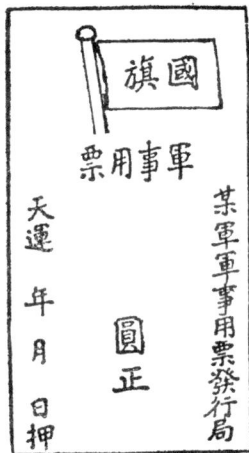

安民布告

天运岁次　　年　　月　　日，中华国民军○○军都督○○○奉军政府命，布告安民。

军政府今日始能与我国民伯叔兄弟、诸姑姊妹相见于光天化日之下，为二百六十年来我汉人未有之快乐，未有之庆幸。军政府所以有此力量能打破满洲政府，悉由我汉族列祖列宗神灵默佑相助，使恢复我中华祖国，以有今日。

军政府宗旨第一是"为民除害"四字，大害不去则大利不兴，故目前尤以除害为急务。我国民要脱满洲政府束缚，要将满洲政府所有压制人民之手段、专制不平之政治、暴虐残忍之刑罚、勒派加抽之苛捐与及满洲政府所纵容之虎狼官吏，一切扫除，不容再有膻腥余毒存留在我中华民国之内。此种思想为中华四万万国民所同具，军政府首先起义，效力驱除，以为我国民发表此思想，所以称中华国民军政府。国民责任即军政府责任，军政府功劳即国民功劳，军政府愿与国民同心协力，始终不变。故军政府行动一切俱有纪律，军队所过地方，对于国民决不侵害，我国民不必猜疑惊恐。为士者照常求学，为农者照常耕种，为工者照常作工，为商者照常买卖，老少男女照常安乐居家。如果军队中有不法之人侵害我国民，即为贼害同胞，受害之人民尽可控告到军队前，军政府必尽法惩治。如果国民中有不肖之人私通满洲，或作奸细，或作有害军队之行为，亦是贼害同胞，军政府查出实情，亦必尽法惩治。总之，军政府为同胞出力，断无损我国民之理。国民既明白军政府宗旨，亦当安堵无恐。今日为军政府与国民相见之始，为此布告我亲爱之同胞知之。

对外宣言

中华国民军奉命驱除异族专制政府，建立民国；同时对于友邦各国益敦睦谊，以期维持世界之平和，增进人类之福祉。所有国民军对外之行动，宣言如下：

一、所有中国前此与各国缔结之条约，皆继续有效。

二、偿款外债照旧担认，仍由各省洋关如数摊还。

三、所有外人之既得权利，一体保护。

四、保护外国居留军政府占领之域内人民财产。

五、所有清政府与各国所立条约、所许各国权利及与各国所借国债，其事件成立于此宣言之后者，军政府概不承认。

六、外人有加助清政府以妨害国民军政府者，概以敌视。

七、外人如有接济清政府以可为战争用之物品者，一概搜获没收。

招降满洲将士布告

天运　　年　　月　　日，中华国民军○○军都督○○○奉军政府命，布告于我国民之为满洲政府逼迫以为其军之将校及兵士者。

我辈皆中国人也，今则一为中华国民军之将士，一为满洲政府之将士，论情谊则为兄弟，论地位则为仇雠，论心事则同是受满洲政府之压制，特一则奋激而起，一则隐忍未发，是我辈虽立于反对之地位，然情谊具在，心事又未尝不相合也。然则今日以后，或断兄弟之情谊而变为仇雠，或离仇雠之地位而复为兄弟，亦惟我国民之为满洲将士者自择之而已。

自国民军起，移檄天下，民族主义、国民主义炳如日月，凡为国民无不激昂慷慨、敌忾同仇。诚以国民军者以国民组织而成，发表国民之心理，肩荷国民之责任，以主义集合，非以私人号召，故民之归之如水之就下也。我国民之为满洲将士者，非其本欲，特为满洲所迫不得已而为之。此时满洲政府方又出其以汉人杀汉人之手段，驱之与国民军为敌。愿我国民思之：本中国人而当满洲兵，以杀中国人为职，抚心自问，宁能不动乎？我国民勿谓为满洲尽力乃所以报国也。中国亡于满洲已二百六十余年，我国民而有爱国心者，必当扑灭满洲以恢复祖国；倘反为满洲尽力，是甘事仇雠而与祖国为敌也。其身份为奴隶，其用心为枭獍，岂有人心者所忍为乎？我国民又勿谓既食满洲之禄当忠于所事也。须知中国者中国人之中国，及为满洲所夺，收中国人之财赋，以买中国人之死力。中国人效力满洲而食其禄者，譬如家财既为强盗所夺，复为强盗服役以求得佣值，境遇既惨，行为尤贱矣！是故我国民之为满洲将士者须以大义自持，知托身满洲政府之下，乃由一时之束缚，常怀脱离独立之志。际此国民军大起之日，正当倒戈以向满洲政府，而与我国民军合为一体，方不失国民之本分也。

彼满洲以五百万民族陵制四万万汉人，而能安卧至二百六十年者，岂彼之能力足以致之，徒以中国人不知大义，为之效力，自戕同种，故满洲人得以肆志耳！试观满洲入关以来，每遇汉人起义，辄用汉人剿平，杀人盈野，流血成河，皆汉人自相屠戮，而于满人无所损。举其大者，如嘉庆年间汉人王三槐等举义，四川、湖南、湖北、陕西诸省相继响应，满洲政府势垂危矣，八旗之兵望风奔溃，禁旅驻防皆不可用；乃重用绿营，招募乡勇，于是汉人杨遇春、杨芳等为之效力，屠戮同胞，死者亿万，川、湖、陕诸省遂复归于满洲主权之下。又如咸丰年间太平天国起自广西，东南诸省指顾而定，西北则张乐行等风驰云卷，天下已非满洲所有，其督师大臣赛尚阿、和春一败涂地，事无可为；及汉人曾国藩、胡林翼、左宗棠、李鸿章等练湘军、淮军以与太平天国相杀，前后十二年，汉人相屠殆尽，满人复安坐以有中国。凡此皆百年来事，我父老子弟耳熟能详者也。汉人不起义则已，苟其起义，必非满人所能敌，亦至明矣。

所最可恨者，同是汉人，同处满洲政府之下，同为亡国之民，乃不念国耻，为人爪牙，自残骨肉。彼杨、曾、胡、左、李诸人是何心肝，必欲使其祖国既将存而复亡，使其同胞既将自由而复为奴隶乎？自经诸役以后，满人习知以汉人杀汉人为最上策，故近来怵于革命之祸，日谋收天下之兵权，以满人任统御，以汉人供驱役；一旦有事，则披坚执锐、冒矢石、当前敌、断脰流血者皆汉人，而策殊勋、受上赏者则满洲人也。我国人之为满洲将士者，苟一念及身为中国之人，当知助异族杀同胞为天地所不容，可无待踌躇而断然决心者。

且我国民，苟助满洲，岂止为国家之罪人而已，即为一身计，亦无所利。盖满洲之待汉人，不过视同奴隶，即为之尽死，亦毫不爱惜。嘉庆年间川、湖、陕之役，绿营乡勇立功最多，事后八旗受上赏，绿营诸将仅沾余唾。至于乡勇解散之后，穷困无聊，半世当兵，战功尽为八旗所冒，口粮复为上官克扣。出营之后，工商诸业久已荒疏，无以谋衣食，穷而为盗，则被杀戮。于是蒲大芳等怨望作乱，杨芳、杨遇春念其战功，诱以甘言，使之降伏。而满洲政府震怒，黜杨芳，使率蒲大芳等远戍伊犁，其后密使人尽杀蒲大芳等数百人，无一得脱者。咸丰、同治间，湘军遍于十八行省，所至勠力破敌，敌军既尽，湘军解散，克扣口粮，饥寒不免。其至丰者，不过给三月口粮，不敷归家盘费，因此流离他省，父母妻子终身不复相见。而他省之人以其当兵杀人，畏之如蛇蝎，视之为仇雠，见其落拓，则又斥为流氓。穷无所归则相聚结会，以相依赖。而满洲政府恶其结党，捕拿杀戮不可数计。是故川、湖、陕之氛告尽，而乡勇失所；太平天国既覆，而湘军无归。乃知满洲政府之用汉人也，犹农夫之用牛也，既尽其力则杀而烹之，无一毫人心相待。此其故何也？盖以同胞杀同胞，实为天下至贱之事，不惟为万国所鄙笑、同胞所切齿，即满洲人亦未尝不轻贱之，以为汉人相杀乃其种性，宜其甘为奴隶，万劫不复。既存轻贱之心，故对待之手段，刻薄如此。即使身居重镇，屡立战功，而偶连廷旨，缇骑立至。其他将校受文官呵叱驱使，甚于仆隶。至于兵士，所发口粮不敷糊口，而一有战事即责其死敌，是视之如虫蚁耳！

世人见满洲刻薄寡恩，不重军人，皆知叹息痛恨。岂知欧美日本各国所以尊重军人者，以其为国勤力，倚若长城，故军人之名誉、军人之身分皆为社会所矜式。至于满洲用中国人当兵，非以为国家之干城，不过专防家贼。故其军人以拥护仇雠为天职，以屠戮同种为立功，禽兽之行宜为世界所不齿。我国民之为满洲将士者，若犹有人心，当不待劝告，而决然倒戈反正惟恐不速也，何用迟徊审顾为？

意者或误会国民军之旨，以为国民军既与满洲政府为敌，则凡为满洲之将士者皆所不容，虽欲反正而无路可投乎？然同是汉人，地位虽殊，情谊固在；且国民军当未起义以前，屈于满洲政府之下，与我国民之为满洲将士者固无所差别也。宗国之亡久矣，举我同胞悉隶于异族之下，不能互相庇翼，而使寄食于仇雠，又不能速拯之出于水火，斯已大负国民矣，何忍复校量前眚，自相携贰乎？

为此布告天下，凡我国民之为满洲将士者，若能顾念大义，翻然来归，军政府必推诚相与，视为一体。其以城镇乡村或军旅反正者，及剪除敌军心腹将校来归者，暨以粮食器械来归者，皆为国立功之人，当受上赏。其军至即降者，亦予优待。此皆赏典、恤典、略地规则等所一一规定者。其各激发忠义，以涤旧污，以建新猷。若犹有包藏祸心，怙恶不悛，甘为国民军之蟊贼者，则是自绝于中国，罪不赦。方今民族主义、国民主义磅礴人心，举国之人皆知明理仗义，固非若昔日人心否塞之世。军政府提挈义师，肃将天讨，期与四百兆人平等，以尽国民之责，亦与昔之英雄割据有别。固将使禹域之内无复汉奸之迹，其满洲将士敢有奋其螳臂以相抵抗者，必尽剪除，毋俾漏网。特虑其中容有心怀反正而迟疑未决者，亦有身拥兵权、心怀助顺而观望取巧、思徐觇国民军之强弱以为进退者，凡此皆不胜其祸福之见，故就义不勇。今开诚布公，明示是非顺逆之辨，其各自择，毋得徘徊！如律令檄。

附：条　件

一、以城镇乡村或军队反正来归者，除按赏典论功行赏外，并照现任廉俸加倍赏给，至于终身。如其才可用，另有任使者，其所得官俸不在此限。

二、军到即降者，保护其身家。愿留营者，量才器使。愿还乡者，厚给①资斧，护送归乡。

三、力尽始降者，仅予免死，以俘虏处分之。

四、不降者杀无赦。

扫除满洲租税厘捐布告

天运　　年　　月　　日，中华国民军○○军都督○○○奉军政府命，以扫除满洲租税厘捐之事布告国民。

自满洲篡国，生民无依，憔悴于虐政之下。虏朝知满汉不并立，犹水火不相容，故其倡言谓"汉人强则满洲亡，汉人疲则满洲肥"，处心积虑，谋绝汉人之生计，以制汉人之死命。汉人皆贫，则汉〔满〕人可以独富；汉人皆死，则满人可以独生。于是横征暴敛，穷民之力，逼之以严刑峻法，使我汉人非惟无以为生，且无以逃死。

昔者康熙年间，曾定永不加赋之制，其名甚美，欲以愚弄汉人。然所谓永不加赋，不过专指正额，于正额之外悉收州县耗羡②以为己有，而令州县恣取平余③，其数五六倍于正额；且额外之征，罔知纪极。又于征粮之际，多立名目，每粮一石，加派之银至二三两。此外贪官污吏私自加派，狼差狗弁从中渔利者，不可胜数。故康熙年间廷臣已言："私派过于官征，杂项浮于正额，分外诛求，民不堪命。"当时初行此制，弊已如此，何况后日。名为永不加赋，实则赋外加赋。其绝汉人生计者一也。

---

①　此处删一衍字"给"。

②　耗羡，即于征收漕粮时，加收漕运耗损之数；后改征折色（折价征银），仍沿此例。

③　平余，即解饷银等入京时，允由地方官府扣取一定比例的款额，从耗羡内划拨。

满洲入关之初，强占汉人土地，圈给满人，室庐坟墓在满人所圈地内者，悉为满人所有。汉人不惟失田丧业，无以糊口，且令祖宗暴骨，妻子流离。虏之凶德，从古所无！其绝汉人生计者二也。

八旗人众，计口给粮，不事营生，不纳租税，锦衣玉食皆取之汉人。我汉人无异为其牛马，辛苦所得者尽以输纳，犹以为未足：劳力既尽，生命随之。其绝汉人生计者三也。

既据北京，征固本京饷以为首丘之计。又岁括金银亿万密藏诸陵墓中，自顺治至今，为数无算。以四海有限之财，填诸虏无底之壑，致令货币不能流通，财政日匮。其绝汉人生计者四也。

自康熙朝定制永不加赋，其子孙托言恪守祖制，而于正赋之外，暴敛无算。乾隆朝纵容各省督抚恣为贪婪，殃民取财，剥肤吸髓，概置不问。伺其宦囊既富，则借事治罪，籍没家产，尽入内府，谓之"宰肥鸭"。遂贪诈成风，内自朝廷以至奄竖①，外自督抚以至胥吏，皆以贪赃为能，以害民为事。乾隆末年，嬖臣和坤〔珅〕一人之家产至数万万，民穷财尽，四海骚然。其绝汉人生计者五也。

自太平天国起义东南，虏率其贼臣死相抵抗，军兴费无所出，遂创厘金之法。一物之微，莫不有税；商贾困惫，物价腾贵。当时宣言事平裁撤，乃事平之后非惟不撤，且益增加，政府视为利薮，官吏视为肥差，骚扰搜括，民无宁日，商务不振，交通阻隔。其绝汉人生计者六也。

自与万国交通以来，不知外交，屡召战祸，丧师辱国，于弃民割地之外，益以赔款。甲午之役，赔款连息四万万；庚子之役，赔款连息九万万。政府无力，则令各省摊赔。于是各省督抚借此为名，举行杂捐，剥民自肥，自柴米油盐以至糖酒诸杂项，皆科重税；居陆则有房捐，居水则有船捐。民不堪其苦，屡屡激变，则辄调兵勇，肆意焚杀，洗村铲地，以为立威之计。思之心伤，言之发指！其绝汉人生计者七也。

广借外债，浪费无纪，息浮于本，积重如山。犹不知警惧，任令疆臣各自募借，其所开销复无清算，收入愈多，亏空愈大。试观欧美、日本各国何尝无国债，

---

① "奄"通"阉"，奄竖与阉竖同义。

然经理得宜，利多弊少，未有若虏朝之紊乱者。循此以往，国力将敝。其绝汉人生计者八也。

罗掘之术既穷，遂不顾廉耻，公然欺骗，造昭信股票，诱民出资。既而勒令报效，不践前言。反覆无信，诈欺取财，行同无赖。其绝汉人生计者九也。

四海之内，人民流离失所，辗转沟壑；而深宫之内，穷奢极欲，日甚一日。据最近调查，报自乙未至庚子，颐和园续修工程每年三百余万，虏太后①万年吉地工程每年百余万两；戊戌秋间虏太后欲往天津阅操，令荣禄兴修行宫，提昭信股票银六百余万两；辛丑回京费二千余万两；辛丑后兴修佛照楼五百万两；虏太后七旬庆典一千二百余万两，另各省大员报效一千三百万两。共计此数年之内，虏太后一人所用已盈九千余万两。辛丑至今又阅数年，其费用可比例而知。所饮食者汉人之脂血也，所寝处者汉人之皮革也。汉人家散人亡，老弱填沟壑、丁壮死桎梏者，皆断送在深宫歌舞中耳。其绝汉人生计者十也。

凡此十者，皆荦荦大端，人所共见；其他苛细及缘附而生者，尚不悉计。乃知虏之贪残无道，实为古今所未有。二百六十年中，异族陵践之惨，暴君专制之毒，令我汉人刻骨难忍，九世不忘。虏之待我汉人，无异豺虎食人，肉尽则咀其骨，必使无孑遗而后快。我汉人处于水深火热之中者，其可矜孰甚焉！

今军政府与我国民驱除鞑虏，恢复中华，大兵所至，举满洲政府不平等之政治，摧廓振荡，无俾遗孽。凡租税厘捐一切不便于民者，悉扫除之，俾我国民得怡然于光天化日之下。俟天下大定，当制定中华民国之宪法，与民共守。其与虏朝相异之处，可预为国民言之：在昔虏朝贵满而贱汉，满人坐食，汉人纳粮；民国则以四万万人一切平等，国民之权利义务无有贵贱之差、贫富之别，轻重厚薄，无稍不均。是为国民平等之制。

在昔虏朝行暴君专制之政，以国家为君主一人之私产，人民为其仆隶，身家性命悉在君主之手，故君主虽穷民之力，民不敢不从；民国则以国家为人民之公产，凡人民之事，人民公理之。由人民选举议员，以开国会，代表人民议定租税，编为法律。政府每年预算国用，须得国会许可，依之而行；复以决算布告国会，

---

① 指慈禧太后，于同治、光绪两朝垂帘听政，把持朝政三十余年。

待其监查，以昭信实。如是则国家之财政实为国民所自理，国会代表人民之公意，而政府执行之。譬如家人，既理家事，必备家用，轻重缓急，参酌得宜。较之暴君专制，横征暴敛，民不堪命者，真有主仆之分，天壤之别。是为国民参政之制。

是故民国既立，则四万万人无一不得其所，非惟除满洲二百六十年之苛政，且举中国数千年来君主专制之治一扫空之。斯诚国家之光荣，人民之幸福也。愿我国民，各殚乃心，勉成大业！布告天下，俾咸知斯意。

据汪精卫手书《革命方略》油印本影印件，载张永福编：《南洋与创立民国》，上海，中华书局一九三三年十月出版①

手批《中国同盟会分会总章》②

（一九○八年秋）③

一、本会定名为○○中国同盟会〈分会〉，直接受○○支部之统辖。④

一、本会以实行赞助中国革命事业为职志。

一、本会会员须谨奉宗旨，亲写盟书，当天宣誓，以表真诚。

一、本会公举如下职员以司理会中事务：

正会长一名　　　　理财　名

副会长一名　　　　核数一名

中文书记　名　　　调查员　名

---

① 另见胡汉民编《总理全集》第一集（上海，民智书局一九三○年二月初版）所收《同盟会革命方略》，个别文字略异。而池亨吉《支那革命实见记》（东京，金尾文渊一九一一年十一月十日发行）附载由孙文提供的《革命方略》，以及冯自由《中华民国开国前革命史》上编（上海，革命史编辑社一九二八年十一月初版）所载据称在河内修订的《革命方略》，两者内容文字基本一致但异于底本，且将其中《军队之编制》析为三件，而缺少《招军章程》、《招降清朝兵勇条件》二件（按：各版本或析分或增设，其总数皆由十三个文件组成）。

② 同盟会南洋支部成立后，孙文令支部长胡汉民拟订同盟会分会总章，本篇即为他对该总章初稿的亲笔批件。文中批语用黑体字排印，其前由编者加"孙批"二字，置于圆括号内。

③ 底本未说明手批日期，所标者为该总章拟订时间。

④ 本条待填空缺处前为地名，后为支部名称，如作："本会定名为星加坡中国同盟会分会，直接受南洋支部之统辖。"但分会名称通常亦作"中国同盟会星加坡分会"。

　　英文书记一名　　　　　干事员　名

　　一、本会职员定例每年选举一次，并每遇会员增至一倍时选举一次。

　　一、本会员皆有选举权及被选举权。

　　一、当地会所及一切经费由会员均分担任。

　　一、凡会员皆有介绍同志入会之权。

　　一、凡会员能解释宗旨明白者，皆可受任为主盟人，随时随地收接同志入会。

　　一、凡主盟人收接同志入会后，须将盟书缴交书记注册，由书记汇交支部收存，发给底号，收执为据。

　　一、凡会员既完尽一己之义务，领有底号者，至革命成功之日，得列名为中华民国创建员，以垂青史而永志念。

　　一、凡会员能介绍及主盟新同志十人者记功一次，百人者记大功一次。至岁终计功，由会长宣劳嘉奖，并由支部代请本部总理暂给功牌表志。至革命成功之日，得与军士一体论功行赏。

　　一、本会欲使会众团体密切，声气灵通，特仿革命军军队编制之法以组织会众，其帙如左：（**孙批：此条请即施之实事。**）

　　以八人为一排，内自举排长一人，共八人。

　　以三排为一列，外自举列长一人，共二十五人。

　　以四列为一队，外自举队长一人，共一百零一人。

　　以四队为一营，外自举营长一人，共四百零五人。

　　一、以各列长、队长、营长等人员为会众之代表人。

　　一、本会办事各种详细规则并特别专条，可随时由职员招集各代表会议订立。

　　一、本会各等规则专条，总以不违背支部号令及本会章程为围范〔范围〕。

　　（**孙批：注意：组织会众为营、为队、为列、为排一条，为极紧要。有此则会员之感情乃能密切，团体乃能坚固，不致如散沙。会中有事，由职员通传于各营长或各队长，各转传于其所属之队长或列长，则一人不过走报四人知，列长不过报三个排长，排长则报七人知，如此工夫易做。若收月费、收会费，会员交于排长，排长交于列长，各〈列〉长即交与理财员，亦事简而效大也。若不行此法，则他日每埠人多至一千或数千，则无人能遍识会员，而分会机关之职员亦无**

从遍知各人之住址、行踪也。故必当为排、列，一排长识其所交好之七人不为难，一列长识三个排长更易，由营而队而列，犹身之使臂，臂之使指，节节脑筋相连灵活也。）

据亲笔批件影印件，载邓泽如辑：《孙中山先生廿年来手札》卷一，广州，述志公司一九二七年一月出版

中华革命党盟书①

（一九一〇年二月中旬）②

联盟人　　省　　府　　县人　　　，当天发誓：同心协力，废灭鞑虏清朝，创立中华民国，实行民生主义。矢信矢忠，有始有卒。如或渝此，任众处罚。

中华革命党党员　　　押

主盟人

介绍人

天运　　〈年〉　　月　　日立

据盟书印刷页原件影印件，载革命纪念会编：《广州三月二十九革命史》，上海，民智书局一九二六年十月初版

---

①　孙文因在华南发动起义屡遭失败，于一九〇九年秋至欧洲筹集经费以图再举，十一月到美国。一九一〇年二月七日抵达旧金山不久，在当地建立同盟会分会，却采用"中华革命党"这一新的组织名称，并在盟书中修改了宗旨。此盟书为孙文所提供，制成印刷页备入会者填写宣誓之用。该会成立后，对外仍多用同盟会名义。

②　底本未说明时间，而旧金山分会的成立日期说法不一。其中梅乔林（同盟会芝加古分会会长）谓于一九一〇年二月十六日，同月二十二日孙文致函赵士觐（纽约同盟会员）又有"现下大埠（按指旧金山）加盟者甚盛"之语；一九一一年二月十三日，旧金山则曾举行同盟会成立周年纪念会。另据有关史料记载，在一九一〇年二月下旬该会公开举行成立大会之前，孙文已将当地"少年学社"改组为同盟会，并主持其十余名成员宣誓加盟仪式，此为本盟书在旧金山首次使用。根据上述情况，酌定为二月中旬。

革命军筹饷约章①

（一九一〇年二三月间）②

第一款　凡认任军饷至美金五圆以上者，发回中华民国金币票双倍之数收执。民国成立之日，作为民国宝通用，交纳税课，兑换实银。

第二款　认任军饷至百圆以上者，除照第一款办法之外，另行每百圆记功一次，每千圆记大功一次。民国成立之日，照为国立功之例，与军士一体论功行赏。

第三款　凡记得大功者，于民国成立之日，可向民国政府请领一切实业优先利权。

第四款　以上约章，只行于革命军未起事之前。至革命军起事之后，所有报效军饷者，须照因粮局章程③办理。

中华革命军发起人孙文立

据《革命军筹饷约章》，载《最新中国革命史》，三藩市，美洲中国同盟会会员撰述兼发行，一九一二年十月出版

---

①　孙文抵旧金山数日后适逢广州新军起义失败，决定筹款再举，遂设立中华革命军筹饷局。同时亲订约章，就捐款者应享权利作出规定。

②　底本未说明时间。按孙文于一九一〇年九月十二日自比宁致函旧金山同盟会同志，嘱将各埠捐款"寄回革命军筹饷局"；十月十六日致函同盟会檀香山希炉分会会长黎协，嘱将捐款汇至旧金山再由筹饷局发给收执，又"付上筹饷局约章乙纸，请统为宣布于众"。可知成立筹饷局及订立约章在是时之前。而孙文于是年三月二十二日离旧金山赴檀香山，五月底又自檀香山往日本和南洋，则筹饷局在他离开旧金山前应已设立，故酌定为二三月间。

③　根据一九〇六年同盟会制订的《革命方略》，革命军起后将设因粮局，捐输之法按"因粮规则"中的规定办理。

长堤会谈纪要^①

（英　译　中）

（一九一〇年三月上中旬）

此一会议之结论：

一、中国革命党暂行中止长江流域及华南地区准备未周的起义，改行厚蓄实力，充分准备，集中人力财力，发动大规模起义的策略……

二、由中山先生以中国同盟会总理名义，委任布斯先生为海外财务代办（foreign financial agent），由布斯出面向纽约财团洽商贷款，以应大规模革命起义之需。并由中山先生办理一国内各省革命代表签署之文件，以为贷款之一项证据。

三、运送在美训练之军官若干，以充实革命武力。

四、贷款之总额总计为三百五十万美元，计分四次支付，详见左列长堤会议之一项纪录。

第一次支付款项：

（一）整理各种革命团体——华中、华北各一万五千美元，依会长的需要支付一百名工作人员的用费。

（二）沿东京湾边界组织军队，并设置军火调配站——六万美元。

（三）某种土地的特许权，在特许权之下使用土地，建立一千人的驻所——十万美元（依掌管该种特许权的总经理的请求，由香港财务代办支付之）。

（四）广东、东京代办处——各二万美元（由会长支付之）。

（五）一万枝毛瑟步枪、二百五十万发子弹、三十六尊大炮及一万四千四百

---

① 一九一〇年三月上中旬，孙文在洛杉矶附近的长堤市（Long Beach）与咸马里（另译荷马李）和美国已退休银行高级职员布思（Charles Beach Boothe，另译布斯）举行三次会谈，决定通过布思向纽约财团商贷巨款以充起义经费，并由咸马里负责训练军官和扩充武装队伍，推翻清朝统治后，美国债权人享有在华筑路、开矿、兴办实业等特权。本篇为会谈内容的一部分，侧重于制定反清起义的方针步骤及贷得款项后的具体分配方案。但终因布思未能筹得贷款，孙文乃于同年十一月宣布撤销上述合作计划。

枚炮弹——以汇票支付三分之一，十六万美元（由财务代办支付之）。

（六）获取北京附近的五镇的控制权——五万美元（由会长支付之）。

（七）获取组成中国海军的四艘巡洋舰的控制权——四万美元（由会长支付之）。

（八）军事总部的费用——一万美元（依指挥官的请求，由财务代办支付之）。

（九）会长总部的费用——二万美元（由会长支付之）。

（十）准备金——十五万美元（由财务代办支付之）。

合计——六十五万美元①。

第二次支付款项：

（一）动员与支援五千人的六个月费用——二十二万美元（依指挥官的请求，由香港财务代办支付之）。

（二）六个月的美国军官的运送费与维持费——七万五千美元；美国军官六个月的薪水——十万美元（依指挥官的请求，由财务代办支付之）。

（三）中国翻译人员的运送费与维持费——一万美元（依指挥官的请求，由香港财务代办支付之）。

（四）作战军火的最后付款——三十五万美元（由财务代办支付之）。

（五）五千人与军官等的全副装备——十万美元（由财务代办支付之）。

（六）工程人员药品与运输给养——十万美元（由财务代办支付之）。

（七）马匹、参谋人员与总部的装备——十万美元（由财务代办支付之）。

（八）军火与给养的运输——十万美元（由财务代办支付之）。

（九）准备金——五万美元（由财务代办支付之）。

合计——一百一十万美元②。

第三次支付款项：

（一）额外的五千人的动员与装备——十五万美元（依指挥官的请求，由香

---

① 项定荣《国父七访美檀考述》一书（台北，时报文化出版事业有限公司一九八二年三月初版）在转录本文后指出，其中某些合计款项的数字出错，他于此处改为六十六美元。

② 前引项定荣《国父七访美檀考述》一书，于此处改为一百二十万零五千美元。

港财务代办支付之）。

（二）担任运输的五千名苦力的动员与装备——五万美元（依指挥官的请求，由香港财务代办支付之）。

（三）一万五千人的三个月维持费——二十万美元（依指挥官的请求，由香港财务代办支付之）。

（四）（原文缺）。

（五）准备金——十万美元（由财务代办支付之）。

（六）外交用途——二十五万美元（依会长的需要，由财务代办支付之）。

（七）美国军官三个月的薪水——五万美元（依指挥官的请求，由香港财务代办支付之）。

（八）步枪弹药七百七十五万发——十七万五千美元（由香港财务代办支付之）。

合计——一百零五万美元①。

第四次支付款项：

战役基金——七十九万五千美元（依指挥官的请求，由财务代办支付之）。

四次支付款项总计——三百五十万美元②。

据黄季陆：《国父军事顾问——荷马李将军（初稿)》，台北，"国史馆"一九六九年印③

————————

① 前引项定荣《国父七访美檀考述》一书，于此处改为九十七万五千美元。

② 上引书，指出支付总数应为三百六十三万五千美元。

③ 本文据美国斯坦福大学哈佛研究中心所藏有关英文资料及一项会议纪录整理而成。除项定荣《国父七访美檀考述》一书转录该文外，另有一些英文著作如蔡平（Frederic L. Chapin）的《咸马里与中国革命》（*Homer Lea and the Chinese Revolution*，一九五〇年四月哈佛大学博士论文打字本)、宗克雷（Key Ray Chong）的《一个流产的美中双方关于中国革命的合作计划（一九〇八—一九一一）》（The Abortive American-Chinese Project for Chinese Revolution, 1908 – 1911，一九七二年二月发表于美国《太平洋的历史回顾》）等，也曾从不同角度对长堤会谈的情况有所介绍。

咨临时参议院核议《法制局职制草案》①

（一九一二年一月上旬）②

窃维临时政府成立，所有一切法律命令，在在须行编订，法制局之设刻不容缓。应将法制局职制提出贵院议决，以便施行。除派本府秘书员李肇甫于本月十二日亲赴贵院提议外，合即先将《法制局职制草案》咨送贵院查核办理。此咨。

据《大总统咨参议院法制局职制》，载南京《临时政府公报》第三号，一九一二年一月三十一日③

南京卫戍总督府条例

（一九一二年一月十五日）④

第一条　南京卫戍总督直隶于大总统，统辖南京之卫戍勤务。

第二条　卫戍勤务，当任卫戍上之警备，并监视卫戍地内陆军之秩序、风纪、军纪，及保护陆军诸建筑物。

第三条　南京卫戍总督关于卫戍勤务，得指挥其地之驻屯军队，而定卫兵之员额及其部署方法。

第四条　驻屯南京卫戍地之宪兵，直接归南京卫戍总督管辖。

第五条　在南京卫戍地内之各要塞，均归南京卫戍总督管辖。

第六条　南京卫戍总督认为警备上之必要时，虽不属其卫戍上所辖之军队，

---

①　孙文于一九一二年元旦在南京就任中华民国首届临时大总统，为初建的临时政府制订有关规章制度是他面临的一项迫切任务。为此，他向临时参议院咨请设立法制局，惟《法制局职制草案》今佚。

②　日期不详。文内称于本月十二日派员赴该院之前先将此草案送核，可知应稍早于十二日，故酌为上旬。

③　二月初总统府公报局成立，在南京负责发行《临时政府公报》。

④　此件第十一条有"本条例以中华民国元年元月十五日为实行之期"之语，据此标出。

亦得请求援助。如遇紧急之际，得径行命令之。

第七条　驻在南京卫戍地内之军队，对于南京卫戍总督所定之卫戍规则皆有遵守之义务。

第八条　南京卫戍总督当有事之日，关于住民、公安、保安之处置，随时与各部长官协议。

第九条　南京卫戍总督当卫戍线内如有骚乱，不及通告陆军部、参谋部时，得以兵力便宜从事。

第十条　关于国防计画应由参谋总长决定，但南京卫戍总督有时得以意见要求之。

第十一条　本条例以中华民国元年元月十五日为实行之期。

第十二条　卫戍总督所辖之区域，北以南京下关江岸、东以朝阳门、南以南门、西以汉西门外各三十里，为其暂行管辖之区域。

第十三条　卫戍司令官无直接调遣兵舰炮船之权，如必需用船时应与参谋海军部协商妥洽，然后调遣。

第十四条　南京卫戍总督之任务，在担任人民之保护，及维持所辖区域内一般之秩序。

附：南京卫戍总督府办事规则

一、卫戍总督府分设左列各机关：

（一）参谋处。

（二）副官处。

（三）监察处。

（四）执法处。

（五）经理处。

以上各处外，另设顾问官、参事官、秘书官、监印官、属官若干员。

一、参谋长：参画卫戍上之机宜，整理全府事务，为全府人员之领袖。

一、参谋处主管左列事务：

（一）卫戍域内陆防之筹画。

（二）卫戍域内江防筹画。

（三）卫戍域内要塞防守之筹画。

（四）所属军队之编练。

（五）调查驻屯各军移动之状况。

（六）卫戍勤戍之规则及改良。

一、副官处主管左列事务：

（一）管理本府内务。

（二）口令及报告之传达。

（三）文书之收发分配及图书之保管。

（四）本属人员增减调迁之记录。

一、监察处主管左列事务：

（一）各地卫戍勤务之监察及本府卫兵之管理。

（二）卫兵之派遣。

（三）考查驻在各军之军纪风纪。

（四）地方上之交涉。

（五）关于保护陆军诸建筑物之事宜。

（六）号炮之施放及暗号之传达。

一、经理处主管左列事务：

（一）金钱之收支。

（二）管理直辖兵队之服装粮食。

（三）会计之整理。

一、执法处主管左列事务①。

一、各处长：承总督之命掌理其主务，及指挥监督处内各员之职。

一、各处次长：协助处长整理处内事务。

一、各处长就主管事务中指定处内各员分管办理。

---

① 此句似漏排文字。

一、顾问官：备总督之咨询，以图卫戍事务之发达。

一、参事官：研究卫戍事务，对于总督尽献替之责。

一、秘书官：承总督之命撰拟机要文电及不隶各处之文书。

一、层官：备临时差遣之用。

一、监印官：专司保管印信及监视钤用。

一、收发员：于书记员指定专管。

一、书记员：承处长之命撰拟该处文件。

一、司书生：专任缮写事宜。

一、看守长：看守管理囚人之收押护送，卫生、风纪各事宜。

据《南京卫戍总督府条例》及《南京卫戍总督
府办事规则》，载《中国革命记》第二十册，
上海自由社编辑发行，一九一二年三月初版

批准施行《公文程式》

（一九一二年一月二十八日）①

现今临时政府业已成立，所有行用公文，亟应规定程式，以期划一，而利推行。兹据法制院呈拟《公文程式》五条，详加察阅，尚属可行，合就令行贵总长，希即分□□令京内外一体遵照办理。并发《公文程式》。

附：公文程式

第一条　凡自大总统以下各公署职员及人民，一切行用公文，俱照以下程式

---

① 据《中华民国临时政府新法令》第二册（上海自由社校订兼印行，一九一二年四月初版）所载《内务部颁布公文程式令》，内务总长程德全致各省都督等艳电中有"昨奉大总统令颁布公文程式"之语。按艳电即二十九日电，"昨"系二十八日，以此标出。

办理。

第二条　行用公文，分为左五种：

甲、上级公署职员行用于下级公署职员、行用于人民者，曰令或谕。

乙、同级公署职员互相行用者，曰咨。

丙、下级公署职员行用于上级公署职员，及人民行用于公署者，曰呈。

丁、公署职员公告一般人民者，曰示。但经参议院议决之法规，应由大总统宣布者，曰公布。

戊、任用职员及授赏徽章之证书，曰状。

第三条　凡公文皆须盖印签名，并署年月日。但人民行用于公署职员之呈文，得免其盖印。

第四条　各公署行用于外国之公文，仍照向例办理。

第五条　凡大总统及各部所发之公文，有通行性质者，皆须登于公报。各公文除特定有施行期限者外，京城以登载《临时政府公报》之第五日为施行期。其余各处俟公报到达公署之第五日为施行期。

据《内务部咨行各部及通令所属公文程式》，载南京《临时政府公报》第二号，一九一二年一月三十日

令财政部发行南京军用钞票①

（一九一二年一月下旬）②

大总统命令

南京为民国首都，亟应整顿金融，以图都市之发达，业经筹拨巨款，开办中国银行，发行划一货币。惟目前军需孔亟，亟应先发行南京军用钞票，以维持市面而协助饷糈，着财政部速筹办理。

---

①　本篇系从财政部发行军用钞票示谕稿中录出，原件藏中国第二历史档案馆。

②　财政部奉令后，于一月三十一日将发行军用钞票条款上呈，据此酌定为一月下旬。

附：财政部发行南京军用钞票条款

（一九一二年一月三十一日呈）

一、本钞票名南京军用钞票。

一、本钞票由本部担保发行。

一、本钞票分一元、五元两种。

一、本钞票发行总额以一百万元为限。

一、本钞票钤有本部印信，文曰：中华民国财政部之印。

一、本钞票自发行之日为始，经三个月后，准持票到南京中国银行兑换通用银元。

一、本钞票凡纳捐上税一律照收。

一、本钞票凡银行、钱庄、商店均须一律行使。如有阻难、折扣情弊，一经查出，严罚不贷。

一、本钞票严防伪造，业由本部派出稽查员多名，慎密查访。如有查出制造或使用伪票者，无论何人，准即解送各该管官厅，从重究办。

据南京《临时政府公报》第四号，一九一二年二月一日

令内务部通饬保护人民财产

（一九一二年一月三十日刊载）①

江宁克复之际，各军封存房屋作为办公驻军之用，原为取便于一时，并非攘以为利。临时政府成立以来，即以保护人民财产为急务，贵部职司民政，尤属责无旁贷。仰即通饬所属共体此意，凡人民财产房屋，除经正式裁判宣告充公者外，勿得擅行查封，以安闾阎，并将此意出示通告。

---

① 《临时政府公报》于二月三日刊发，现所标时间为《民立报》刊发日期。

附：保护人民财产令五条①

一、凡在民国势力范围内之人民，所有一切财产，均应归人民享有。

二、前为清政府官产，现入民国势力范围者，应归民国政府享有。

三、前为清政府官吏所得之私产，现无确实反对民国证据，已在民国保护之下者，应归该私人享有。

四、现虽为清政府官吏，其本人确无反对民国之实据，而其财产在民国势力范围下者，应归民国政府保护，俟该本人投归民国时，将其财产交该本人享有。

五、现为清政府官吏，而又为清政府出力反对民国政府，虐杀民国人民，其财产在民国势力范围内者，应一律查抄，归民国政府享有。

据《内务部通饬保护人民财产令》，载南京《临时政府公报》第六号，一九一二年二月三日

中华民国临时政府中央行政各部及其权限

（一九一二年一月三十日刊载）

第一条　中央行政各部如左：

陆军部　海军部　外交部　司法部　财政部　内务部　教育部　实业部　交通部

第二条　各部设总长一人，次长一人。

次长由大总统简任，次长以下各员，由各部部长按事之繁简，酌定人数。

第三条　各部局长以下各员，均由各部总长，分别荐任、委任。

第四条　各部部长管理事务如下：

陆军部长　管理陆军经理军事教育、卫生、警察、司法并编制军队事务，监

---

① 内务总长程德全奉令后，"以目下各处审判厅多未完全成立，正式裁判一时尚难举行"，故制定此条，令所辖各官厅切实遵从并出告国民一体知意。

督所辖军人军佐。

海军部长　管理海军一切军政事务，监督所辖军人军佐。

外交部长　管理外国交涉及关于外人事务并在外侨民事，保护在外商业，监督外交官及领事。

司法部长　关于民事、刑事、诉讼事件，户籍、监狱、保护出狱人事务，并其他一切司法行政事务，监督法官。

财政部长　管理会计、库帑、赋税、公债、钱币、银行、官产事务，监督所辖各官署及府县与公共之会之财产。

内务部长　管理警察、卫生、宗教、礼俗、户口、田土、水利工程、善举公益及行政事务，监督所辖各官署及地方官。

教育部长　管理教育、学艺及历象事务，监督所辖各官署学校，统辖学士教员。

实业部长　管理农工、商矿、渔林、牧猎及度量衡事务，监督所辖各官署。

交通部长　管理道路、铁路、航路、邮信、电报、航舶并运输造船事务，统辖船员。

第五条　次长辅佐部长，整理部务，监督各局职员。

据《中华民国临时政府中央行政各部及其权限》，载南京《临时政府公报》第二号，一九一二年一月三十日

中华民国发行公债票章程

（一九一二年一月三十日刊载）①

弁　言②

窃以民国肇兴，抢攘屡月，临时政府虽立初基，而北虏未摧，南服多事。饷糈筹拨，故难缓乎须臾；政费繁兴，又日见其推广。凡停战期内之筹备，迄和局解决后之设施，苟非厚集资材，何以宏兹伟业？故双方胜负之所判，实只财政丰蔷之攸关。当此军事倥偬，尚乏整顿经营之余力，全恃募捐微末，亦无永久继续之功能。倘或一篑功亏，垂成坐败，神州铸错，大局沦胥，固非维持人道之本心，抑岂冀望和平之始愿？此公债票发行之所由亟亟也。

查公债募集为文明各国之通例，特吾国未经仿行，又以旧时政府，其信用不孚于国民，故国民亦不知公债之利益。今则新国方兴，与民更始，昭示大信，中外咸知，筹办者无侵吞消耗之可虞，受买者有利息报酬之可冀。而且分期缴纳，定限归还，少数固无细流土壤之嫌，多数更有名誉奖励之法，定章具在，取法至良。国民各尽急公好义之诚，则兆庶早获幸福安宁之赐。况自武汉起义，响应四方，凡须眉壮士，巾帼英雄，热血喷于九霄，头颅轻于一掷，舍生命而苏汉种，出死力以挫淫威；顾人方薄血肉以甘为前驱，而我独守资材而不为后盾，以生视死，宁勿赧颜。况列强环视，同守中立之盟，世界公言，群赞共和之治，现既三分有二，薄海观成，如或以财政之困难，致坠千钧于一发，以中较外，更属何心！所愿诸公同矢匈奴未灭之心，共仰卜式输财之谊，内慰英魂于地下，外耸观听于邻封。联十四省财赋之区，毋分畛域；合四百兆神灵之裔，重整河山。将见犁庭扫穴之功，等诸拉朽摧枯之例。倘其利迷见睫，祸悔噬脐，诚恐伊戚之自贻，实

---

① 底本《中国革命记》第十八册未说明时间，今据较早登载该件的上海《民立报》日期标出。

② 《中国革命记》第十八册将之独立成文，以《中华民国发行公债票弁言》为题另行收录。但揣其文意，应置于章程诸条之前为宜，故辑录于此。

匪人谋之不善。呜呼！不世之奇勋，争手腕不争喉舌；最终之胜利，在铁血尤在金钱。用缀弁言，聊为警告。凡诸条例，具列左方。

章　程①

第一条　此项公债定名为中华民国军需公债。

第二条　此项公债于民国元年正月八日经南京参议院议决，由临时大总统批准发行。

第三条　此项公债以一万万元为定额。

第四条　此项公债以国家所收钱粮作抵，将来免厘加税实行时，则改以所加之税作抵。

第五条　此项公债专以充临时军需及保卫治安之用。

第六条　此项公债由中央政府财政部发行，分派各省财政司劝募。

第七条　此项债票照票面价额实收，无折无扣。

第八条　此项公债以阳历周年八厘行息。

第九条　此项公债自发行后第二年起，每年偿还该债五分之一，至发行后第六年还清。

第十条　每年偿还债本以抽签法决定，其抽中之票号额数刊列广告，俾众周知。

第十一条　此项债票分千元、百元、十元、五元四种。

第十二条　此项债票以百元作英金九镑计算，凡缴金款者当于预约收据及债票上加盖图章，详细注明将来还本付息照付金款。

第十三条　此项债票为不记名债票，持有票者无论何人，政府均认为债主。

第十四条　抽签处设在中央政府财政部。

第十五条　凡抽中之票，持票者可在各处公债处或其他代理处换现，或将该票作为纳税及钱粮之用。

第十六条　本债六年期满，准再展限二年。凡各抽中之债票，务须于此限内

---

① 《中国革命记》第十八册的标题原作《中华民国发行公债票章程》。

在各公债处或代理处换现，或作为纳税及钱粮之用。过此二年期限之后，作为废纸。

第十七条　每债票连有小票，名为息票，计十二张，届付息期凭以取息。

第十八条　凡到期各息票，须于到期后六个月内换现，或作纳税及钱粮之用，过期后作为废纸。

第十九条　债票已经抽中，其未到期之票均即作废，并须缴还公债处或代理处销毁。

第二十条　每年付息二次，阳历二月二日为上半年付息期，八月二日为下半年付息期。民国元年八月二日为第一次付息期。

第二十一条　民国三年二月二日为军需公债第一次还本期。

第二十二条　各票正面用华文，背面用英文。

第二十三条　各票钤盖中央财政部图章，并由民国临时大总统、副总统及财政部总长署名。

第二十四条　此项公债于民国元年正月二十八日先由上海发出预约收据，并陆续寄往各省各埠，俟认款缴足，再行换给正式债票。

第二十五条　各省财政司所设公债处及其他代理处，作为发行及经理此项公债之用。

第二十六条　凡购认债票之时，购认者须于一星期内缴付认定总数四分之一，即由本地公债处发给收据，名为预约收据。其余四分之三分三次汇缴，每次延一个月，限三个月内缴清。

第二十七条　债款缴清后，由中央财政部换给正式债票。

第二十八条　缴还预约收据，换给正式债票，应有〔由〕购债者往原购公债处或代理处亲自换领。其愿由经手人代为换领者听〈之〉，惟须先具授权代理证书，以昭信实。

第二十九条　预约收据除由本人用以易换正式债票外，无他作用。

第三十条　凡购债票之人，其有愿将所认全数或半数于第一期缴款时缴付者，应由公债处计其先期缴付之时日，按照数目发给利息。

第三十一条　购办此项公债，不分国籍，凡中外人民一律准购。

第三十二条　凡热心应募公债或热心劝募公债者，由各省公债处禀请中央财政部依公债奖励章程给奖（此项奖励章程现在筹议，一俟议妥再行颁布）①。

据《中华民国发行公债票弁言》及《中华民国发行公债票章程》，载《中国革命记》第十八册，上海自由社编辑兼发行，一九一二年三月初版②

附另一版本

中华民国八厘公债章程③

（一九一二年一月）

第一条　此项公债，定名为中华民国八厘公债。

第二条　此项公债，于民国元年正月八日经参议院议决，由临时大总统批准发行。

第三条　此项公债，以一万万元为定额。

第四条　此项公债，以国家所收钱粮作抵，将来免厘加税实行时，则改以所加之税作抵。

第五条　此项公债，专以充临时政费及保卫治安之用。

第六条　此项公债，由中央政府财政部发行，分派各省财政司劝募。

第七条　此项债票，照票面价额，无折无扣。

第八条　此项公债，以阳历周年八厘行息。

第九条　此项公债，自发行后第二年起，每年偿还该债五分之一，至发行后第六年还清。

第十条　每年偿还债本，以抽签法决定，其抽中之票号目额数刊列广告，俾

---

① 《中国革命记》第十八册另载有《中华民国发行有奖公债票释言》及《中华民国发行有奖公债票章程》二件，即此文所称"公债奖励章程"业已议妥颁布，本书未收。

② 另见上海《民立报》于一月三十日所载《中华民国军需公债章程》，其内容文字与底本的《中华民国发行公债票章程》完全相同。

③ 此件当系初稿，共二十四条，较之《中华民国发行公债票章程》少八条。

众周知。

第十一条　此项债票，分千元、百元、十元、五元四种。

第十二条　此项债票，为不记名债票，持有票者无论何人，政府均认为债主。

第十三条　抽签处设在中央政府财政部。

第十四条　凡抽中之票，持票者可在各处公债处或其他代理处换现，或将该票作为纳税及钱粮之用。

第十五条　本债六年期满，准再展限二年。凡各抽中之债票务须于此限内在各公债处或代理处换现，或作为纳税及钱粮之用，过此二年期限之后作为废纸。

第十六条　每债票要连有小票，名为息票，计十二张，届付息期凭以取息。

第十七条　凡到期各息票，须于到期后六个月内换现，或作纳税及钱粮之用，过期后作为废纸。

第十八条　债票已经抽中，其未到期之息票，均即作废，并须缴还公债处或代理处销毁。

第十九条　每年付息二次，阳历二月二日为上半年付息期，八月二日为下半年付息期。民国元年八月二日为第一次付息期。

第二十条　民国三年二月二日为八厘公债第一次还本期。

第二十一条　各票正面用华文，背面用英文。

第二十二条　各票钤盖中央财政部图章，并由民国临时大总统、副总统及财政部总长署名。

第二十三条　购办此项公债，不分国籍，凡中外人民一律准购。

第二十四条　凡热心应募公债，或热心劝募公债者，由各省公债处禀请中央财政部照公债奖励章程验奖。此项奖励章程现在筹议，一俟议妥，再行颁布。

据原件，南京、中国第二历史档案馆藏

咨临时参议院《南京府官制草案》并
《中华民国临时组织法草案》

（一九一二年一月三十一日刊载）

案查前据内务部总长程德全呈称："南京为临时首都，维持治安自是要图，兹拟将旧有江宁巡警路工总局改为中央巡警厅，专管巡警事务。至原有之都督府及江宁民政厅，均为地方官。今江苏都督已移驻苏州，而机关尚在江宁民政厅办理，亦不合法。拟将原有二机关消灭，另设一南京府知事，专管江宁、上元两县地方行政事务，均着直隶本部，以便监督而期整理。至各省起义之后，地方官制均系自由规定，罔相师袭，故难免歧异。目下中央政府业已成立，似宜统筹全局，从新厘订，以昭划一。恳即饬法制院，迅速编纂中央巡警厅及南京府知事与各地方官制通则，呈核交下，以便遵行。"

旋复据该部呈称："民国建立，所有全国民政亟应改革办法，以期整齐，不至蹈满清稗政旧辙。惟官制尚未议定，而各属纷纷申请改用关防，既不能缘其旧称，又未便巧立名目，究应用民政长或知事名称之处，非本部所敢擅断。为此备文呈请大总统，伏乞饬令法制院从速筹议，见复施行"等由。

据此，当经令行法制局将本京巡警及京外地方官制妥速编订去后，兹据法制局局长宋教仁呈拟《南京府官制草案》二十二条前来①，合照《临时政府组织大纲》第五条，咨请贵院议决咨复，以便督饬施行。又，查临时政府现已成立，而民国组织之法尚未制定，〈应请贵院迅为编定颁布，以固国民之基。〉② 兹据法制局局长宋教仁呈拟《中华民国临时组织法草案》五十五条前来，合并咨送贵院，

---

① 后因法制局对《南京府官制草案》重加修订，故临时参议院延至三月十日始议决同意交大总统公布（参见后篇）。

② 据《民立报》补。

以资参考编订。此咨。

据《大总统咨参议院〈南京府官制草案〉请议决咨
覆并〈中华民国临时组织法草案〉》，载南京
《临时政府公报》第三号，一九一二年一月三十一日

附：中华民国临时政府组织法

第一章　总　纲

第一条　中华人民今建立中华民国，组织临时政府统治之。

第二条　临时政府以临时大总统、副总统与内阁、参议院、法司构成之。

第三条　临时政府成立后一年内，须开设民国议会，制定宪法，选举大总统，继续统治。

第二章　人　民

第四条　凡具有临时政府法定之资格者，皆为中华民国人民。

第五条　人民一律平等。

第六条　人民自由言论、著作刊行并集会结社。

第七条　人民自由通信，并不得侵其秘密。

第八条　人民自由信教。

第九条　人民自由居住、迁徙。

第十条　人民自由保有财产。

第十一条　人民自由营业。

第十二条　人民自由保有身体，非依法律不得逮捕、审问、处罚。

第十三条　人民自由保有家宅，非依法律不得侵入搜索。

第十四条　人民得诉讼于法司，求其审判。其对于行政官署违法损害权利之行为，则诉讼于平政院。

第十五条　人民得陈请于临时议会。

第十六条　人民得陈诉于行政官署。

第十七条　人民有应任官考试之权。

第十八条　人民依法律有选举时投票及被投票之权。

第十九条　人民依法律有纳税之义务。

第二十条　人民依法律有当兵之义务。

第二十一条　本章所载人民之权利，有认为增进公益、维持公安之必要，或非常紧急必要时，得依法律限制之。

第三章　临时大总统、副总统

第二十二条　临时大总统、副总统由各地方代表公举，其任期适用第三条之规定。

第二十三条　临时大总统代表临时政府，总揽政务。

第二十四条　临时大总统公布参议院所议定之法律，但有不以为然时，得以内阁员全体之署名，说明理由，付参议院再议，以一次为限。

第二十五条　临时大总统有认为非常紧急必要时，得发布同法律之教令。但发布后须提出参议院，经其议定。

第二十六条　临时大总统得与外国宣战媾和，缔结条约。但缔结条约须提出参议院，经其议定。

第二十七条　临时大总统统率水陆军队。

第二十八条　临时大总统除典试院、察吏院、审计院、平政院之官职及考试惩戒事项外，得制定文武官职官规。

第二十九条　临时大总统依法律任免文武职员，并给与章差及其他荣典。但任命内阁员，须得参议院之同意。

第三十条　临时大总统依法律宣告戒严。

第三十一条　临时大总统宣告大赦、特赦，减刑复〈权〉。

第三十二条　临时副总统辅佐大总统襄理政务，大总统有故不视事时，得代理其职。大总统因事去职时，即升任之。

第四章　内　阁

第三十三条　内阁以内阁总理及各总长为内阁员，组织之。

第三十四条　内阁员执行法律，处理政务，发布命令，负担责任。但制定会计预算、募集公债、征收赋税、缔结国库有负担之契约，除非常紧急必要时之一处理外，须提出参议院，经其议定。其非常紧急必要时之处理及预算外之支出，事后亦须提出，经其承诺。

第三十五条　内阁员得提出法律案于参议院，并得出席发言。

第三十六条　内阁员于临时大总统公布法律及有关政务之教令时，须亲署名。

〈第五章　参议院〉①

第三十七条　参议院由各省公举之参议员组织之。参议院议员，每省以三人为限。

第三十八条　参议院议定法律案、预算案、条约及国库有负担之契约，并公债募集、赋税征收等事，但基于法律之支出，不得减除。

第三十九条　参议院审理决算。

第四十条　参议院得提出条陈于内阁。

第四十一条　参议院得质问内阁员，并求其答辨。

第四十二条　参议院以总员四分三以上之出席，以出席员三分二以上之可决，得弹劾内阁员之失职及法律上之犯罪。

第四十三条　参议院得自制定内部诸法规并执行之。

第四十四条　参议院于议员中自选举议长。

第四十五条　参议院得随时集会开闭。

第四十六条　参议院之议事须公开之。但有内阁员之要求及出席议员过半之可决，得秘密之。

第四十七条　参议院议员以十人之连署，得提出法律案。

第四十八条　参议院议员除关于内乱外患之犯罪及现行犯罪外，在会期中非得议长诈〔许〕诺，不得逮捕。

第四十九条　参议院议员在会场之发言、表决、提议，在会外不负责。但用

① 《民立报》刊发时脱漏，兹据上下文内容订正。

地方法发表于会外者，不在此限。

第六章　法　司

第五十条　法司以临时大总统任命之法官组织之。法司之编制及法官之资格以法律定之。

第五十一条　法官非依法律受刑罚宣告或应免职之惩戒宣告，不得免职。

第五十二条　法司以中华民国之名，依法律审判民事诉讼及刑事诉讼。但行政诉讼及其他特别诉讼，不在此例。

第五十三条　法司之审判，须公开之。但有认为妨害安宁秩序者，得秘密之。

第七章　补　则

第五十四条　本法由参议院议员三分二以上或临时大总统之提议，议员三分二以上之出席，出席员过半数之可决，得改正之。

第五十五条　本约法自　　　日施行。

据一九一二年一月二十七日上海《民立报》

修正中华民国临时政府组织大纲

（一九一二年一月）

第一章　临时大总统、副总统

第一条　临时大总统、副总统由各省代表选举之，以得票满投票总数三分之二以上者为当选，代表投票权每省以一票为限。

第二条　临时大总统有统治全国之权。

第三条　临时大总统有统率海陆军之权。

第四条　临时大总统得参议院之同意，有宣战、媾和及缔结条约之权。

第五条　临时大总统得制定官制、官规兼任免文武职员，但制定官制暨任免国务各员及外交专使，须参议院之同意。

第六条　临时大总统得参议院之同意，有设立临时中央审判所之权。

第七条　临时副总统于大总统因故去职时，得升任之；但于大总统有故障不能视事时，得受大总统之委任，代行其职权。

第二章　参议院

第八条　参议院以各省都督府所派之参议员组织之。

第九条　参议员每省以三人为限，其派遣方法，由各省都督府自定之。

第十条　参议〈院〉开会议时，各参议员有一表决权。

第十一条　参议院之职权如左：

一、议第四条及第六条事件。

二、承诺第五条事件。

三、议决临时政府之预算。

四、检查临时政府之出纳。

五、议决全国统一之税法、币制及发行公债事件。

六、议决暂行法律。

七、议决临时大总统交议事件。

八、答复临时大总统咨询事件。

第十二条　参议院会议时，以到会参议员过半数之所决为准；但关于第四条事件，非有到会参议员三分之二之同意，不得决议。

第十三条　参议院议决事件，由议长具报，经临时大总统盖印，发交行政各部执行之。

第十四条　临时大总统对于参议院议决事件，如不以为然，得于呈报后十日内声明理由，交令复议。参议院对于复议事件，如有到会参议员三分之二以上之同意，仍执前议时，应仍照前条办理。

第十五条　参议院议长，由参议员用记名投票法互选之，以得票满投票总数之半者为当选。

第十六条　参议院办事规则，由参议院议定之。

第十七条　参议院未成立以前，暂由各省都督府代表会代行其职权，但表决权每省以一票为限。

第三章　行政各部

第十八条　各部设部长一人，总理本部事务。

第十九条　各部所属职员之编制及其权限，由部长规定，经临时大总统批准施行。

第四章　附　则

第二十条　临时政府成立后，六个月以内，由临时大总统召集国民议会，其召集方法，由参议院议决之。

第二十一条　临时政府组织大纲施行期限，以中华民国宪法成立之日为止。

据《修正中华民国临时政府组织大纲》，
连载南京《临时政府公报》第一、二号，
一 九 一 二 年 一 月 二 十 九 、三 十 日

总统府秘书处暂行章程

（一九一二年一月）

第一条　本处置秘书长一人，承总统之命总理本处事务，监督所属职员。

第二条　本处暂分七科二所，分理职务：

一、总务科。

二、军事科。

三、财政科。

四、民政科。

五、文牍科。

六、通译科。

七、电报科（原设之电报处归本科直接管理）。

八、收发所。

九、招待所。

第三条　各科所职员无定员，承总统或秘书长之命掌理事务如左：

一、撰拟及收发公牍文件；

二、保存命令、法规及公牍文件；

三、编录各部会议事项；

四、接待总统来宾。

第四条　凡交本府公文函件，均由收发所收受，掣回收条，或就送文件簿盖章发还。但投递文件有非本府权限所管者，不予收受，并注明原由，饬该投递人自向主管官署投递。

第五条　收发所所收公文，须将简由及发送人名、处所登入收公件簿，函件登入收函件簿，一并送交总务科验收盖章，原簿交还。

第六条　总务科接受公文函件后，除系机密紧要事项径呈总统或秘书长外，其余均应分别科目，送交该科主任、职员办理。

第七条　各科主任、职员接受文件后，应即登入事务分配簿，送交该科职员办理。

第八条　各科职员接受文件后，应将分配簿盖章交还。

第九条　各科职员接受文件后，应即分别拟定批答或转行文稿，经秘书长或该科主任核定，即由经手职员发缮、校对，用印后仍送总务科，交由收发所发送。

第十条　各科职员所办文件，有应发布者，须即检送公报局登载公报。

第十一条　凡文件办理完竣后，应由经手职员将本案文件及批答或转行文稿检齐，交由管卷录事装卷列号归档。

第十二条　凡已归档卷宗，有欲提出查考者，须开单向管卷录事查取。查考毕后，应仍交该录事置归原档，不得任自取出，以致遗失。

第十三条　凡由总统或秘书长承办文件，照第九条至第十一条办理。

第十四条　凡本府所收电报，除系转电径由电报处转送外，其余均交电报科收电。职员收受，就送报簿盖章发还。

第十五条　收电职员收受电报后，应将该电简由及发电人名处所登入收电簿。

第十六条　收电职员所收电报，均应交由总务科办理。但所收电报系属密码或洋文者，应先交由各该职员翻译后再行送交。

第十七条　总务科接受电报后，除系机密或紧要事项径呈总统或秘书长外，其余得酌量分配各科办理。

第十八条　承办电报职员接收电报后，应即分别拟定回复或转行电稿，登入该科发电稿簿。经秘书长或该科主任核定后，应由发电职员发送。

第十九条　发电稿簿应由经手职员按件列号，并附注来电号数，以便查考。

第二十条　凡电报办理完竣后，经手职员应将原电饬由书记分科抄入来电底簿，按件列号归档。

第二十一条　凡所收电报有须发布者，应由经手职员酌量饬由书记抄送公报局及其他各报馆登报。

第二十二条　凡由总统或秘书长派办电报，照第七条至第十五条办理。

第二十三条　各科文件电报除该科职员外，不得任意翻阅。

第二十四条　凡总统来宾，均由招待员问明来意，斟酌引见。

第二十五条　本处执务时间，午前自九时起至十二时止，午后自二时起至六时止。但总务、电报两科及收发所，于休息时亦应由各该科所职员商酌轮流值班。

第二十六条　本处各科所置签到簿各一册，各科所职员每日应将入处办公时间自行填入簿内。

第二十七条　本处各科所置告假簿各一册，凡因事他适者，须自将告假时日填入簿内，并通知总务科及该科主任。

第二十八条　本处每逢星期一午后八时，由各科所职员齐集会议本处事务一次。

第二十九条　本规则经本处职员议后，呈由总统批准后施行。

据原件，中山、孙中山故居纪念馆藏

令各部及卫戍总督暨各都督
购阅《临时政府公报》并公布则例

（一九一二年二月一日刊载）

中华民国临时大总统令

临时政府成立，政事上一种公布性质，宜有独立机关经营以收其效，则发行公报是也。东西洋各国，莫不有之。兹经委令创设，经〔今〕始出版，应令各行政机关咸有购阅该报之义务，除将暂定则例登载该报一律照办外，为此令该部、都督、卫戍总督知照，并通饬所属一体遵照。此令。

> 据《大总统令各部及卫戍总督暨各都督》，载南京
> 《临时政府公报》第四号，一九一二年二月一日①

附一：公报局发行令草案

第一条 《临时政府公报》应载之事项如左：

一、法律。

二、教令。

三、部令。

四、各部指示、训令。

五、职员任免迁移。

六、各官署示谕。

七、南京府令。

---

① 另据《中华民国临时政府新法令》第二册（上海自由社校订兼印行，一九一二年四月初版）所载《大总统发行公报令》，其内容与本篇完全相同，但上款增加如下文字："广州、桂林、长沙、福州、武昌、南昌、西安、苏州、上海、清江、云南、贵阳、四川、安庆、甘肃各都督鉴"。

八、中央巡警厅令。

九、抄译外报。

十、杂报（总统府谒见人名单、虚字、陆军行动、统计报告、气象报告、各官署广告）。

第二条　前条应载各项，由各主管官署逐日抄送公报局，由编修官酌其轻重缓急，分类编定。

第三条　凡各官署皆有购阅公报之义务。

第四条　购阅公报，除各官署外，皆须先纳定价。定价由公报局长定之。

第五条　公报局长认为必要之地方，得许可设立公报经售处。其经售规则须经局长核定。

据《公报局发行令草案》，载《中国革命记》第十九册，上海自由社编辑发行，一九一二年三月初版

附二：《临时政府公报》暂定则例

一、本报为临时政府刊行，故定名为《临时政府公报》。

二、本报以宣布法令、发表中央及各地政事为主旨。

三、本报暂定门类六：曰法制，曰令示，曰纪事，曰电报，曰抄译外报，曰杂报。其子目见前。

四、本报日出一册，如遇国家纪念日政府停止办公时，本报亦休刊一日。

五、政府对于各地所发令示或宣布法律，凡载登本报者，公文未到，以本报到后为有效。

六、凡各官署皆有购阅本报之义务，唯具印文请领者，皆照定价五折征纳，余另详前价目表。

据《本报暂定则例》，载南京《临时政府公报》第一号，一九一二年一月二十九日

中华民国发行军需公债条例[①]

（一九一二年二月二日）

中华民国军需公债　壹百圆公债票

定额壹万万元　周年八厘计息　民国元年中央政府发行

此项公债于民国元年正月八日经南京参议院议决，由临时大总统批准发行。凡持此公债票者，有权向中华民国中央政府照下开条例领取大银元壹百枚，并周年八厘利息。

条例如左：

一、此项公债，以国家所收钱粮作抵。将来免厘加税实行时，则改以所加之税作抵。

二、此项公债，自发行后第二年起，每年偿还该债五分之一，至发行后第六年还清。

三、此项债票，以壹百圆作英金玖镑计算。凡缴金款者，当于债票之上加盖图章详细注明。将来还本付息……[②]

四、每年偿还债本，以抽签法决定。其抽中之票，号目、额数刊列广告，俾众周知。

五、民国三年二月二日为此项公债第一次还本期，至民国六年二月二日还清。

六、抽签处设在中央政府财政部。

七、凡抽中此债票，持票者可在各处公债处或其它代理处换现，或将该票作为纳税及钱粮之用。

八、此项公债六年期满，准再展限二年，凡各抽中之债票务须于此限内在中国银行换现，作为纳税及钱粮之用。过此二年期限之后作为废纸。

---

① 本债票计分壹仟圆、壹百圆、拾圆、伍圆四种。

② 影印件于此处因加盖"财政部之印"，致使笔迹模糊，字数不明。

九、凡到期各息票，须于到期后六个月内换现，或作纳税及钱粮之用。过此六个月期后作为废纸。

十、债票已经抽中，其未到期之息票均即作废，并须缴还公债处或代理处销毁。

十一、每年付息二次，阳历二月二日为上半年付息期，八月二日为下半年付息期。民国元年八月二日为第一次付息期。

中华民国元年二月二日

中华民国临时大总统　孙文之印

副总统　黎元洪印

财政部总长　陈锦涛

据原债票影印件，广州、广东省社会科学院图书馆藏

南京临时政府与日本三井物产株式会社借款续合同①

（英　译　中）

（一九一二年二月二日）

三井洋行代汉冶萍公司备款日金二百五十万元，借与民国政府。所有公文及草约，业于一千九百十二年二月二号经两方面签字认可。

一、在公文及草约内所开办法，及中日合办该汉冶萍公司手续，以及汉冶萍公司由三井洋行备款借与民国政府等情，应由民国政府将上项情形切实知照湖南、湖北、江西都督，并凡该汉冶萍公司所有财产地方，以免各方面阻挠该公司进行方法。

二、汉冶萍公司所借自民国政府共日金二百五十万元，以大冶铁矿作抵，该款将由三井洋行交付民国政府，所有兑换汇水，均由三井洋行自定。

三、以上借款以一年为期，周年七厘行息，每半年一付利息。

---

① 南京临时政府为解决严重的财政困难，曾致力于向日本财阀借款，而日方则提出以中日合办汉冶萍公司进行担保为交换条件。这个合同是孙文、黄兴与三井物产株式会社代表草签的（该会社在本文中被译为"三井洋行"），但却遭到临时参议院的反对。

四、付利还本，凡关于此次款项事宜，均由三井洋行经理。

五、三井洋行当竭力募集日金二百五十万元，借与民国政府（此条业已声明在草约内矣）。连前借款共成日金五百万元。

中华民国元年二月二日　右件承认

中华民国总统孙文（印）　　陆军总长黄兴（印）

（签条）此系南京政府与日商三井所订之续合同，由三井代中日合办之公司借给政府日币二百五十万元，以一年为期，周年七厘息。前合同系南京政府与三井所订合办之约。事已作废，故未抄寄。

据中国第二历史档案馆编：《中华民国史档案资料汇编》
第二辑，南京，江苏人民出版社一九八一年五月出版①

咨临时参议院核议各部官制②

（一九一二年二月六日刊载）

现今各部业已先后成立，所有各部官制通则及各部院局官制，亟应编定以利推行。兹据法制局拟就《各部官制通则》二十一条、《陆军部官制》三十条、《外交部官制》七条、《内务部官制》九条、《交通部官制》七条、《教育部官制》七条，并《改订法制院官制》十二条、《公报局官制》九条、《铨叙局官制》七条、《印铸局官制》八条，呈请交议前来。除海军、司法、财政、实业等部官制，俟拟定后另案咨送外，合将现经编定各制，咨请贵院议决咨复，以便转饬遵行。此咨。

计咨送《各部官制通则》一件、《陆军部官制》一件、《外交部官制》一件、《内务部官制》一件、《交通部官制》一件、《教育部官制》一件、《改订法制院

---

①　底本正文为英文打字件，承认时间、签名和签条均为中文，用毛笔书写。中国第二历史档案馆译。

②　文中所列法制局拟就部分文件，其条数与事实不符（似经改订）。而咨送诸件，其内《陆军部官制》、《教育部官制》缺载，另由编者增附《财政部官职令草案》和《司法部官职令草案》。

官制》一件、《公报局官制》一件、《铨叙局官制》一件、《印铸局官制》一件。

据《大总统咨参议院编定各部官制》，载南京
《临时政府公报》第九号，一九一二年二月六日

附一：中华民国各部官职令通则

（一九一二年一月二十六日刊载）

第一条　各部以总长管理事务，分列如下：

陆军总长　管理陆军，经理军事教育、卫生、警察、司法，并编制事务，监督所辖军人、军佐。

海军总长　管理海军一切军政，与陆军总长同。

财政总长　管理会计、库帑、赋税、公债、钱币、银行、官产事务，监督所辖各官署，及地方与公共团体之财产，并统辖临时政府财务。

外交总长　管理外国交涉及关于外人事务，并在外侨民事务，保护在外商业，监督外交官及领事。

内务总长　管理警察、卫生、宗教、礼俗、户口、田土、水利工程、善举公益及地方行政事务，监督所辖各官署及地方官。

教育总长　管理教育、学艺及历象事务，监督所辖各官署、学校，统辖学士、教员。

实业总长　管理农、工、商、矿、渔、林、牧、猎及度量衡事务，监督所辖各官署。

交通总长　管理道路、铁路、航路、邮信、电报、船舶、各种电业，监督所辖各官署及船舶，并运输、造船事务，统辖船员。

司法总长　关于民事、刑事、非讼事件、户籍、监狱及保护出狱人事务，并其他一切司法行政事务，监督法官。

第二条　各部总长就于主管事务有重大者，具案呈请大总统，召集各部总长开政务会议。

第三条　各部总长统〔就〕于主管事务，得发指示、训令于地方官，并于必要时，得停止地方官之命令处分，或取消之。

第四条　各部总长统辖所属职员，掌其吏事。

第五条　各部总长就于主管事务，或于特别委任范围内，得发部令。

第六条　各部总长就于主管事务，各负责任。

第七条　各部设承政厅，掌参与机务，收发文书，典守印信，调制统计，记录吏事，编纂图书，管理会计及官产官物事务。但陆、海军部得依便宜，变通此例。

第八条　各部得分设各司，各司得分设各科，分掌事务。

第九条　各部置职员如下：

次　　长　　一人　　　　特任

秘书官　　　　　　　　　荐任

书记官　　　　　　　　　荐任

参事官　　　　　　　　　荐任

司　　长　　　　　　　　荐任

签　　事　　　　　　　　荐任

主　　事　　　　　　　　判任

录　　事　　　　　　　　判任

此外，各部依便宜，得置工监、工正、工师、工手、副官、事务官、编纂官、经理官、视察官、审查官、翻译官、通事。

第十条　次长辅佐总长，整理部务，监督各司、科职员。

第十一条　次长于总长有故不视事时，除同署教令、出席议会及发部令外，得代理其职。

第十二条　秘书官承总长之命，掌管机要文书，并总理承政厅事务。

第十三条　书记官承上官之命，分掌承政厅事务。

第十四条　参事官承上官之名，掌理审议及草拟稿案事务。

第十五条　司长承部长之命，主管一司事务，指挥签事以下各职员。

第十六条　签事承上官之命，分掌事务，或掌理一科事务。

第十七条　主事承上官之命，分掌科务。

第十八条　录事承上官之命，从事庶务。

第十九条　工监特任，工正荐任，工师荐任，工手判任。皆承上官之命，掌技术事务。

第二十条　副官荐任，承上官之命，掌整理补助事务。

第二十一条　事务官荐任，承上官之命，掌专门事务。

第二十二条　编纂官荐任，承上官之命，掌编修、纂记、记录事务。

第二十三条　经理官荐任，承上官之命，掌经理、会计事务。

第二十四条　视察官荐任，承上官之命，掌视察、调查事务。

第二十五条　审查官荐任，承上官之命，掌学艺审查事务。

第二十六条　翻译官荐任，承上官之命，掌翻译外国语文事务。

第二十七条　通事判任，承上官之命，从事通译。①

据一九一二年一月二十六日上海《民立报》

附二：外交部官职令草案

（一九一二年一月三十一日刊载）

第一条　外务〔交〕部职员，除《各部官职令通则》所定外，其额数如下：

秘书官　一人

书记官　六人

参事官　四人

司　长　三人

签　事

主　事

录　事

翻译官

---

①　本通则以下似漏排，全文未完。除底本外尚见其他版本，其名称、条数及内容均有差异。如《中华民国临时政府新法令》第七册（上海自由社校订兼印行，一九一二年三月初版）所载《参议院议决各部暂行官制通则》，最后两条为底本所无："第二十五条　各部总长得依据本通则，订定本部详细规则。第二十六条　本通则自公布日施行。"

通　事

工　手

第二条　外交部承政厅除《各部官职令通则》所定外，并掌驻在民国之各国外交官、领事官、侨民叙勋事务及保管条约、翻译文书。

第三条　外交部置左列各司：

外政司

通商司

庶务司

第四条　外政司掌事务如下：

一、关于国际交涉事项。

二、关于界务、铁路、矿务、电线等交涉事项。

第五条　通商司掌事务如下：

一、关于保护侨寓外国人民事项。

二、关于外国商业事项。

三、关于外人通商行船事项。

四、关于税务、邮政、外债等交涉事项。

五、关于通商口岸会审事项。

第六条　庶务司掌事务如下：

一、办理国书及国际礼仪事项。

二、接待外宾事项。

三、关于监理外人传教事项。

四、关于外人游历保护事项。

五、其他不属他司事项。

附则　本令自发布日施行。

据一九一二年一月三十一日上海《民立报》

附三：中华民国内务部官职令

（一九一二年一月二十七日刊载）

第一条　内务部职员除《各部官职令通则》所定外，其额数如下：

秘书官　一人

书记官　九人

参　事　四人

司　长　四人

签　事

主　事

录　事

工　正

工　师

工　手

通　事

第二条　内务部置左列各司：

民治司

职方司

警政司

土木司

礼教司

卫生司

第三条　民治司掌事务如下：

一、关于地方行政事项。

二、关于地方自治团体及公共团体行政事项。

三、关于选举事项。

四、关于保息荒政及公益善举事项。

五、关于调查户籍及编审事项。

六、关于各省人民移殖事项。

七、其他不属于他司之民治事项。

第四条　职方司掌事务如下：

一、关于核定地方疆理及土地统计事项。

二、关于监理官民土地事项。

三、编审图志事项。

第五条　警政司掌事务如下：

一、关于行政警察事项。

二、关于高等警察事项。

三、关于监理著作出版事项。

第六条　土木司掌事务如下：

一、本省直辖土木工程事项。

二、地方公共土木工程事项。

三、修理河川、道路、堤防、海塘及调查事项。

四、关于收用土地事项。

第七条　礼教司掌事务如下：

一、关于宗教、寺庙、祀典、行政事项。

二、关于监理僧侣、教师、道士事项。

三、关于改良礼制及整饬风俗事项。

第八条　卫生司掌事务如下：

一、关于豫防传染病、地方病及其他公共卫生事项。

二、关于船舶检疫事项。

三、关于监理医师、药师及卖药业事项。

四、关于卫生会及地方医院事项。

第九条　本令自　　年　　月　　日施行。

法制院长宋教仁谨呈

据一九一二年一月二十七日上海《民立报》

附四：中华民国交通部官职令

（一九一二年一月二十八日刊载）

第一条　交通部取员除《各部官职令通则》所定外，其额数如左：

秘书官　一人

书记官　六人

参　事　四人

司　事　四人

签　事

主　事

录　事

视察官　四人

工　监　一人

工　师

工　手

通　事

第二条　交通部置左列各司：

路政司

邮政司

电政司

航政司

第三条　路政司掌事务如下：

一、关于管理官办铁路事项。

二、关于监督民办铁路事项。

三、关于监督运输业事项。

四、关于管理国道事项。

第四条　邮政司掌事务如下：

一、关于管理邮政驿传事项。

二、关于监理民办信局事项。

第五条　电政司掌事务如下：

一、关于管理电报电话事项。

二、关于管理电气工业事项。

三、关于监理民办电气工业事项。

第六条　航政司掌事务如下：

一、关于管理航路、灯塔、浮桩及引水事项。

二、关于监督水上运输业及船舶并船员事项。

三、关于管理船政事项。

四、关于监理民办造船业事项。

第七条　本令自　　年　　月　　日施行。

法制院长宋教仁谨呈

据一九一二年一月二十八日上海《民立报》

附五：法制院官职令草案

（一九一二年一月十五日）①

第一条　法制院直隶于临时大总统，其职务如下：

一、革〔草〕订法律命令案。

二、对于法律命令有应修改及增订者，得具案呈报大总统。

三、考核各部草订之法律命令案。

第二条　法制院置职员如下：

一、院长　一人，特任。

二、副院长　一人，特任。

三、秘书　一人，荐任。

---

①　孙文于一月十二日咨请临时参议院设立法制局，旋又名法制院，委任宋教仁为院长。此件使用"法制院"名称，末行有"本令自元年正月十五日施行"之语，故酌为是日。

四、书记　二人，荐任。

五、编制官　专职八人，兼职无定员，荐任。

六、参事　专职四人，兼职无定员，荐任。

七、庶务员　二人，荐任。

八、录事员　无定员，判任。

第三条　院长综理院务，监督各员，裁定一切草案，呈于临时大总统。

第四条　副院长襄理院务，院长有故时得代理其职。

第五条　秘书承院长之命，整理事务，掌管重要文书。

第六条　书记承院长之命，掌理文案事务。

第七条　编制官承院长之命，掌草订法律命令案事务。

第八条　参事承院长之命，掌审议法律命令案事务，并随时补助草订法律命令案事务。

第九条　庶务员承院长之命，掌理会计及庶务。

第十条　录事承上官之指挥，从事庶务。

第十一条　本令自元年正月十五日施行。

据《法制院官职令草案》，载《中国革命记》第十六册，上海，时事新报馆编辑发行，一九一二年二月出版

附六：公报局官职令草案

（一九一二年二月二日刊载）

第一条　公报局直隶于临时大总统，掌编纂《临时政府公报》及缙绅录，并印刷发行事务。

第二条　公报局置职员如下：

局　　长　一人　特任

书记官　二人　荐任

编修官　五人　荐任

庶务员　一人　判任

工　　师　一人　判任

工　手　　　　判任

录　事　　　　判任

第三条　局〈长〉综理局务，监督所属各职员。

第四条　书记官承局长之命，掌文书事务。

第五条　编修官承局长之命，掌编辑事务。

第六条　庶务员承上官之命，掌理庶务及会计事务。

第七条　工师、工手皆承局长之命，掌印刷技术事务。

第八条　录事承上官之命，从事庶务。

据一九一二年二月二日上海《民立报》

附七：铨叙局官职令草案

（一九一二年二月二日刊载）

第一条　铨叙局直隶于临时大总统，掌职员任免、升迁及给与位阶、勋章、荣典、赏恤事务。

第二条　铨叙局置职员如左：

局　长　一人　特任

书记官　三人　荐任

审查官　六人　荐任

录　事　　　　判任

第三条　局长综理局务，监督所属各员。

第四条　书记官承局长之命，掌文查〔书〕事务。

第五条　审查官承局长之命，掌审查事务。

第六条　录事承上官之命，从事庶务。

据一九一二年二月二日上海《民立报》

附八：印铸局官职令草案

（一九一二年二月二日刊载）

第一条　印铸局直隶临时大总统，掌制造官用文书、票券、勋章、徽章、印信、关防、图记及其他物品事务。

第二条　印铸局置职员如左：

局　长　一人　特任

书记官　二人　荐任

庶务员　一人　荐任

工　正　二人　荐任

工　师　　　判任

工　手　　　判任

录　事　　　判任

第三条　局长综理局务，监督所属职员。

第四条　书记官承局长之命，掌文书事务。

第五条　庶务员承局长之命，掌理庶务及会计事务。

第六条　工正、工师、工手皆承上官之命，掌技术事务。

第七条　录事承上官之命，从事庶务。

据一九一二年二月二日上海《民立报》

附九：中华民国财政部官职令草案

（一九一二年二月七日刊载）

第一条　财政部职员除《各部官职令通则》所定外，其额数如下；

秘书长　一人

秘　书

参　事

司　　长

签　　事

主　　事

录　　事

工　　师

工　　手

通　　事

第二条　财政部承政厅除《各部官职令通则》所定外，并掌事务如下：

一、关于编译各国财政法规及书籍事项；

二、关于稽查伪造纸币、钱币、债券事项；

三、关于清理财政事项。

第三条　财政部置左列各司：

赋税司

公债司

钱法司

库务司

会计司

第四条　赋税司掌事务如下：

一、关于地丁、漕粮事项。

二、关于海关、常关各税及各项杂税事项。

三、关于盐课、土药税捐事项。

四、关于监督地方官署、地方自治团体之税务事项。

五、其他关于税务事项。

第五条　公债司掌事务如下：

一、关于公债之募集及债票发行事项。

二、关于公债之出纳、管理事项。

三、关于公债之偿本及付息事项。

四、关于各项公债之注册、更名事项。

第六条　钱法司掌事务如下：

一①、关于货币事项。

二、关于中央银行发行纸币事项。

三、关于监理银行、钱业及补助事项。

四、关于调查币制事项。

五、关于一般金融事项。

第七条　库务司掌事务如下：

一、关于国家资金之运用、出纳事项。

二、关于国库之出纳、管理及计算事项。

三、其他关于国库一切事项。

第八条　会计司掌事务如下：

一、关于□预算、决算事项。

二、关于特别会计之预算、决算事项。

三、关于收入、支出之科目事项。

四、关于监督出纳官吏事项。

五、关于监督地方官署、地方自治团体、公共团体之财政事项。

六、其他关于会计一切事项。

第九条　本令自发布　　日施行。

据一九一二年二月七日上海《民立报》

附十：司法部官职令草案

（一九一二年二月八日刊载）

第一条　司法部职员除《各部官职令通则》所掌外，其额数如下：

秘书长　一人

秘　书　五人

---

①　从第六条开始，各项事务均以"一"标示，不再编列数序，为与各条统一，现由编者按数序列出。

参　事　二人

司　长　二人

签　事

主　事

录　事

司　务

工　师

工　手

第二条　司法部承政厅除《各部官职令通则》所定外，并掌事务如下：

一、关于司法警察事项。

二、关于法庭之设置□□□□□□□事项。

三、关于法官及他职员之考试事项。

四、关于律师之身份事项。

五、关于华洋会审事项。

六、关于稽核罚金、赃物事项。

第三条　司法部分置各司如下：

法务司

狱务司

第四条　法务司掌事务如下：

一、关于民事、刑事及非诉事项。

二、关于审判及检察事项。

三、关于恩赦、减刑、复权及执行死刑事项。

第五条　狱务司掌事务如下：

一、关于监狱之设置及废止事项。

二、关于狱官之监督事项。

三、关于犯罪习艺所事项。

附则　本令自发布日施行。

据一九一二年二月八日上海《民立报》

颁发《陆军暂行给与令》

（一九一二年二月六日）

中华民国临时大总统令

　　《陆军暂行给与令》，着即准此颁行。此令。

孙文（印）

中华民国元年二月六日

陆军暂行给与令

第一章　总　则

第一条　凡陆军军人及军属人员，一律按章发给俸饷等项。

第二条　凡本章所定名称区分于左：

一、军队：指宪、步、骑、炮、工、辎重各队而言。

二、部局：指陆军部、参谋部及他项陆军各种机关、陆军学校并各局而言。

三、军人：指各官佐、士兵及各陆军学生而言。

四、军属：指陆军官衙、学校各种机关内所属文官、夫役而言。

五、寄宿者：指在军队、部、局、学校内寄宿者而言。

第二章　俸　饷

第三条　凡饷俸分为三种：

一、俸银：发给司务长以上各官佐。

二、饷银：发给上士以下各士兵夫役。

三、津贴：发给陆军各学生。

第四条　凡平时司务长以上各官佐俸银，均按第一表分别发给。

第五条　凡平时上士以下各士兵夫役饷银，均按第二表分别发给。各陆军学生津贴，均按第三表发给。

第六条　凡官佐、士兵、学生及军属人员，如有因公旅外者，除公给车费、船费外，每天按第四、五表发给旅费。（但已发给半票或免票者，其车费、船费宜临时核实扣除。）

第七条　凡官佐、士兵及军属人员有兼差者，不准兼俸，惟择其俸饷之优者发给。

第八条　凡官佐、士兵、学生及军属人员之俸饷津贴均按日数计算，每月分三期（十日、二十日、末日）发给。若届日适逢星期日则提前一日发给。如有免官、免役与死亡及他事故，即于其事故发生之日停止。

第九条　凡官佐、士兵、学生及军属人员，各因违犯刑罚已治罪者，或休职者，当即停止俸饷津贴。

第十条　凡官佐、士兵、学生及军属人员，如因特别勤务有应加俸饷者另外规定，但不得过原俸饷三分之一。

第十一条　凡新兵未满六个月教育者，均发给二等兵饷银。

第十二条　凡出征官佐、士兵之俸饷，均按第一、第二两表增给。

第十三条　凡将行休职、停职与将退为预备役、后备役之人员，而事务在交代中者，仍按原有俸饷发给。

第十四条　凡预备役、后备役之军人及补充兵当召集中，仍按现役饷发给。

第十五条　凡新任与增俸减俸者之俸饷，悉由发令之翌日起计算。而预备役、后备役、退役、免官、免役者之俸饷，则至发令之当日止计算。

第十六条　凡召集者之俸饷，由编入部队之日至解散之日计算。

第十七条　凡死亡者之俸饷，以其当日止计算。

第十八条　凡官佐、士兵、学生，或请假逾期不归，或因病旷职，或擅离职守，或擅赴他方，或生死不明，均当酌量分别减其俸饷，或全行停止。

第十九条　凡在拘禁、留置中官佐俸银则减半额，士兵饷银则减三分之一。

附　则

一、凡各工匠长饷银，均按军士级发给。

二、凡各工匠饷银，均按兵饷发给。

三、凡各护兵、马弁、夫役饷银，均按第二表备考二、三条发给。

第三章　粮　食

第二十条　凡粮食官佐均归自备，士兵概由公给（照第六表定额）。

第二十一条　凡军队及医院之粮食，在营内居住之军士以下，当按现有人员给以定额。

第二十二条　凡在拘禁、留置、惩罚中人员，仍给与粮食，其定额则按第六表减五分之一。

第二十三条　凡在监狱者之粮食，当按现有人数给与，一切经理悉委任该监狱长办理，其定额按第六表减五分之一。

第二十四条　凡属委任经理之米粮炊爨费，以概算之数给与各部队，每月末日按照实数决算，呈由直接长官报部核销。

第二十五条　凡左列之未食数，仍以实食数算入之：

一、休假中归省外宿及受许可外出者。

二、随从兵寄宿于官佐家宅者。

三、炊爨业已准备而未食者。

第四章　被　服

第二十六条　凡在外居住之司务长以上之被服均由自备。但由司务长或学习官初升右军校者，由公发给服装费八十元。

第二十七条　凡营内居住之上士以下，及召集中之预备役、后备役上士以下士兵等，均按第八表所列之被服发给或暂时借用。

第二十八条　凡军队与病院应预备第九表所列之被服。

第二十九条　凡上士以下之普通被服，宜按现在人数多寡，发交该部队分配。预备被服，则按定额多寡，发交该部队保存。

第三十条　凡军人军属，可按地方气候发给（或借用）特别被服。

第三十一条　凡第八表所列被服，或制成发给，或将原料发给，应由临时酌量办理。

第五章 马 匹

第三十二条 凡初等官佐以上之应乘马者，其乘马均由公备。但由初等官升中等官时，由公发给马具五十元，其余一切补充经费概归各官佐自备。

第三十三条 凡军队、学校所有马匹，皆按定数发给。购买、饲养、装蹄、剔毛、保存等项经费，其定额参照第七表与第十表。

第三十四条 凡军队、学校马匹，其装蹄、剔毛等器械初次发给现品，以后器械之保存款项，应由装蹄、剔毛款项内开支。

第三十五条 凡装蹄每月一次，剔毛每年二次，皆按期发给现金（参照第十表）。

第六章 杂 则

第三十六条 凡各部各队之官佐及军士兵死亡时，当给埋葬费。其定额按第十一表发给。若有该亲族情愿将尸体领去者，则此费即交该亲族具凭支领。

第三十七条 凡医药费在上士以下因公伤病者，悉由陆军医院疗养，概不发给。在官佐、军属因公伤病有不入陆军医院者，可按第十二表发给。

第三十八条 凡属委任经理部队，各给与上之余款与废物卖出款、赔偿款以及各款之利息，皆积为储蓄金，悉均照储蓄金保管法管理。报销时实报实销。

第三十九条 凡转职、休职、停职人员，其俸饷及一切应发款项，由甲处发给时，应将其职官、姓名及发给月日及数目等通报乙处。

第四十条 凡一切银钱给与，当于原任地发给本人。如本人派往他处时，可依本人之请愿，于其旅外前发给本人，或交于本人所指定之受领人亦可。

第四十一条 凡俸饷与一切给与款项均以银元计算。若发给数目上生出厘以下之零数，皆扣除归入储蓄款项内。

第四十二条 凡计算日数，每月均以三十日计算。

第四十三条 凡簿表计算上若生出零分零厘未满一位之数，则依五舍六入法计算。

第四十四条 凡军、师、旅、团、营、连所有一切器具、图书、纸、墨、笔、砚、茶、油、煤炭等项，均按第十三表分别发给公费。

第一表：官佐俸

官名 区分	上等官佐			中等官佐			初等官佐			额外官佐
	大将军	左将军	右将军	大都尉	左都尉	右都尉	大军校	左军校	右军校	司务长
月　俸	七百元	五百五十元	四百元	三百元	二百二十元	一百六十元	八十元	五十元	四十元	三十元
备　考	一、出征各官佐，均按本表发给。 一、留守各官佐均按本表发给七成现金，三成公债票。 一、在部、局与学校各官佐之俸，现因时款支绌暂行减少，按附表发给。 一、军队中暂用之一二三等书记，按照左、右军校及司务长分别发给。 一、本表定额可以陆军部临时命令增减。									

附表：各部局学校官佐俸①

官　名 区　分		上等官佐			中等官佐			初等官佐		
		大将军	左将军	右将军	大都尉	左都尉	右都尉	大军校	左军校	右军校
		总长	次长	局长	科长	一等 科员	二等 科员	三等 科员	一等 额外	二等 额外
月俸	现　金	一百六十元	一百四十元	一百二十元	一百元	八十元	六十元	四十元	三十元	二十元
	公　债	七十元	六十元	五十元	四十元	三十元	二十元	十元	五元	五元
备　考	一、各省、部、局、学校官佐，均参照此表发给。 一、凡任学堂武学教官者，每月酌量加给。 一、凡各部、局、学校内司书人员，按两等发给，一等十八元，二等十四元。 一、凡各部、局、学校有参议、顾问等官，均按等级照附表发给。									

---

① 《临时政府公报》第十六号（一九一二年二月十五日）所刊该表中"一等额外"、"二等额外"两项，月俸公债栏是空的，无"五元"字样。

第二表：士兵饷

职名\区分	军士			兵		
	上士	中士	下士	上等兵	一等兵	二等兵及输送兵
月饷	七元	六元	五元	四元五角	四元	三元五角
备考	一、出征各士兵，每人每月加饷银三元。 一、夫役每月给饷银三元。 一、护兵、马弁可按兵之饷额，分别发给。 一、上士以下伙食，均按第六表发给，不在月饷中扣除。 一、本表定额，可以陆军部临时命令增减。					

第三表：学生津贴

职名\区分	陆军学习官	陆军入伍生
月额	以上士为准	以上等兵为准
备考	一、陆军军官、军需、军医各陆军专门学堂学生津贴，均以上等兵饷额为准。 一、陆军中、小各学堂学生津贴，均以二等兵饷额为准。	

第四表：官佐旅费

官名\区分	上等官佐	中等官佐	初等官佐	额外官佐
日给	四元	二元	一元	一元
备考	按此表所定专为各官佐日用饮食经费。至火车、轮船经费，上等各官佐按头等坐位发给，中、初等各官佐按二等坐位发给。如在交通不便利地方，难以道里远近与坐位等级计者，即以概算数发给，或实报实销。			

第五表：士兵学生旅费

区分　　　职名	军士（学习官同）	兵（入伍生同）
日　给	五　角	四　角
备　考	按此表所定专为士兵日用饮食经费。至火车、轮船经费，军士、兵均按三等坐位发给，如在交通不便利地方，难以道里远近与坐位等级计者，同第四表。	

第六表：人　粮

	区　分	基本定量		
		品　种		一人一日量
平时人粮	饭类	大米		二十两
	菜类	肉鱼类	内一种	三　两
		生干菜	内一种	一　斤六　两
	加味品	食盐酱油等类		三钱
携带人粮	熟饭 饼干 饭干	内一种		十六两 十八两 十二两
	罐头肉类或他项荤菜			四　两
	咸菜			一　两
加料	烟酒与各种点心			
注意	一、每人一日米菜代价，暂以银元一角为标准。 一、本表之外，凡薪炭代价以实价计算。			
备考	一、代用品种与输送中之减量临时酌定。 一、鱼、肉类若不每日食用，可积为星期三与星期六食用。			

第七表：马　粮

平时马粮	区　分	基本定量		一马一日量
		品　种		
	谷　类	大　麦		四　斤
		麸　子		三　斤
	草　类	谷草（粟草）稻草	内一种	十二斤
携带马粮	谷　类	大　麦		四　斤
		麸　子		三　斤
备　考	一、大麦代用品用豆类时，不得过定量三分之二，用粟与高粱时，可与大麦同量。 一、每马每日饲料代价暂以二角为限。 一、凡特别状况须预备饮水时，每匹一日之量以一斗为标准。 一、马匹输送中（铁道船舶）可减少本表定量六分之一。 一、对于食欲不强之马匹，可加给食盐。			

第八表：各兵服装概数

呢军帽　帽章在内	一	半长靴	炮兵　一
呢军衣裤　帽肩章在内	一	毛　毯	一
呢外套　风帽在内	一	背　包　步工兵全部炮兵半数	二
卫生衣	一	水　筒	一
衬衣	二	饭　盒	一
袜子	三	被服修理具	一
呢裹腿	工步兵　一	军用手簿	一
手　套	一	杂　囊	一
长　靴　马刺在内	马辎兵　一	携带天幕	一

（续表）

短　靴	一		
备　考	一、绒衣保存期间，以地方气候寒暖为标准，或四年，或三年，或二年半，容后查明规定。 一、每兵初次服装费，暂以步兵为标准，约共计一人需费四十五元，其余各兵种之初次服装费，宜按此表酌量增减。 一、本表所列军衣，暂以冬服为标准，夏服容后酌定。		

第九表：军队医院预备被服

品　名	数　目	品　名	数　目
棉　衣	一	棉　褥	一
衬　衣	一	夹　衣	一
白　褥	一	枕　头	一
枕头布	一	棉被（或毛毡）	一
备　考	一、此表分上下两栏列入，军队医院均宜按照所列全数准备。		

第十表：马匹诸费定额

购马费	每匹六十元
马具费	每人五十元
保存费	每年十五元
装蹄费	每月五角
剔毛费	每年一元
备　考	一、剔毛时期当因各处气候而殊，容后酌定。

第十一表：埋葬费

区　分	金　额	区　分	金　额
上等官佐	八十元	中等官佐	六十元
初等官佐	四十元	额外官佐	三十五元
军士、学生	三十元	兵	二十元
备　考			

第十二表：医药费

区分	日额	区分	日额
上等官佐	三元	中等官佐	二元
初等官佐	一元	额外官佐	八角
军属	五角		
备　考	按军人、军属因公伤病者，原宜一体入陆军医院，但因事实上有不能尽数由陆军医院疗养者，则按本表发给。		

第十三表：公　费

区分 ＼ 队号	军司令部	师司令部	旅司令部	团本部	营本部
月额	四百元	三百元	一百元	一百元	一百元

（续表）

备　考	一、各连公费皆归营本部支出，马队则由团本部支出，每月归营本部或团本部报销。 一、以上各公费，系办公购买消耗品及一切杂项使用，其款由各部军需官经理。 一、各处公费，每月一日发给，末日决算，呈送军或师司令部转报陆军部，据实核销。 一、各部局学校之公费，由各处预算内规定数目，按月报部，据实核销。 一、各公费每月若有赢余时，即存储该司令部及该本部，一俟年终即报部缴销。

据"南京临时政府档案"原件，
南京、中国第二历史档案馆藏

为抵借邮船株式会社债款致招商局函

（一九一二年二月六日）

招商局董事、股东公鉴：

　　政府因于军需、国用孔亟，非得巨款无以解决民国之困难。战士既不惮牺牲其生命，则我商民亦必各致其力尽义务于国家。前者提出以招商局局产抵押借款之议，实于贵局之权利利益毫无所损。前日贵局董事、股东开会通过，而其间尚有不及周知情形不免误会者。兹已委任专员与贵局接洽妥商，更将债约草案及政府对于招商局之报酬办法大略条件呈达，敬乞速行酌夺示复为要。此颂

公安

孙文　顿首（亲签）

民国元年二月初六日

　　一、此项借款，其本利俱由中华民国政府担任偿还，不使招商局受丝毫之损害。

二、招商局如承认此次借款，中华民国当承认招商局为民国国家邮船公司。

三、扩张其外洋航路，予以相当之补助津贴，其详细办法可俟协商定之。

附：契约书

第一条　中华民国政府于日本邮船株式会社与轮船招商局之间，以招商局现有水陆财产之全部为抵当借款之目的，中华民国政府与日本邮船株式会社依左之条项，缔结本契约。

第二条　中华民国政府与日本邮船株式会社对于本契约绝对互守秘密。中华民国政府于招商局依章程有委任权之适法代表者与日本邮船株式会社代表者之间至完全契约成立止，同时不得与第三者为可及不利益之影响于借款成立之交涉及契约。

第三条　日本邮船株式会社据本契约之条项承诺轮船招商局为左之借款。

借款额共日本金货壹千万圆。利息：年利七厘半。交款五年后，分十五年偿还。

第四条　轮船招商局之适法代表者与日本邮船株式会社之间所结之正式契约至少须具备左记之条件，始得成立。

条件：

第一项　轮船招商局出于该局之自由意志因营业上之必要，缔结本借款契约。

第二项　属于轮船招商局所有之财产全部，不问其动产、不动产，凡土地、建物、码头、水面权、船舶及附属品等，以之为抵当，向日本邮船株式会社借款日本金货一千万圆。

第三项　轮船招商局从前对于汇丰银行负债银一百五十万圆，此时即行还清，解除对于该银行之义务。

第四项　轮船招商局若至期不支付本借款之本银或利息时，日本邮船株式会社无论何时获得其营业权，不受招商局当事者之干涉，得直行其营业。凡一切抵当物，日本邮船株式会社得为卖却、借贷、转抵当等之适宜处分。但卖却时若有余额，得退还之。

第五项　日本邮船株式会社于本借款成立时，对于轮船招商局之营业、财产及会计，得常置监督者。①

第六项　轮船招商局与日本邮船株式会社于本契约继续中，其借款之抵当物不问其为全部或一部，不得再向他人为抵当或赁贷。

第七项　本契约继续中不得卖却本借款之抵当物于第三者。

第五条　轮船招商局于本契约成立前已履行第四条第三项时，日本邮船株式会社应由壹千万圆之中于汇丰银行借款额先付相当之金额，其余数俟本契约依正式适法之手续成立同时支付。

但先付汇丰银行借款额时，日本邮船株式会社承继汇丰银行借款契约所有之一切权利。

本契约共缮两通，一通归中华民国政府收执，一通归日本邮船株式会社收执。

若五年后招商局一时偿还本借款时，对于全借款须照五年间附加五年之特别利息。

据"南京临时政府档案"原件，
南京、中国第二历史档案馆藏

取消《闽都督府组织大纲》

（一九一二年二月八日刊载）

据呈已悉。所称《公报》五号登载《闽都督府组织之大纲》取销一节，持论甚正②，已交秘书处转饬公报局即行取销。公报为临时政府发表政令之机关，以后凡关于发表法令之件，必须公布者，始能登录。并饬知该编辑员于登载各件，务当悉心斟酌，不得稍有疏忽矣。此批。

据《大总统批内务部请取销公报所登〈闽都督府组织大纲〉
呈》，载南京《临时政府公报》第十号，一九一二年二月八日

---

①　原件之第五项，由孙文委任专员汪精卫划去，并注有"删去"二字。

②　内务总长程德全呈称，"《临时政府公报》第五号载有《闽都督府大纲》一节，其组织名称显然于国内独立成一政府……已引起政治权不一之失策"，要求下令取销并声明公报登载失误之理由。

附：闽都督府组织大纲

（一九一二年二月二日刊载）

第一章　总　纲

第一条　都督府置政务院、参谋部、司令部及都督署官属，由都督按照法律统领一切政务。

第二章　政务院

第一款　政务院总则

第二条　政务院以政务院临时总长及各部部长组织之。

第三条　政务院临时总长一员、副长二员。

政务院临时总长为各部之领袖，总理机务，保持各部之统一。副长襄助临时总长处理政务，临时总长有事故时，得由副长代理。（政务院临时总长先以前参事会长充之。）

第四条　凡发布法令，政务院临时总长、副长，应协同各主管部长署名负责。

第五条　政务院副长、各部部长，均由政务院临时总长推举，呈请都督特任。

第六条　行政各部之设置如左：

甲、民政部；乙、外交部；丙、财政部；丁、军务部；戊、司令部；己、教育部；庚、交通部；辛、警务部。

第七条　政务院及各部得设顾问，由政务院临时总长、副都〔长〕、各部部长，以具左列资格之一者聘充之：

一、有勋劳者；二、有学识者；三、有德望者。

第八条　政务院临时总长，对于行政各部之命令及处分，认为必要时，得暂令停止，开院议决定之。

第九条　凡关于左列各件，须经政务会议决定，由政务院临时总长，呈请都督批准施行。

一、法律案及预算决算案。

二、外国条约及重要之外交事件。

三、关于官制或规则及施行法律之命令。

四、各部主管权限之争议。

五、由都督交付之人民请愿。

六、预算以外之支出。

七、札任官及地方长官之任命及其进退。

八、按照法令应经政务院会议事例。

九、政务总长及各部长认为应经政务院会议事件。

十、其他各部主管任务与高等行政有关系之重要事件。

第十条　军事上一切事件，除由都督札知政务院外，应由军务部长通报于政务院临时总长。

第十一条　各部置次官一人，由政务院临时总长遴选，呈请都督札任；各部科长、副科长由政务院临时总长协同该主管部长遴选，呈请都督札任。（二十一日经院议改正。）

第十二条　各部部长有事故时，以次官摄任；科长以下之代理，由部长定之。

第二款　政务院

第十三条　政务院置各局如左：

一、叙官局（恩给赏勋附）；二、法制局（礼式附）；三、印铸局（公报附）；四、统计局。

第十四条　政务院所属各局职掌事务及职员之配置别定之，各部亦同。

第三款　行政各部

第十五条　各部官职及其职务权限，以《各部官制通则》定之。

第一款　民政部

第十六条　民政部置部长一人，次官一人，设各科如左：

一、地方科；二、土木科；三、卫生科；四、实业科。

第二款　外交部

第十七条　外交部置部长一人，次官一人，设正、副科长一人，暂不分科。（二十一日经院议改正。）

第三款　财政部

第十八条　财政部置部长一人，次官一人，设各科如左：

一、会计科；二、税権科；三、田赋科；四、理财科；五、公债科；六、盐政处。

第四款　军务部

第十九条　军务部置部长一人，次官一人，设各科如左：

一、军事科；二、人事科；三、军需科；四、经理科；五、执法科；六、医务科。

第五款　司法部

第二十条　司法部置部长一人，设次官一人，各科如左：

一、总务科；二、民刑科；三、典狱科。

第六款　教育部

第二十一条　教育部置部长一人，次官一人，设各科如左：

一、专门科（实业附）；二、普通科。

第七款　交通部

第二十二条　交通部置部长一人，次官一人，设各科如左：

一、邮政科；二、电政科；三、航业科；四、路政科。

第八款　警务部

第二十三条　警务部置部长一人，次官一人，设各科如左：

一、司法科；二、行政科；三、消防科；四、侦探科。

第三章　参谋部

第二十四条　参谋部置各科如左：

一、外事科；二、运筹科；三、调查科；四、测绘科。

第四章　司令部

第二十五条　司令部之编制别定之。

第五章　都督署官属

第二十六条　都督署官属如左：

一、军事参议官；二、秘书官；三、参事官；四、其他军佐官。

第六章　附　　则

第二十七条　本大纲自改定颁布之日，有实施之效力。

第二十八条　本项大纲如有应行改订之处，随时经政务院会议决定，呈请都督施行。

闽都督府政务院暨各部局职员姓名缮册呈送察阅。须至册者，谨开：

闽都督府政务院　院长彭寿松　副长林斯琛　副长郑祖荫

政务院叙官局　局长刘通　副长黄光弼

政务院法制局　局长林万里　副长李倬

政务院印铸局　局长林晓　副长陈景松

政务院统计局　局长邱任元　副长刘以弗

民政部　部长高登鲤　次长林森

外交部　部长陈能光　次官林树棻

财政部　部长陈之麟　次官蔡法平

军务部　部长林之夏　次官萧奇斌

司法部　部长郑烈　次官梁继栋

教育部　部长黄展云　次官刘以锺

交通部　部长黄乃裳　次官潘训初

警务部　部长翁浩　次官熊丙生

参谋部　部长王麒　副长林肇民

司令部　总长许崇智

船政局　局长林永荣　副长沈希南

公债局　总理李恢

据《闽都督呈报组织都督府大纲》，连载南京《临时
政府公报》第五、六号，一九一二年二月二、三日

令法制局拟定任官状纸程式及任官规制

（一九一二年二月九日刊载）

案据《临时政府中央行政各部及其权限》第二条、第三条所载，任用职员分简任、荐任、委任三等。今各部成立，用人甚多，关于任用各项职员事宜，如状纸之程式，任委之手续，亟应明定规则，以期统一。为此令仰该局长，速将以上三等任官状纸程式及任官规制妥为拟定，呈请核定，以便颁布施行。此令。

据《大总统令法制局拟定任官状纸程式及任官规制》，载南京
《临时政府公报》第十一号，一九一二年二月九日

附一：任官令草案

第一条　凡任官，除别设任用规程外，皆适用本令。

第二条　依民国法令非成年以上而有完全公权者，不得任以民国官职。

第三条　简任官以有左记资格之一者任用之，但一等简任官不在此例。

一、曾在简任官之职，非因惩戒休职或因惩戒休职已至二年以上者。

二、曾在荐任官之职至二年以上，非因惩戒休职或因惩戒休职己〔已〕至二年以上者。

三、受高等文官考试而有合格证书者。

四、曾为国会议员或现为国会议员者。

第四条　荐任官除前条列举外，以有左记资格之一者任用之：

一、曾在荐任官之职，非因惩戒休职或因惩戒休职已至二年以上者。

二、曾在委任官之职至二年以上，非因惩戒休职或因惩戒休职己〔已〕至二年以上者。

第五条　委任官除前二条列举外，以有左记资格之一者任用之：

一、曾在委任官之职，非因惩戒休职或因惩戒休职已至二年以上者。

二、应普通文官考试而有合格证书者。

三、佣员在同一官厅服务至五年以上、经普通文官考试委员之铨衡认为适任者。

第六条　凡二人以上同有受任之资格者，以有文官考试之合格证书者任之；同有此项证书者，以曾任官职者任之；同曾任官职者，以等级之高者任之；等级相同者，以未受惩戒者任之。

第七条　凡官吏须具有特别学术技艺者，除考试令及其他规定外，在高等官则经高等文官考试委员之铨衡，在委任官则经普通文官考试委员之铨衡而后任之。

第八条　凡荐任官须由推荐者提出可以证明本人品格才能之证书。

第九条　前条之证书，在委任官则由本人提出之。

第十条　任用官吏须交付任状。

第十一条　简任官之任状，由大总统亲署铃〔钤〕印、内阁总理副署后，以亲任式交付之。

第十二条　荐任官，由内阁总理或主任之国务卿及其他有推荐职权者，经由内阁总理或主任之国务卿推荐之。

荐任官之任状，大总统亲署铃〔钤〕印，内阁总理或主任之国务卿副署后，由推荐者交付之。

第十三条　委任官之任状，由官委任职权者署名钤印后自交付之。

第十四条　任用及铨叙细则，以阁令定之。

第十五条　本令自经〔发〕布日施行之。

附二：任状式

一、简任状式

依任官令第　　　　条特简

　○○○膺○○○○

之任此状

　　　大总统　　　　　　　　　　　　　○○○

　　　内阁总理　　　　　　　　　　　　○○○

中华民国　　　年　　　月　　　日

二、荐任状式

今据（某官厅某职某）

依任官令第　　　　条荐举

　○○○堪胜○○○○

之任铨衡后即委任此状

　　　大总统　　　　　　　　　　○○○（名）印

　　　内阁总理或

　　　主任之国务卿　　　　　　　○○○（名）印

中华民国　　　年　　　月　　　日

三、委任状式

```
依任官令第　　　　条刊
令○○○任○○○○
之任此状
                              （某官厅某长官）
中华民国　　　年　　　月　　　日
```

据一九一二年三月二十一、二十二日上海《民立报》

令南京卫戍总督制定稽查所章程

（一九一二年二月十三日刊载）

南京为临时中央政府所在之地，设有奸匪混迹其间，酿成危险之事，惹起军民惊恐，大局妨害决非浅鲜。前日六合北伐队司令官张承樋入城领枪械，去陆军部不远地，有人突以手枪击之，幸误中马车玻璃，人未受伤。又闻花牌楼之军士，以食汤元中毒，死者二十余人。似此情形，是已有奸匪源源挟炸枪毒物而来，其为祸有不可思议者。昨经参议院咨请前来，应由卫戍总督妥订检查章程，于入城或其他紧要之处设检查所，严加检查，以防奸匪，而遏乱源。

再，兵士丛集，良莠不齐，前由贵总督严订条规①，稽查约束，南京秩序较为恢复，惟城内外及下关一带旅馆，原所以安寓客商，间有无知军兵成群乱闯，使客商咸有戒心，殊非所以安民之道。亦希卫戍部多派宪兵或设他法，严禁种种不法行为，使兵民相安，秩序不乱。希即遵照办理。

据《卫戍总督呈报规定稽查所章程》，载南京《临时政府公报》第十四号，一九一二年二月十三日

---

① 即《南京卫戍条例》，附后。

附一：南京卫戍条例（附质疑答复）

第一条　南京卫戍总督直隶于大总统，统辖南京之卫戍勤务。

第二条　卫戍勤务，当任卫戍上之警备，并监视卫戍地内陆军之秩序风纪军纪及保护陆军诸建筑物。

第三条　南京卫戍总督，关于卫戍勤务，得指挥其地之驻屯军队而定卫兵之员额及其部署方法。

第四条　驻屯南京卫戍地之宪兵，直接归南京卫戍总督管辖。

第五条　在南京卫戍地内之各要塞，均归南京卫戍总督所辖。

第六条　南京卫戍总督认为警备上之必要时，虽不属其卫戍上所辖之军队，亦得请求援助。如遇紧急之际，得经行命令之。

第七条　驻在南京卫戍地内之军队，对于南京卫戍总督所定之卫戍规则，皆有遵守之义务。

第八条　南京卫戍总督当有事之日，关于住民公安保安之处置，随时与各部长官协议。

第九条　南京卫戍总督当卫戍线内若有骚乱，不及通告陆军部参谋部时，得以兵力便宜从事。

第十条　关于国防计划，应由参谋总长决定，但南京卫戍总督有时得以意见要求之。

第十一条　本条例以中华民国元年元月十五日为实行之期。

附质疑

一、南京卫戍总督所辖之区域如何？

一、关于维持公安上，有时需用兵舰炮船，应否由卫戍总督直接调遣？

一、战时南京总督之任务如何？

质　疑　答　复

答质疑第一条

查卫戍条例：陆军军队永久屯驻配备于一地者，谓之卫戍。在都城以第一师团长，在要塞以要塞司令官，其余各处以该处屯在之高级团队长为司令官。各卫戍地之司令官，虽关于卫戍勤务，亦受其所属上官之处置。我国向无师团管地，又现在无一定之卫戍兵力。欲定南京卫戍总督所辖之区域，则北以南京下关江岸，东以朝阳门，南以南门，西以汉西门外，各三十里为其暂行管辖之区域。

答质疑第二条

查卫戍条例：卫戍司令官无直接调遣兵舰炮船之权，如必需用船舰时，应与参谋部及海军部协商妥洽，然后调遣。

答质疑第三条

战时南京卫戍总督之任务，在担任人民之保护及所管区域内一般之秩序。

据《南京卫戍条例（附质疑答复）》，载南京《临时政府公报》第九号，一九一二年二月六日

附二：南京卫戍稽查所章程

第一条　稽查所专司入城行李之检查，以达维持城内治安之目的。应设之处所如左：

一、宁省铁路各稽查所：

中正街车站

总统府旁车站

无量庵车站

丁家桥车站

三牌楼车站

二、各城门稽查所：

仪凤门

南门

三、由各区司令稽查各门：

太平门

朝阳门

汉西门

水西门

通济门

第二条　稽查所员兵，应视各所事务之繁简，规定其额数。详列另表①。

第三条　稽查所现在先设立七处，其水西门、汉西门、通济门、朝阳门、太平门、水闸等处，行李较稀，暂缓设所，责成各区司令严饬守城官长，照章稽查。

第四条　已设之稽查所七处，均归本总督府监察处管理。

第五条　汉西门等处虽未设稽查所，仍不时由监察处派员前往考察情形，以防流弊。

第六条　稽查所应委之所长、所员，均由总督委任。其兵士则由各区司令指派，归所长、所员督率之。

第七条　进城行李检查讫，画以白〔蓝〕墨以为凭证。

第八条　检查手续如左：

一、有护照者，须验其护照是否真实相符，确认之后即行放过。

二、无护照者，检查之后如无危害可疑之物，即行放过。

三、检查行李发现危害可疑之物，即将人物同时扣留，交附近之卫戍司令部、宪兵部及巡警局审问，并将事由即刻用电话报告总督府监察处。

第九条　检查时，对于行李主须格外和平，不得藉端扰累。

第十条　检查兵士如有掠取客商银物，许被害之人来总督府控诉，立加严办。

第十一条　未开各门，如将来续开，应否设卡稽查，临时再定。

据《卫戍总督呈报规定稽查所章程》，载南京《临时
政府公报》第十四号，一九一二年二月十三日

---

①　附表所列内容为：在七稽查所中仅中正街、总统府旁、仪凤门三稽查所设所长（少佐）一员。七稽查所各设所员（大尉）一员。中正街、总统府旁、仪凤门稽查所各设兵士八名、夫役二名。无量庵、丁家桥、三牌楼稽查所各设兵士四名、夫役一名。南门稽查所设兵士六名、夫役一名。

改订邮政现行办法

（一九一二年二月十三日）①

各省都督鉴：顷据驻宁英、德、日三国领事奉各该国公使命，到部面商改订邮政现行办法，经本部议定如下：（一）邮票由中央政府颁发，各省不得另行印用，以归划一；（二）此次新颁发之邮票，暂准通行于国内；（三）各省现办邮务各洋员，可准其照向章办理，暂勿干预。以上各条，即希分饬各属照办。总统孙文、外交总长王宠惠。元。

据《大总统暨外交部通告各省都督改定邮政现行办法电文》，载南京《临时政府公报》第二十号，一九一二年二月二十三日

批内务部请颁文官试验令②

（一九一二年二月十四日）

临时大总统批

内务部呈请速颁文官试验令由。

查国家建官分职，惟任贤选能，乃懋厥职，古今中外，罔越斯旨。第考选之法，各有不同，尚公去私，庶无情弊。今当民国建立伊始，计非参酌中外，询事考言，不足以网罗天下英才而裨治理。该部所请，诚为当今急务，应候令行法制局将文官试验编纂草案，咨文参议院议决后，即日颁布施行可也。此批。

孙文

中华民国元年二月十四日

据"南京临时政府档案"原件，
南京、中国第二历史档案馆藏

---

① 文末韵目"元"代表十三日，据此确定日期。

② 孙文向来将考试权列为其所创五权宪法中之一权，认为考试制度是任贤选能、任官授职的良法。所谓"文官试验"，不久改称"文官考试"。

令法制局迅即编纂《文官试验章程草案》[①]

（一九一二年二月二十二日刊载）

查国家建官位事，惟任贤选能，乃懋厥职，古今中外，罔越斯旨。第考选之法，各有不同，尚公去私，庶无情弊。今当民国建立伊始，计非参酌中外，询事考言，不足以网罗天下英才而裨治理。合就令行该局，仰即迅将《文官试验章程草案》，妥为编纂，呈候咨交参议院议决颁布，从速施行。此令。

据《大总统令法制局迅速编纂〈文官试验草案〉由》，载南京《临时政府公报》第十九号，一九一二年二月二十二日

令法制局审定《官职试验章程草案》

（一九一二年二月二十四日刊载）

现在南北统一，兵事已息，整饬吏治，惟有举行官职试验，以合格人员分发各省，以资任用之一法。兹据内务部呈送《官职试验章程草案》前来，其所定试验资格及他项规定，有无尚须改订增加之处，合行令仰该局悉心审查，克日呈复，候咨交参议院议决。事关要政，切勿稽延。此令。

据《大总统令法制局审定〈官职试验章程草案〉由》，载南京《临时政府公报》第二十一号，一九一二年二月二十四

咨临时参议院议决《文官考试委员官职令》等草案

（一九一二年二月二十八日刊载）

任官授职，必赖贤能；尚公去私，厥惟考试。兹当缔造之始，必定铨选之程。

[①]　本篇内容与上篇基本相同，但发文对象不同。

前经令行法制局拟订《文官考试章程》，今据该局将所拟《文官考试委员官职令》
与《文官考试令》，暨《外交官及领事官考试委员官职令》与《外交官及领事官
考试令》各草案缮具前来，合行提出贵院议决。又昨据内务部函称："各处待用
之士，荟萃金陵，而各省办事人才反觉缺乏，则文官考试实难再缓"等语。按之
现在情形，诚如该部所云。今拟请贵院将《文官考试委员官职令》与《文官考试
令》草案提前议决，以便颁布施行。此咨。

据《大总统咨参议院议决文官考试与外交官及领事官考试令草案文》，
载南京《临时政府公报》第二十四号，一九一二年二月二十八日

附一：文官考试委员官职令草案

第一章　总　　则

第一条　文官考试委员分为高等文官考试委员、普通文官考试委员两种。

第二章　高等文官考试委员

第二条　高等文官考试委员隶属于内阁总理，其职掌如左：

一、关于高等文官考试事项。

二、关于高等文官任用、铨衡事项。

三、关于普通文官试验科目厘定事项。

第三条　高等文官试验委员，以左列各项人员组织之：

委员长　一人，法制院长。

常任委员　八人，法制院高等官二名、官私立大学教授各三名。

临时委员　无定额，得斟酌情形增置之。

第四条　常任委员由内阁总理推荐，总统委任之。临时委员亦同。

第五条　委员长指挥委员，综理考试事务。

第六条　常任委员承委员长之指挥，掌第二条各项事务。

第七条　临时委员承委员长之指挥，掌第二条第一项事务。

第八条　委员长及常任委员一年得给以四百元以内之津贴，临时委员得给以

二百元之内津贴。

第九条　高等文官考试庶务，得置常任书记与临时书记掌之。

第十条　常任书记以三人为定额，临时书记员额视事之繁简斟酌定之。

第十一条　常任书记及临时书记，以内阁所属判任官充之。

第十二条　常任书记一年得给以二百元之内之津贴，临时书记得给以百元以内之津贴。

第三章　普通文官考试委员

第十三条　普通文官试验委员，中央于内阁设置之，地方于各官厅试设置之。职掌如左：

一、关于普通文官之考试事项。

二、关于普通文官任用、铨衡事项。

三、关于普通文官考试科目拟定事项。

第十四条　中央普通文官试验委员长及委员，由内阁于关系各官厅之高等官委任之。

第十五条　地方普通文官试验委员长及委员，于左列各项人员中由各该地方行政长委任之。

一、该官厅之高等官吏。

二、该地方专门学校教授。

第十六条　委员长承长官之命，综理试验事务。

第十七条　委员承委员长之命，掌第十三条各项事务。

第十八条　关于普通文官考试庶务，得置书记一人掌理，以该官厅之判任官充之。

第十九条　普通文官考试委员长、委员及书记之津贴，另规定之。

第二十条　本令自发布日施行。

据一九一二年三月二十二日上海《民立报》

附二：文官考试令草案

第一章　通　则

第一条　文官考试除有特别规定外，均依本令。

第二条　文官考试分为高等文官考试及普通文官考试二种。

第三条　考试期日及考试地点，由考试委员长于考试期一月前以公报布告。如未有公报，各地方以普通公布程式布告之。

第四条　本国人民年龄在二十岁以上而有完全公权者，得应文官考试。

第五条　文官考试合格者，给与合格证书。

第六条　凡考试时有违章舞弊经委员发觉者，不得入本期考试。至既经考试合格后始行发觉者，其合格证书作为无效。

一、宪法。

二、刑律。

三、民律。

四、行政法。

五、国际公法。

六、经济学。

以上六种为必试科目。

一、财政学。

二、商律。

三、刑事诉讼法。

四、民事诉讼法。

五、国际私法。

以上五种为必择科目，由应试者于其中豫选一种。

第十三条　正试分为二场，第一场为笔记考试，第二场为口述考试，非笔记考试合格者，不得应口述考试。

第十四条　高等文官考试细则，由委员长定之。

第二章　普通文官考试

第十五条　普通文官考试，中央及各地方得以便宜随时举行。

第十六条　普通文官考试以中学校之科目为标准，斟酌各官厅所掌之事务，由普通文官考试委员定之。

第十七条　普通文官考试分为二场，第一场为笔记考试，第二场为口述考试，非笔记考试合格者，不得应口述考试。

第十八条　国内外各高等、专门以上各学校卒业者，免其考试。

附三：外交官及领事官考试委员官职令草案

第一条　外交官及领事官考试委员属外务总长之监督。

第二条　外交官及领事官考试委员，以左列各项人员组织之：

委员长一人，外交次长；

委员七人，外交部外政司长一人、外交部高〔商〕务司长一人、外交部翻译司长一人、高等文官考试委员二名、官私立大学校教授各一名；

临时委员，无定额，得斟酌情形增置之。

第三条　除职务上当然为委员长或委员外，由外交总长之推荐，总统委任之。临时委员亦同。

第四条　关于考试庶务，得置书记掌之。书记以外交部之判任官充之。

第五条　外交官及领事官考试委员，除外交部官吏外，得与以年额百元以内之津贴。

第六条　本令自发布日施行。

据一九一二年三月二十三日上海《民立报》

附四：外交官及领事官考试令草案

第一条　外交官及领事官考试于外务部举行。

第二条　外交官及领事官考试期日，应于试期一月前以公报布告之。

第三条　本国男子年龄在二十五岁以上，而有完全公权者，得应外交及领事官考试。

第四条　欲应外交官及领事官之考试者，应具志愿书附履历及论文，并将其论文翻译外国文一种（英、法、德、日等），呈予考试委员。

前项之志愿书及履历书、论文等，皆须应试人亲笔。

第五条　考试委员于前条履历书及论文并译文，认为有应试资格者，即将其姓名榜示。

榜示之后，考试委员应按榜示姓名，定期召集检验身体。非经榜示并身体合格者，不得预考。

第六条　外交官及领事官考试分为两场，非第一场考试合格者，不得应第二场考试。

第七条　第一场考试科目如左：

一、作文（国文及外国文），从第四条所译外国文之一种。

二、外国语，从第四条所译外国文之一种。

三、公文摘要（国文）。

四、口述要领之笔记（国文）。

第八条　第二场考试科目于〔如〕左：

一、宪法。

二、国际公法。

三、国际私法。

四、经济学。

五、殖民政策。

以上为必试科目。

一、行政法。

二、刑政〔法〕。

三、民法。

四、商法。

五、刑事诉讼法。

六、民事诉讼法。

七、财政学。

八、商业学。

九、外交史。

十、商业史。

以上为选择科目，由应试者任择两科试之。

第九条　第二场考试分为笔记考试与口述考试。非笔记考试合格者，不得应口述考试。

第十条　凡考试时有违章舞弊经委员发觉者，不得预本期考试，至既经考试合格后始行发觉者，其合格证书为无效。

第十一条　定考试合格者之方法，由考试委员议定之。

第十二条　考试合格之有效期间，除合格后任为外交官及领事官者外，其期为二年。

第十三条　凡应试者须纳考试费四元。

第十四条　外交官及领事官考试细则，外务部定之。

第十五条　本令自发布日施行。

据一九一二年三月二十六日上海《民立报》

批准《造币厂章程》

（一九一二年二月二十八日）

临时大总统批

一件。呈拟《造币厂章程》，恳请批准由。

据呈已悉。所拟《造币厂章程》十二条，尚称妥洽，应即照准。此批。

孙文

中华民国元年二月二十八日

据"南京临时政府档案"原件，南京、中国第二历史档案馆藏

附一：财政部原呈

为呈请事：窃维民国圜法，关系重要，币厂简章，应先厘订。前经派员至江南造币厂详加考察。兹据复称，该厂赓续旧章，积习难除。又查该厂册表，用人用款，均涉浮滥。本部职司财政，考核所关，兹特酌拟《造币厂章程》十二条，缮单呈请批准，俾有遵循。至所有从前办事人员，即行分别撤留，以示惩劝而资整顿。理合呈明，即希钧鉴。谨呈。

附二：造币厂章程

第一条　造币厂归财政部管辖，掌铸造国币一切事宜。

第二条　造币厂暂设总厂于南京，设分厂于武昌、广州、成都、云南四处。如再添设分厂，须呈明大总统批准，其分厂统归总厂直辖。

第三条　总厂设正副长各一员，由财政部荐任，管理总分各厂一切事宜。总厂及各分厂各设厂长一员，帮长一员，均由正副长遴选妥员，呈部核准委任，秉承正副长分理各该厂一切事宜。

第四条　总分各厂应设工务长一员，总务长一员，由正副长遴选妥员，呈部核准令委。其余艺师、艺士及各员司，由各厂酌定员数，呈部核定。

第五条　财政部筹备铸币专款，发给总厂，分派各厂应用。所有各省旧设银铜圆厂机器、厂房、材料，准总厂选择提用。

第六条　总分各厂应铸辅币数目，由中国银行斟酌市面情形，随时拟定数目，呈由财政部核准饬厂照铸。

第七条　总分各厂铸成国币数目，每十日一次，呈报财政部查核。

第八条　总分各厂铸成新币，重量、成色、公差之类，必须遵照定章，并遴派精通化学人员，随时化验，如有不符，即回炉重铸，以免参差。

第九条　总分各厂所铸各币，由总厂呈送财政部化验，财政部亦得随时任抽各厂所铸各币化验查核。

第十条　造币厂出入款项，由总厂按季详造表册呈报，财政部按年总结。除表册外，并应呈报预算决算清册。各分厂应将该厂收支数目，与银铜等币出入情形，每月一次呈报总厂，仍每日将账簿结算清楚，以备总厂随时查核。

第十一条　各厂有缉访私铸、防卫厂料等事，应请各省都督协助者，随时照行。

第十二条　总分各厂办事细则，由总厂拟订，呈由财政部核准施行。

据《大总统批财政部拟具〈造币厂章程〉呈》，载南京
《临时政府公报》第二十七号，一九一二年三月二日

南京临时政府与日本三井物产株式会社
所订《事业契约书草案》①

（一九一二年二月）②

中华民国政府及汉冶萍煤铁厂矿有限公司（以下称公司）与三井物产株式会社（以下称三井）签订契约条项如左：

第一条　公司的资本订为日币三千万元，由中日两国共同经营之。

第二条　华商、日商之股金各半，所享之权利亦同等。

第三条　公司现已由日本借去一千万元，此外再借日币五百万元（总共一千五百万元作为日方之股本）。

第四条　五百万元借款由公司贷与中华民国，以现款交付之，所余之数充当中华民国由三井购入之武器用费。

第五条　中华民国政府受领借款时，受领人应持有政府之委任状，三井根据该受领人之收据交款。

---

①　孙文曾代表南京临时政府与藤濑政次郎（三井物产株式会社上海支店长）洽谈借款事宜，其正式名称为《事业契约书草案》。双方对该借款契约书的内容达成协议，另拟订三个附件，但立约人孙文与藤濑并未在契约书末端签名。

②　此件由三井物产株式会社常务董事山本条太郎于二月二十六日上报日本外务省政务局，但未说明其实际订立日期，应比是日稍早，此处笼统标为二月。

第六条　五百万元之借款由中华民国政府于明治四十六年①一月某日返还，年利八厘（即百元年利八元），四〈十〉五年七月某日及四十六年一月某日两次交付。

第七条　关于政府借款之支付、偿还以及利息的支付等办法由三井斟定之。

第八条　中华民国政府免除由中国输出的铣铁出口税。

第九条　公司所订之契约由中华民国政府承认之，以后制定之正式条款及正式条款之改正、董事之选任等根据本约第一条中日合办之宗旨而定之。

第十条　中华民国政府承认公司以前所取得的一切权利。

第十一条　关于本契约内之中华民国政府借款，完全由三井经手办理之。

第十二条　本契约以中文、日文各作三份，关系者各持一份，遇有字句不明之处，以附加之英译约文决定之。

附件一：证明文件

一、本证明文件确证中华民国政府承认汉冶萍公司由中日两国共同经营之，并承认合办契约中之诸条项。

一、关于合办方法由汉冶萍公司督办〔总理〕盛宣怀在日本协订之，中华民国政府应承认盛以该公司董事之身份签订合办契约，并使该约在股东大会上通过之。

一、在股东大会之前，公司先以大冶矿山为抵当，向日本借日币二至三百万元。公司根据合办契约作为贷与中华民国政府五百万元中之一部交给中华民国政府。剩余之款由股东大会议决之后，再由中华民国政府承认其支付之事。

附件二：权利契约

一、根据今日中华民国政府及汉冶萍煤铁厂矿有限公司与三井物产株式会社所签订之契约，五百万元借款之中华民国政府应另与三井物产株式会社缔结下列之契约：

---

① 按日本无"明治四十六年"，当系"大正元年"之误，即一九一三年。

一、中华民国政府将来如将中国之矿山、铁路、电气等让与外国人时，三井物产株式会社亦同享之。

一、本权利契约由中日文作两份，签约者各执一份，如字句有疑问时，以附添之英译约文决定之。

附件三：权利契约证明文件

本权利契约证明文件确认，中华民国政府承认与三井所签之权利契约条项。同时中华民国政府承认与汉冶萍公司所在地之湖北、湖南、江西各省当局交涉，令彼等采取适当措施以维护该公司之安全。

据中文原件影印件，载日本外务省编纂：《日本外交文书》第四十五卷第二册（东京，日本国际连合协会刊行），转录自彭泽周：《近代中日关系研究论集》（台北，艺文印书馆一九七八年十月初版）

准财政部签订华俄道胜银行借款合同

（一九一二年三月一日刊载）

民国统一，战事已息，目前以恢复秩序、分别安置军队为第一要义，必需巨款，方足敷布。而各处疮痍未复，未能遽取诸民，拟借用外债。昨日得财政部电称："现拟借华俄道胜银行之款，系五厘息，九七扣，一年期，用中央名义担保，毋庸抵押，由下次大宗借款内扣还；并须许以下次政府有大借款，如所索权利与他家相等，华俄道胜银行有优先权。共借一百五十万镑，经涛①于箇（廿一）日签字，候孙、袁总统及京行电许，并参议院通过，即行作实，一星期内即交三百万两。请即交院议并电复。"为此要求贵院即开临时会，提前决议。此咨。

据《大总统准财政部电称拟借华俄道胜银行款项咨参议院提前决议文》，载南京《临时政府公报》第二十六号，一九一二年三月一日

---

① 涛，即财政部总长陈锦涛自称。

咨临时参议院华俄道胜银行借款草合同①

（一九一二年三月一日刊载）

昨据财政部总长陈锦涛电称：拟借华俄道胜银行款，其条件各点已提出贵院，经得同意，兹将与该银行订定借款草合同呈请转咨贵院，开临时会提前公决，核准前来。相应咨请贵院察照办理，并派秘书长胡汉民、财政部委员黄体谦到院陈述一切。此咨。

据《大总统咨参议院提出华俄道胜银行借款草合同请提前议决文》，载南京《临时政府公报》第二十六号，一九一二年三月一日

附：新借款草合同②

（一九一二年二月二十一日）

立合同：中华民国（由财政部总长陈锦涛博士代表，以后省称为民国）及俄国道胜银行（由银行之上海分行经理〇〇〇君代表，以后省称该银行），所订如下：

一、该银行照下列各条，应借于民国一百五十万金镑。

二、本合同自正式合同签字之日起，以一年为期，其偿还之法载下。

三、周年五厘计息，以所借之数计算。

四、该银行付款以九七扣折算。

五、此款为民国直接负欠，自当以民国政府所征赋税之收入内，备为付息及

---

① 该借款合同因附以全国赋税作抵的条件，有损国权，各方要求取消。华俄道胜银行亦责备民国临时政府将草合同宣布，不予承允，故归无效。

② 一九一二年二月二十七日临时参议院开会修正通过，对原案第五、第七、第八条作如下修正：第五条"当以……赋税之所入"句，改为"当以民国所征赋税之收入"。第七条"与他银行相仿佛者"（应是"与他银行较轻时"）句，改为"与他银行相等者"。第八条"惟每星期不得过三百万两"句，改为"惟每星期不得少于三百万两"。

偿本之用。

六、如于本合同废止之前，民国借有大批外债，应即偿还该银行此次所借之款若干。惟偿还之数，不得过该大批外债首数次所交款数之半。

七、民国以后，如第一次拟借大批外债，若该银行所约条款，与他银行较轻时，该银行有首先应借之权。

八、本合同须一面由选任总统袁世凯、临时总统孙文，一面由该银行之总行，及第十二条所载之南京现开参议院电准。该银行于核准之一星期内，应交付民国银三百万两，其余由该银行陆续交付。惟每星期不得过三百万两。第一次之应付三百万两，应在上海交纳。以后每次交款，或在上海，或在他处，由民国通知指令交付。

九、兑换本款，由民国所派之代表决定。某某银行，或在上海，或在他处，一如民国之意。如兑换银行为非道胜银行，民国应以百份之四之一扣用，付该银行，其由该银行经手者，则无此项扣用。

十、如该银行为民国借得第二批大款，则第四条所云百份之三扣用，按反此例归还民国。其法以偿本日期相距之远近为准。如距离愈远，则所还愈少。

十一、本合同正核准前，为草合同，核准后，为正式合同。（参观第八条）或有更动，须经两方面允可。正核准之期，以一千九百十二年三月一号为限。

十二、本合同须由南京现开之参议院投票公决核准。

十三、本合同共缮成华文二份，俄文二份，英文二份，由双方签字，各存其三。若将来对条文有异议时则以英文为准。

一千九百十二年二月二十一号

两方面于见证人前，各署名如下：

　　中华民国代表，财政部长陈锦涛

　　　　见证人李德立

　　俄国道胜银行经理人凯里约

　　　　见证人加盘尼

据许师慎编纂：《国父当选临时大总统实录》上册，台北，"国史"丛编社一九六七年六月初版

批准颁行陆军部《勋章章程》

（一九一二年三月一日）

临时大总统孙批

　　一件。陆军部呈报勋章式样及章程请核准施行由。

　　据呈已悉。勋章所以酬庸劝士，亟应制定颁行，以励有功。该部所拟《勋章章程》及形式，尚属妥善，应准颁行。此批。

孙文

中华民国元年三月初一日

据"南京临时政府档案"原件，

南京、中国第二历史档案馆藏

勋章章程

甲　勋章之种类

一、第一种，给与民国陆、海军人之有特别战功者，曰：九鼎勋章。

二、第二种，给与民国陆、海军人之有寻常战功者，曰：虎罴勋章。

三、第三种，给与民国一般为国尽瘁功劳卓著人员者，曰：醒狮勋章。

乙　各种勋章之用法

一、九鼎勋章

（子）九鼎勋章分九等，即自头等以迄九等。

（丑）得有九鼎勋章者，每年按照等级由国家给与年金，以至该本人死亡之日为止。

（寅）九鼎勋章，头等年金千元，二等年金八百元，三等年金六百元，四等年金五百元，五等年金四百元，六等年金三百元，七等年金二百元，八等年金百元，九等年金五十元。

（卯）头、二等九鼎勋章给与陆、海军上等军官。自三等至六等九鼎勋章，皆可给与陆海军上、中、次等军官。自六等至九等勋章，皆可给与陆、海军士兵。

（辰）给与九鼎勋章时，附给证明书，书内详载受给与者之特别战功，以后给领年金，均以此证明书为据。

二、虎罴勋章

（子）虎罴勋章分九等，即自头等以迄九等。

（丑）得有虎罴勋章者，仅于战争结局后，给与勋金一次，其数即头等千五百元，二等千二百元，三等千元，四等八百元，五等六百元，六等四百元，七等三百元，八等二百元，九等百元。

（寅）自头等至六等虎罴勋章，皆可给与陆、海军上、中、次等军官。自六等至九等虎罴勋章，皆可给与陆、海军士兵。

三、醒狮勋章

（子）醒狮勋章分九等，即自头等以迄九等。

（丑）醒狮勋章如系褒赏名誉者，无赏金。其他均有赏金，但其赏金数目，临时酌定，多寡不拘。

（寅）各等醒狮勋章，均可赏与为国家办事人员，及陆、海军官佐、士兵，但以民国人为限。

四、凡既得各种勋章之人，其后更立战功，或另有功劳者，可换给同种较高等之勋章，或加赏他种勋章。

丙　勋章之形状及取义

一、九鼎勋章中刻黄帝象，列五兵于其身旁，外围以九鼎。（参看附图）① 其取义即黄帝作五兵挥斥百族定九鼎，以显扬战功是也。

二、虎罴勋章中刻虎罴两兽，外围以花纹。（参看附图）其取义即前有士师，则载虎罴以表扬佩此之军人，有如虎如罴之势也。

————————

① 图略，下同。

三、醒狮勋章中刻一狮，外围花纹上刻一古钟。（参看附图）其取义即自由钟声，惊醒全国同胞是也。

丁　勋章之区别

各种勋章之头、二等者，佩于上衣左胸部下方，另由左肩至右胁下，悬大绶一条。头等大绶金色，二等大绶银色。（参看附图）三等者，悬于上衣正中第一扣上，其绶红色，上有白花一朵。（参看附图）四等至九等者，均悬于上衣左胸部上方，四等绶红色，五等绿色，六等黄色，七等白色，八等蓝色，九等紫色。（参看附图）

戊　勋章给与规则

一、凡在战场有下列特别战功者，给与第一种勋章：

（子）夺获敌人标旗大炮，或捕获敌军军官者。

（丑）身虽受伤，尚力疾从事战斗者。

（寅）在战场中勇敢率先，堪为他人表率者。

（卯）在战斗间，其动作及处置善良，与全军或全体有关系者。

（辰）于最困苦缺乏悲惨之时，尚能泰然从事战斗，足振起他人志气者。

（巳）冒险前进，侦探得敌人军情虚实或位置者。

（午）能冒险从事，达任务中最重要之目的者。

（未）运筹得法，指挥调度适宜，致获全功者。

（申）决死进行，达目的后尚生还者。

（酉）奋不顾身，以救护长官者。

（戌）右列各条之外，其事实功绩卓著，迥异寻常者。

二、凡在战场有下列寻常战功者，给与第二或第三种勋章。

（子）力疾从事战斗者。

（丑）夺获敌军重要军械及捕获敌军目兵者。

（寅）战斗勇敢率先者。

（卯）冒险从事，虽未达目的，确经履行其任务者。

（辰）在战斗间，其动作处置极善良者。

（巳）指挥调度得法者。

（午）出征人员于同僚之中任事最为得力者。

（未）于右列条件之外，其事实功绩显著确实者。

据"南京临时政府档案"原件，
南京·中国第二历史档案馆藏

<h2 style="text-align:center">附其他版本之一
陆军部赏恤章程</h2>

窃查武汉起义，全国响应，用能推倒满清，统一民国，非赖诸将士热忱毅力，曷克臻此。所有此次在战场著有特别、寻常两项战功及阵亡受伤各将士，亟应查明分别赏恤，现本部交替在即，须迅将此案办结。兹将本部拟定赏功勋章办法列左。

勋章计分三种：一曰九鼎勋章，二曰虎熊勋章，三曰醒狮勋章。每种分九等：第一、二两种，头等至六等系赏给上、中、初各等军官，七等至九等系赏给士兵；第三种勋章，凡为国家办事出力人员及海陆军官佐士兵，均系赏给佩带。给予规则，计分两条。

一、凡在战场有左列特别战功者，给予第一种勋章：

（子）夺获敌人标旗、大炮，或捕获敌军军官者。

（丑）身虽受伤，尚力疾从事战斗者。

（寅）在战场之中勇敢率先，堪为他人表率者。

（卯）在战斗间其动作及处置善良，与全军或全体有关系者。

（辰）于最困苦、缺乏、悲惨之时，尚能泰然从事战斗，足振起他人志气者。

（巳）冒险前进，侦探得敌人军情虚实或位置者。

（午）能冒险从事，达任务中最重要之目的者。

（未）运动得法，指挥调度适宜，致获全功者。

（申）决死军行，达目的后尚生还者。

（酉）奋不顾身以救护长官者。

一、凡在战场有左列寻常战功者，给与第二或第三种勋章：

（子）力疾从事战斗者。

（丑）夺获敌军重要军械及捕获敌军目〔士〕兵者。

（寅）战斗勇敢率先者。

（卯）冒险从事，虽未达目的确经履行其任务者。

（辰）在战斗间，其动作处置极善良者。

（巳）指挥调度得法者。

（午）出征人员，于同僚之中任事最为力者。

又受伤恤赏办法，分为三等，计十条：

一、两眼皆盲者。

一、失去一手或一足以上者。

一、咀嚼言语之机能并废者。

一、两手或两足，或一手兼一足俱残废者。

一、身体运动非人扶持不可者。（以上五条系头等伤）

一、两耳俱聋者。

一、一手或〈一〉足残废者。

一、生殖器损失或失去机能者。

一、身体运动失去自由者。

一、内脏之机能生大障碍者。（以上五条系二等伤）

一、盲一目者。

一、鼻脱落者。

一、咀嚼言语机能有大障碍者。

一、一手失去拇食两指或三指以上者。

一、一足失去四指以上者。

一、颈及腰运动上有大障碍者。（以上六条系三等伤）

以上两项，业经申报大总统允准在案，为此通告。请饬调查详细，按照等次填明，将有功将士及阵亡人员姓名、阶级并阵亡军人遗族一并造具清册，限十日内呈报到部以便核夺，汇呈大总统分别赏恤，以资激勋〔励〕而示体恤。

据《陆军部赏恤章程》，载《中华民国临时政府新法令》
第五册，上海自由社校订兼印行，一九一二年三月初版

附其他版本之二
陆军部规定陆军官佐士兵恤赏表

表一

阶　级	阵亡一次恤金	阵 伤 致 废 每 年 恤 金			遗族每年抚恤金
		一等伤	二等伤	三等伤	
大将军	一千五百元	八百元	六百元	五百元	八百元
左将军	一千二百元	七百元	五百五十元	四百五十元	七百元
右将军	一千一百元	六百五十元	五百元	四百元	六百元
大都尉	九百元	六百元	四百五十元	三百元	五百元
左都尉	八百元	五百元	四百元	二百五十元	四百五十元
右都尉	七百元	四百五十元	三百五十元	二百元	四百元
大军校	五百元	四百元	三百元	一百五十元	三百五十元
左军校	四百元	三百五十元	二百五十元	一百二十元	三百元
右军校	三百元	三百元	二百元	一百元	二百五十元
额外军官	二百元	二百元	一百元	六十元	一百元
上　士	一百五十元	一百五十元	八十元	五十元	八十元
中　士	一百三十元	一百元	七十元	四十五元	六十元
下　士	一百二十元	九十元	六十五元	四十元	五十元
上等兵	一百元	八十元	六十元	三十五元	四十元
一等兵	八十元	六十元	五十元	三十元	三十元
二等兵	六十元	五十元	四十元	二十五元	二十五元

表二

伤 之 等 次	头 等 伤	两眼皆盲者
		失去一手或一足以上者
		咀嚼言语之机能并废者
		两手或两足或一手兼一足俱残废者
		身体运动非人扶持不可者
	二 等 伤	两耳俱聋者
		一手或一足残废者
		生殖器损失或失去机能者
		身体运动失去自由者
		内脏之机能生大障碍者
	三 等 伤	盲一目者
		鼻脱落者
		咀嚼言语机能有大障碍者
		一手失去拇食两指或三指以上者
		一足失去四指以上者
		颈及腰运动上有大障碍者
备 考		一、遗族每年恤金用以恤阵亡将士之父母子女。该将士父母子女俱全者，则终其父母天年。若其父母及时逝世，而该将士子女如年尚幼稚，得接续受恤，至其子女及二十为止。 一、阵伤致废每年各等恤金，只及该将士本身为止。 一、临阵或因公受伤军士，除经赤十字会看护及有陆军医院、省分归院诊治无医药费外，其他偏僻地域无此项机关，应由该管长官酌给医药费，俾资调理。

据《陆军部规定陆军官佐士兵恤赏表》，载《中华民国临时政府新法令》第八册，上海自由社校订兼印行，一九一二年四月初版

中国同盟会总章[①]

（一九一二年三月三日改订）[②]

第一章　总　则

第一条　本会定名中国同盟会。

第二条　本会以巩固中华民国、实行民生主义为宗旨。

第三条　本会政纲分列如下：

一、完成行政统一，促进地方自治。

二、实行种族同化。

三、采用国家社会政策。

四、普及义务教育。

五、主张男女平权。

六、励行征兵制度。

七、整理财政，厘定税则。

八、力谋国际平等。

九、注重移民垦殖事业。

第四条　本会暂设本部于首都，设支部于各要地。

第二章　会　员

第五条　凡中国人已经成年，具普通智识，赞同本会宗旨，由会员二人以上

---

①　同盟会本部于一九一二年一月中旬自上海迁至南京。三月三日召开全体会员大会，到会近五千人，选举孙文为总理，黄兴、黎元洪为协理，并通过改订的新会章（据上年底所拟《中国同盟会暂行章程》修订而成）。会后派员分赴各地建立或扩张支部。四月底同盟会本部又迁北京。

②　底本未说明日期，今据一九一二年三月五日上海《民立报》第三页所载同盟本部三月三日通电称"今日同盟本部开全体大会"及通报大会内容确定。

之绍介，经本部及支部干事认可者，得为本会会员。

第六条　会员须遵守本会章程及政纲。

第七条　入会会员应纳入会费一元，常年费二元。

第八条　会员得绍介同志入会。

第九条　会员得选举本会职员，及被选举或委任为本会职员。

第十条　凡已入本会者，同时不得入他政党。

第十一条　会员得五人以上之同意，对于本部或支部可提出意见书，陈请评议。

第十二条　会员欲出会须提出理由，经本部或支部之评议部许可。

第十三条　会员一年以上未缴常年费且不通告理由者，宣告除名。

第十四条　会员有违犯规则、败坏名誉者，经评议部议决，由总理宣告除名。

第十五条　会员因会事受损害者，由评议部议决，得受特别保护及抚恤。

第十六条　会员于入会日领受会员徽志，为开大会时入场之证。

第三章　职　员

第十七条　本会设总理一人，协理二人，由全体大会选举。

第十八条　总理代表本会总揽一切事务。

第十九条　协理襄助总理，遇总理有事故不能理会务时得代理其职权。

第二十条　干事部分为五，曰总务部、交际部、政事部、理财部、文事部，每部设主任干事一人。

第二十一条　主任干事由全体会员投票选举十人，呈总理选任。每部分设数科，科员若干人，由该部主任干事荐任。

第二十二条　干事部之职权及分科，另章规定，其要领列下：

总务部　辅助总、协理指挥本会一切事务，图谋各部事务之调和，联络本部与支部之关系，并掌理不属他部之事务。

交际部　掌理本会与他团体或个人交涉之事务。

政事部　研究政治上一切问题，联络在议院及政府任职务会员，以谋党见之统一。

理财部　筹画本会经费，管理一切收支及本会经营之农工商业。

文事部　掌理本会一切文件及出版事项。

第二十三条　各部干事每年改选一次，但得连举连任。

第二十四条　本部设评议部，评议员由本部会员选举，每省以一人以上四人以下为限，任期一年。

第二十五条　评议部决议本会章程及一切临时发生事项，其章程另定。

第四章　经　费

第二十六条　本会经费以会员入会费、常年费及特别捐充之。

第二十七条　每岁收入支出于年终由理财部造册，经评议〈部〉检查后登报报告全体会员。

第五章　会　期

第二十八条　本会会期分为全体大会、常会、临时会，皆由总理召集。全体大会每年开一次，各支部皆派代表莅会。常会每季开一次，只限于本部会员。临时会遇有重大事件方开，无定期，视会之性质如何以定召集支部代表与否。

第六章　支　部

第二十九条　各支部得依据支部通则自定章程，但不得违背本会之宗旨及政纲。

第三十条　各支部长须按季将支部会员名册及会务情状报告本部。

第三十一条　各支部得随时建议于本部。

第三十二条　各支部之会员入会费须按季寄交本部。

第七章　附　则

第三十三条　本总章自发布之日施行。

第三十四条　本总章有职员五人以上或会员十人以上之提议，经评议部三分之二可决，得修改之。

据《中国同盟会总章》铅印本（南京，临时政府印铸局工厂印刷）①，台北、中国国民党文化传播委员会党史馆藏

附另一版本

中国同盟会总章草案

第一章　总　则

第一条　本会定名中国同盟会。

第二条　本会以巩固中华民国，实行民生主义为宗旨。

第三条　本会政纲分列如下：

一、完成行政统一，促进地方自治。

二、实行种族同化。

三、采用国家社会政策。

四、普及义务教育。

五、主张男女平权。

六、励行征兵制度。

七、整理财政，厘定税制。

八、力谋国际平等。

九、注重移民垦殖事业。

第四条　本会暂设本部于南京，设支部于各要地。

第二章　会　员

第五条　凡中国人已经成年，具普通知识，赞同本会宗旨，由会员二人以上

---

① 按：印铸局于一九一二年四月初孙文解临时大总统之职后撤销，则此文本当在三月印行。

之绍介，经评议部认可者，得为本会会员。

第六条　会员须遵守本会一切章程及政纲。

第七条　凡已入本会者，同时不得入他政党。

第八条　会员得绍介同志入会。

第九条　会员须担任本会经费。

第十条　会员得选举、被选举及被委任为本会各职员。

第十一条　会员欲出会者可提出理由，经干事部（或评议部）许可方准行。

第十二条　会员有违犯规则、败坏名誉者，经评议部议决，由总理宣告除名。

第十三条　会员因会事受损害者，得由评议部议决，享受特别保护及抚恤。

第十四条　会员于入会日领受会员徽志，为开大会时入场之证，但平日不得佩带。

第三章　职　员

第十五条　本会设总理一人，协理二人，由全体会员选举。

第十六条　总理代表本会总理一切会务。

第十七条　协理襄助总理，遇总理有事故不能理会务时得代理其职权。

第十八条　干事部分为五，曰总务部、交际部、政事部、理财部、文事部，每部设主任干事一人。

第十九条　主任干事由会员投票选举十人，呈总理选任。每部分设数科，科员若干人，由该部主任干事荐任。

第二十条　干事部之职权及分科，另由专章细定，其要领仅列如下：

总务部　辅佐总理或协理指挥本会一切事务，图谋各部事务之调和，联络本部与支部之关系等。

交际部　掌与他团体或个人与本会交涉之事，扩张本会势力，介绍入会等。

政事部　研究政治上一切问题，草创政见，联合在议院及政府任职之各会员以谋党见之统一等。

理财部　筹画本会一切收入及支出，管理本会直接经营之农工商业等。

文事部　掌理关于宣布宗旨、演说、出版事等。

第二十一条　各部干事每年改选一次，但得连举连任。

第二十二条　本会设评议部，评议员由本部会员选〈举〉，每省以一人以上四人以下为限，任期一年。

第二十三条　评议部决议本会章程及一切临时发生事项。其详细另依细则定之。

第四章　经　费

第二十四条　入会会员应纳入会捐一元，常年捐二元。

第二十五条　会员一年以上未缴常年捐且不通告理由者，宣告除名。

第二十六条　本会对于会员得募集特别捐。

第二十七条　每岁收入支出于年终由理财部造册，经评议部检查后登报报告于全体会员。

第五章　会　期

第二十八条　本会会期分为全体大会、常会、临时会，皆由总理召集。全体大会每年开一次，各支部皆派代表莅会。常会每季开一次，只限于本部会员。临时会遇有重大事件方开，无定期，视会之性质如何以定召集支部代表与否。

第六章　支　部

第二十九条　各支部得自定支部章程，但不得变更本会之宗旨及政纲。

第三十条　各支部每半年须以支部之党员名册及会务情状报告于本部，各支部之干事举定后即当通知。

第三十一条　各支部得随时建议于本部。

第三十二条　各支部之入会捐均须寄交本部。

第七章　附　则

第三十三条　本会章自发布之日起施行有效。

第三十四条　本会章由职员五人以上或会员十人以上之提议，经评议部三分之二赞成，得修改之。

据《中国同盟会总章草案》，载一九一二年

三月六日、八日上海《民立报》第二页①

咨临时参议院《商业注册章程》

（一九一二年三月五日刊载）

兹据实业部呈称："敝部成立以来，各埠公司呈请保护、注册、立案、给示等事，纷至沓来。若非妥订划一章程，头绪茫然，实无以资遵守之策。迩者民国统一，大功告成，所有全国各种公司及一切商店，皆持有前清政府发给部照，俨若尚在清之势力范围内者。山河依旧，主体已非，门悬汉室彩旗，家贮满虏印照，既坠体制之尊严，复缺政令之完备，兴念及此，良用怵然！伏思东西文明国，商业登记例归初级审判厅职掌，以便商人就近登记，家喻户晓，遇有诉讼质辩等案，易于发见，不滋欺诈。然注册给照之性质，微有差异。中央集权，责有攸归，允宜由敝部详加厘订章程，颁行全国。查日本商业注册诸税，所课亦甚严重，每千分抽收五分或四分不等。英美及欧洲大陆诸邦，大都有限公司及一种特别营业，未经商部注册，不允开设。诚以注重公司财产，保卫债主权利，上以裕国课之支艰，下以顺商户之吁恳，法美意良，洵堪采纳。惟牙帖一项，亦非领有部颁执照，不准成立。但课税高低，古今中外略有不同。敲肤吸髓，有至一帖恒纳千金左右者，昔日满政府是也。年易月征，动辄严榷商民者，今日之俄罗斯是也。今以恤商起见，减其征额，亦归商业注册一律办理，以免纷淆。此外尚有独出资本之商号，每亦有至请注册之时，似宜一体允其自由呈注，不令偏枯，方与共和政体宗旨不悖。为此酌拟商业注册章程，庶得统一而臻妥善。相应备文呈请大总统俯赐察核，迅即咨送参议院议决公布施行"等情前来。合缮具该项章程，咨送贵院察

---

①　此件部分内容文字及条款次序与上篇略有出入，当系全体大会审议制定前的版本。另见《中国革命记》第二十三册（上海自由社编辑发行，一九一二年三月初版）所载《中国同盟会总章草案》，则与此件完全相同。

照议决，以便颁行。此咨。

据《大总统咨参议院提议实业部呈送〈商业注册章程〉文》，
载《临时政府公报》第二十九号，一九一二年三月五日

令法制局审定《南京市制草案》

（一九一二年三月五日刊载）

兹据内务部缮具《两〔南〕京市制草案》呈请交该局审定前来。查此项草案，关系重要，仰该局悉心审定，斟酌尽善，仍呈候咨交参议院议决，勿延为要。此令。

据《大总统令法制局审定〈南京市制〉文》，载南京
《临时政府公报》第二十九号，一九一二年三月五日

批陆军部呈报勋章式样及章程

（一九一二年三月六日刊载）

据呈已悉。勋章所以酬庸劝士，亟应制定颁行，以励有功。该部所拟《勋章章程》及形式，尚属妥善，应准颁行。唯勋章着绶之处，宜在背面，无为环于项而悬之者，仰即改良尽善，再行发制可也。此批。

据《大总统批陆军部呈报勋章式样及章程请核准施行由》，
载南京《临时政府公报》第三十号，一九一二年三月六日

令法制局迅复《南京市制草案》文

（一九一二年三月八日刊载）

查前由本总统发交该局审定之《南京市制草案》，迄今未见呈复。市制为整顿地方切要之图，何能久事延缓？仰该局迅即审定呈复，勿再迟延，致误要公。

切切。此令。

据《令法制局迅复〈南京市制〉文》，载南京《临时
政府公报》第三十二号，一九一二年三月八日

令法制局审定《临时中央裁判所官制令草案》

（一九一二年三月八日刊载）

据司法部呈拟《临时中央裁判所官制令草案》一册，应由该局审定，呈候咨交参议院议决施行。仰即遵照审定，克日呈复可也。草案并发。此令。

据《令法制局审定〈临时中央裁判所草案〉》，载南京
《临时政府公报》第三十二号，一九一二年三月八日

令内务部取消《暂行报律》

（一九一二年三月九日刊载）

昨据上海报界俱进会及各报馆电称："接内务部电，详定《暂行报律》三章，报界全体万难承认，请转饬部知照"等语。案言论自由，各国宪法所重，善从恶改，古人以为常师，自非专制淫威，从无过事摧抑者。该部所布《暂行报律》，虽出补偏救弊之苦心，实昧先后缓急之要序，使议者疑满清钳制舆论之恶政，复见于今，甚无谓也。又，民国一切法律，皆当由参议院议决宣布，乃为有效。该部所布《暂行报律》，既未经参议院议决，自无法律之效力，不得以暂行二字，谓可从权办理。寻三章条文，或为出版法所必载，或为国宪所应稽，无取特立报律，反形裂缺。民国此后应否设置报律，及如何订立之处，当俟国民议会决议，勿遽亟亟可也。除电复上海各报外，合行令仰该部知照。此令。

据《大总统令内务部取消〈暂行报律〉文》，载南京
《临时政府公报》第三十三号，一九一二年三月九日

附：内务部颁布《暂行报律》

（一九一二年三月二日）

上海中国报界俱进会转全国新闻杂志各社知照：民国完全统一，前清政府颁布一切法令，非经民国政府声明继续有效者，应失其效力。查满清行用之报律，军兴以来，未经民国政府明白宣示，自无继续之效力，而民国报律又未遽行编定颁布。兹特规定《暂行报律》三章，即希报界各社一体遵守。其文如下：

一、新闻杂志已出版及今后出版者，其发行及编辑人姓名须向本部呈明注册，或就近地方高级官厅呈明咨部注册，兹定自暂行报律颁到之日起，截至阳历四月一号止，在此期限内其已出版之新闻杂志，各社须将本社发行及编辑人姓名呈明注册，其以后出版者须于发行前呈明注册，否则不准其发行；

二、流言煽惑关于共和国体有破坏弊害者，除停止其出版外，其发行人、编辑人并坐以应得之罪。

三、调查失实，污毁个人名誉者，被污毁人得要求其更正，要求更正而不履行时，经被污毁人提起诉讼，讯明得酌量科罚。内务部。冬电。

据《内务部颁布〈暂行报律〉电文》，载南京《临时政府公报》第三十号，一九一二年三月二日

公布《南京府官制》

（一九一二年三月十日刊载）

兹准参议院咨送已经同意议决之《南京府官制》二十一条前来，合行公布。

孙文（印）

南京府官制

第一条　民国临时政府所在地方，设南京府，以原有之上元、江宁二县为区

域，直隶于内务部。

第二条　南京府置府知事一人，荐任，受内务总长之指挥监督，于各部事务，受各部总长之指挥监督，执行法律命令，管理所属行政事务，统辖所属各员，并分别任免之。

第三条　府知事于所属行政事务，得依其职权，或特别委任于其管辖内，发布命令。

第四条　府知事有认为必要时，得停止下级地方官之命令或取消之。

第五条　府知事得以其职权内事务，委任一部于下级地方官。

第六条　府知事得制定府署内办事细则。

第七条　南京府得置秘书厅，掌管机要，典守印信，编制统计，纪录所属职员进退之册籍，收发并纂辑公文函件。

第八条　南京府置左列各科：

民治科

劝业科

主计科

庶务科

第九条　民治科掌事务如下：

一、关于监督下级地方官及地方团体、公共团体之行政事项。

二、关于选举事项。

三、关于教育学艺事项。

四、关于公益善举事项。

五、关于宗教寺庙行政事项。

六、关于户籍事项。

第十条　劝业科掌事务如下：

一、关于农工商业事项。

二、关于渔猎及水产事项。

三、关于度量衡事项。

四、关于山林土地事项。

第十一条　主计科掌事务如下：

一、关于监督下级地方官及地方团体、公共团体之财政事项。

二、关于本府库储会计事项。

三、关于本府财政会计事项。

四、关于本府赋税征收事项。

第十二条　庶务科掌事务如下：

一、关于土木行政事项。

二、关于公用征收事项。

三、关于地理事项。

四、关于兵事事项。

五、关于卫生事项。

六、关于保存古迹事项。

七、其他不属于各科事项。

第十三条　南京府知事下置职员如左：

秘书长一人

秘书二人

科长四人

科员八人

视学二人

工师

工手

录事

前项秘书长，由府知事推荐，呈请内务总长委任。其余各职员，均由府知事自行委任。

第十四条　秘书长承府知事之命，掌管机要文书，并总理秘书厅事务。府知事有事故时，得代理其职。

第十五条　秘书承上官之命，分掌秘书厅事务。

第十六条　科长承府知事之命，主掌一科之事务，监督科员以下各职员。

第十七条　科员承上官之命，分掌事务。

第十八条　视学承上官之命，掌视察学校事务。

第十九条　工师、工手皆承上官之命，掌技术事务。

第二十条　录事承上官之命，缮写文件，料理庶务。

第二十一条　本制自公布日施行。

据《大总统宣布〈南京府官制〉公布》，载南京《临时政府公报》第三十四号，一九一二年三月十日

批陆军部《暂行补官简章》及《任职免职令草案》

（一九一二年三月上旬）①

据呈已悉。所拟简章九条②，系属权宜办法，应准照行。其草案等，关系永久法典，应候咨交参议院议决后，再行令发遵办可也。

据《大总统批陆军部拟〈陆军人员补官任职令草案〉〈官佐免官免职令草案〉及〈暂行补官简章〉呈》，载南京《临时政府公报》第三十九号，一九一二年三月十五日

颁行陆军补官任职及免官免职令

（一九一二年三月十日）

中华民国临时大总统令

陆军补官任职及免官免职令着准此颁行。

孙文（印）

中华民国元年三月十日

---

①　此件未署时间，据一九一二年三月十日大总统已批准领行《陆军人员补官任职令草案》及《陆军官佐免官免职令草案》，此件在该令之前刊发，故酌定为三月上旬。

②　"简章九条"系《陆军官佐暂行补官简章》，下面附载于三月十日大总统令文之后。

一　陆军人员补官任职令草案

第一节　总　纲

第一条　陆军官佐，均应终身服役，与文官解职后即退为平民者不同。故任职而外，必应补官，始能各专责成，慎厥职守。

第二条　凡已补官者，如非受免官之处分，虽停职、休职或退归续后备役，仍可保有其官位。

第三条　凡各军职，均有一定之阶级，应以相当之官，任相当之职，不得越级充任，亦不得降级充任。但规定军职有两阶级者，该二级均可充当该军职。

第四条　既受免官处分人员，不得任一切军职。

第二节　补　官

第五条　陆军官佐补官办法分为四项：

一、由陆军军官学校，及他项同等之陆军学堂毕业，充学习官期满，经所管团、营长出具考语堪以授官者，一律补以右军校，是为例补。

二、由军士升额外官佐后，立有战功，具有相当之学术才具，经该管长官呈请特升（若临时官佐补充令，曾有此规定），亦得补授右军校，是为特补。

三、自右军校以上各级军官佐于停年期满后，凡应序升或拔升人员，遇有上一级军官佐缺出，于每岁五月及各月初一日，将应升人员补以升级，宣登公报，是为升补。其停年考绩轮升、拔升办法，见本令第四、五、六节。

四、自大都尉以下各级官佐，应按本科授职。倘有改充他科军职时，应改补他科官佐（如骑兵军校改辎重兵军校，步兵都尉改宪兵都尉等），是为改补。

第六条　上等第三级以上军官佐，由大总统补授，中初等军官佐由陆军部申请大总统补授。

第七条　额外军官佐，由各该军队、学堂、局、司之高级官长考察部下应补人员，呈由陆军部补授。

第八条　各级军士，由各团长（步、骑、炮兵）、营长（工、辎重兵）考察部下应补人员，呈请各该管高级官长补授，申报陆军部存案。

第九条　各级军官佐补官之后，应授与补官证书。该证书由陆军部制备，申请大总统盖印署名，然后由部分别发给。

第三节　任　职

第十条　凡在陆军部所定陆军官制及暂行编制内之官佐军职，从前已经委任者，均仍其旧。此令颁行之日起，如有军职缺出，须按本令手续委任。

第十一条　无论部、局、军队、学堂上等第一、二级军职（除陆军总、次长及参谋部总、次长外），均由陆军部开列胜任人员，申请大总统简任。

第十二条　无论部、局、军队、学堂上等第三级中等第一级官佐军职，均由陆军部查明合格人员，申请大总统委任。

第十三条　凡中等第二级以下官佐军职，属本部及本部直辖之军队、学堂、局、司者，由军衡局呈请总、次长委任。（本部直辖军队初等第一级以下各官佐，暂由该军长、师长委任，以归直捷。）各省都督所辖之学堂、局、司，由各省都督委任。但所委任须按本令第三条而行，如有待升级始可委任者，只可暂给予代理名目，并呈请本部，俟本部按停年考绩轮升、拔升定章升补相当之级后，再行委充该军职，但中等第二级以上两阶级皆可充当之军职，虽以其第二级军官委充，仍当照第一级军官委充办法，由陆军部申请大总统简任或委任。

第十四条　凡属于各省都督、各军长、师长委任人员委任后，统由各都督、各军长、师长呈报陆军部宣布，并须由各都督、各军长、师长负完全责任。倘有中等第二级以下军职缺出，于本省或本军内无相当人员堪以胜任者，可呈请陆军部指调他省及他军人员，或直请陆军部派委亦可。

以上第十三、四两条系暂行办法，俟将来军政统一后，尚须酌量更改。

第十五条　凡任职者，均发委任书（附书式一纸）。上等第一级至中等第一级官佐军职之委任书，由陆军部办妥后呈请大总统盖印署名。中等第二级至初等第三级官佐军职军衡局请委任者，由本部发委任书。各省都督委任者，由各省都督发委任书。各军长、师长委任者，由各军长、师长发委任书。但其委任书式，须与本部委任书式同。

第十六条　凡以停职、休职人员委充军职者，须与起用例相符，经陆军部认可后，方可委任。

第四节　停年办法

第十七条　凡补官或升级人员，于补官升级之后，须充现役军职满左列所定年限者，为停年已满，始可照轮升拔升例升迁：

右军校　两年

左军校　三年

大军校　四年

右都尉　三年

左都尉　三年

大都尉　三年

右将军　四年

左将军　无定年

第十八条　停年未满人员，虽有异常劳绩，只可作为记名拔升人员，俟停年满后，归入拔升项下，尽先提升，惟于停年未满期内不得援例（战时可以酌量变通办理）。

第十九条　凡补官或升级人员，均由本部设立停年名簿，按补官或升级日期先后编号登记。嗣后停年期限，即据以起算。如有同日补官者，则以学校毕业成绩，及拔升、轮升、例补、特补考绩优劣，战功有无，以及升级前之资深资浅，为其先后次序。

第二十条　如遇有停职、休职者，须按照其解职期限，扣去停年期限。

第五节　考绩办法

第二十一条　凡全国一切现役军官佐，每年年终均由长官考绩一次，汇呈报该管长官，该管长官复出具考语判决等次汇报本部，由本部作成全国现役官佐考绩总表，以考核全国现役军官佐学识才具及其他一切。

第二十二条　考绩表记载法及有考绩权长官，如附表所列。

第二十三条　有考绩权各官，填所属官佐考绩表，应负完全责任，不得草率从事及存私徇情。

第二十四条　历年考绩均列上等者，于停年满后，如确系成绩卓著，得归入拔升项目下。倘历年考绩均列次等者，如确系成绩不良，虽停年已满，仍不得依轮升次序升级，而归入轮升次序之末，或令休职退归后备。

第六节　轮升拔升办法

第二十五条　各级军官升级，依轮升及拔升办法如下：

一、由各〔右〕军校升左军校，轮升者三分之二，拔升者三分之一。遇有缺出，第一缺归拔升，第二、三两缺归轮升，余类推。

二、由左军校升大军校，拔升，轮升各半。遇有缺出，第一缺归拔升，第二缺归轮升。

三、由大军校升右都尉，拔升者六分之五，轮升者六分之一。遇有缺出，第一、二、三、四、五缺归拔升，第六缺归轮升。

四、由右都尉升左都尉，及左都尉以上之升级，一律均系拔升。

第二十六条　停年已满人员，未经该管团、营长以上有特保，及历年考绩表未列上等或次等者，一律依停年名簿先后次序，轮流升级，是为轮升。

第二十七条　停年已满人员，当停年未满之先，如有特别战功者，归入拔升第一项。劳绩卓著，学术才具均优长，经该管长官特保者，归入拔升第二项。在陆军大学毕业者，归入拔升第三项。历年考绩均列上等者，归入拔升第四项。均不依轮升次序，提前升级时为拔升。

第二十八条　所有拔升人员于停年既满之日，一律由轮升停年名簿内摘出，列入拔升名簿内，依第一、二、三、四项次序编列，但由右、左军校升左、大军校，如拔升人员过多，拔升名次反在轮升名次之后者，可依轮升次序升级。

第二十九条　凡特保所属官佐有拔升资格者，须负完全责任，必须有确实证据，显著成绩，不得徇私滥保。

二　陆军官佐免官免职令草案

第一节　总　纲

第一条　陆军官佐服役，应分为现役、后备役两种。

第二条　陆军各级官佐，服现役年龄须有限制，满限则应退为后备役。其服现役年龄之限制如左：

左右军校　至四十五岁

大军校　至四十八岁

右都尉　至五十岁

左都尉　至五十二岁

大都尉　至五十五岁

右将军　至五十八岁

左将军　至六十二岁

大将军　至六十五岁

第三条　陆军官佐，凡有溺职违法行为，由军法会议判决免官职等罪名，即由陆军部宣布执行。

第二节　免　官

第四条　陆军官佐，遇有左列各项事故者，即行免官，削除兵籍：

一、失去本国国籍者。

一、有溺职违法行为，受军法会议判决免官者。

一、受附加刑剥官之宣告者。

一、犯重罪各刑，经军法会议判决宣告治罪者。

第五条　凡受免官处分者，一律追还补官证书，及军职委任书。

第三节　免　职

甲　停　职

第六条　凡陆军官佐，遇有左列各项事故之一者，即行停职：

一、有溺职违法行为，受军法会议判决，应得永远停职或有期停职者。

一、考绩不良，或难胜现役军职之任，应免职退归后备役者。

一、受免官处分者。

第七条　凡陆军官佐受有期停职处分者，于期满后，由陆军部察看，如已悔悟前非尚堪任事者，仍得派充军职。

第八条　凡陆军官佐受停职处分者，由陆军部宣布后，照补官任职令第十三、十四条办法，派人接充军职，其以前之委任状取消。

乙　休　职

第九条　凡陆军官佐，遇有左列各项事故之一者，概行休职，仍作为现役官佐：

一、因军队遣散开去军职者。

一、因编制变更裁去军职者。

一、因特别职任已毕，或修学期限已满，尚未派充军职者。

一、伤病至六个月尚无痊愈之望者。但自行辞职，或遇战事，或因任务重要，不能久派人代理者，则不以六个月为限。

一、呈请修学或自费往旅行调查者。

第十条　凡陆军官佐，遇有左列各项事故之一者，概行休职，归入后备役：

一、呈准辞职者。

一、因伤痍疾病，难充现役军职者。

一、被举为各议会议员者。

一、改充陆军所属以外之文职者。

一、已满现役年限，不能服现役者。

第十一条　凡陆军官佐休职者，由陆军部宣布后，照《补官任职令》第十三、十四条办法派人接充该军职，其以前之委任状取消。

三　陆军官佐暂行补官简章

第一条　民国初立，军务方殷，亟应任官受职，以资整理，而专责成。此项陆军补官办法，凡授有军职，在陆军部所定陆军官制及暂行编制内，均按其职级，一律补授实官。

第二条　上等第三级以上军官（大将军至右将军），由大总统简补。

第三条　中等军官（大都尉至右都尉），由陆军部申请大总统简补。初等军官（大军校至右军校），均由陆军部考察应补人员，申请补授。

第四条　额外军官佐，由各该军队、学堂、局、部之高级官长考察部下应补人员，呈由陆军部补授。

第五条　各级军士，由各旅长（步兵）、团长（骑兵、炮兵）、营长（工兵、辎重兵）考察部下应补人员，呈请各该官〔管〕高级官长补授，申报陆军部存案。

第六条　各级军官或因他项原因不能任军职者，由陆军部考察该员能力，能否改充文职，随时斟酌办理（章程另订）。

第七条　此次所补军职，系专就陆军部所定陆军官制及暂行编制内之军官佐而言。若各省歧出之军职（如各省都督府、军政分府内之军职等），俟地方行政制度制定后，再行分别补授。

第八条　参谋部人员，应由该部将应补人员通告本部，分别核补。

第九条　各军队官衔以外之军职，须有相当之学识，始准补授。

有考绩权及被考陆军各官佐区分表

名目区分	被考官佐	考绩官佐	被考官佐	考绩官佐	附记
陆　军　部 参　　谋	局处　　　长	陆军 参谋部总 次长	科　　员 科　　长 副　　官	局处　　　长	一、表内所谓军职均指官佐所充者而言，至额外官佐以及军士则不在其例。
军司令部	军　　　长	陆军部总、次长	军参谋官及军司令部所属将军都尉军校各军职	军　　　　长 军　参　谋　长	二、表内各职均照现在名目开列，嗣后如有增改裁减之处，自应随时申请大总统增入。
师司令部	师　　　长	陆军部总、次长	师参谋官及师司令部所属都尉军校各军职	师　　　　长 师　参　谋　长	
混成旅司令部	混成旅长	陆军部总、次长	旅参谋官及旅司令部所属都尉军校各军职	旅　　　　长 旅　参　谋　长	
步队旅司令部	旅　　　长	师　　　长	都尉军校各军职	旅　　　　长	
步　　团	团　　　长	旅　　　长	团长所属各军职	团　　　　长	
马　炮　团	团　　　长	师　　　长	团长所属各军职	团　　　　长	
工　兵　营	营　　　长	师　　　长	营长所属各军职	营　　　　长	
辎　重　营	营　　　长	师　　　长	营长所属各军职	营　　　　长	
各项兵器工厂	总　　　理	陆军部总、次长	总理以次各军职	总　　　　理	
宪　兵　队	营　　　长	军衡局长	营长所属各军职	营　　　　长	
各陆军学校	校　　　长	陆军部总、次长	校长以次各职	校　　　　长	
测绘学校	校　　　长	参谋部总、次长	校长以次各职	校　　　　长	
各省都督	军政司司长	都　　　督	司长以次各职	司　　　　长	
各要塞司令部	要塞司令长	陆军部总、次长	台长、台长以次各职	要塞司令长	
外国驻扎武官	武　　　官	参谋总、次长	随　　　员	武　　　　官	

陆军官佐考绩表

官佐姓名	某部、某局、某师、某团、某学校、某职、某官、某人。
籍贯年龄	某省某府某县人，现年若干岁。
出身	某年某月某日，由某学校毕业，某队拔升。
补官日期	某年某月某日补授某官。
进级	某年某月某日委充某职。某年某月某日升补某官。
战役	简单记载。
赏	关于补官授职以后之勋赏。
罚	关于补官授职以后之惩罚。
上官附记	考绩官附记
等	一　性　　质 二　志　　操 三　气　　概 四　体　　格 五　陆军出身前之经历 六　陆军出身后之景况 七　勤　　务 八　学　　术 九　特　　长 十　义务心及品行 十一　家政及家计 十二　交　　际 十三　历叙今昔之变迁及逆料将来之结果 十四　考绩官之判决
备考	如考绩官及上官记载附记时有错误须更改者，每届均须记明更改若干字并年月日，盖印署名。

中华民国元年　　　月　　　日考绩官印

考绩官记载已毕呈于上官，上官所见，记入此格，并分别填明上、中、次三等字样。	考绩官填写附记不可存私徇情，须确由平日注意该员一举一动，随时记载，不准矫饰其所长，曲护其所短，务使他人一阅附记，恰如亲见其人，而得识其性质能力，知其品行学问，是以考绩官务就其人之所行所为映于心目中者，详为记载，是为至要。

据"南京临时政府档案"原件，南京、中国第二历史档案馆藏

令司法部将《各省审检厅暂行大纲》留备参考

（一九一二年三月十日刊载）

顷据法制局长宋教仁转呈江西南昌地方检察厅长郭翰所拟《各省审检厅暂行大纲》，请示遵行前来。查司法官制与中央地方官制相辅而行，现在中央地方官制尚未颁布，关于名称细节，不必遽拟更张。且所改审厅、检厅各名目，亦欠妥协。四级三审之制，较为完备，不能以前清曾经采用，遂尔鄙弃。该检察长拟于轻案采取二审制度，不知以案情之轻重，定审级之繁简，殊非慎重人民生命财产之道。且上诉权为人民权利之一种，关于权利存废问题，岂可率尔解决。除批示外，合将原拟《审检厅暂行大纲》一件，发交该部留备参考可也。此令。

计发江西南昌检察厅长郭翰所呈《各省〈审〉检厅暂行大纲》清折一扣。

据《大总统据法制局局长宋教仁转呈江西南昌地方检察长
郭翰所拟〈各省审检厅暂行大纲〉令交司法部藉备参考文》，
载南京《临时政府公报》第三十四号，一九一二年三月十日

公布临时参议院议决之《中华民国临时约法》

（一九一二年三月十一日）

兹准参议院咨送议决《临时约法》前来，合行公布。

孙文（印）

中华民国元年三月十一日

中华民国临时约法

第一章　总　纲

第一条　中华民国由中华人民组织之。

第二条　中华民国之主权属于国民全体。

第三条　中华民国领土为二十二行省、内外蒙古、西藏、青海。

第四条　中华民国以参议院、临时大总统、国务员、法院行使其统治权。

第二章　人　民

第五条　中华民国人民一律平等，无种族、阶级、宗教之区别。

第六条　人民得享有左列各项之自由权：

一、人民之身体，非依法律不得逮捕、拘禁、审问、处罚；

二、人民之家宅，非依法律不得侵入或搜索；

三、人民有保有财产及营业之自由；

四、人民有言论、著作、刊行及集会、结社之自由；

五、人民有书信秘密之自由；

六、人民有居住、迁徙之自由；

七、人民有信教之自由。

第七条　人民有请愿于议会之权。

第八条　人民有陈诉于行政官署之权。

第九条　人民有诉讼于法院受其审判之权。

第十条　人民对于官吏违法损害权利之行为，有陈诉于平政院之权。

第十一条　人民有应任官考试之权。

第十二条　人民有选举及被选举之权。

第十三条　人民依法律有纳税之义务。

第十四条　人民依法律有服兵〈役〉之义务。

第十五条　本章所载人民之权利，有认为增进公益、维持治安，或非常紧急必要时，得依法律限制之。

第三章　参议院

第十六条　中华民国之立法权，以参议院行之。

第十七条　参议院以第十八条所定各地方选派之参议员组织之。

第十八条　参议员每行省、内蒙古、外蒙古、西藏各选派五人，青海选派一人，其选派方法由各地方自定之。

参议院会议时，每参议员有一表决权。

第十九条　参议院之职权如左：

一、议决一切法律案。

二、议决临时政府之预算、决算。

三、议决全国之税法、币制及度量衡之准则。

四、议决公债之募集及国库有负担之契约。

五、承诺第三十四条、三十五条、四十条事件。

六、答复临时政府咨询事件。

七、受理人民之请愿。

八、得以关于法律及其他事件之意见建议于政府。

九、得提出质问书于国务员并要求其出席答复。

十、得咨请临时政府查办官吏纳贿、违法事件。

十一、参议院对于临时大总统认为有谋叛行为时，得以总员五分四以上之出席，出席员四分三以上之可决弹劾之。

十二、参议院对于国务员认为失职或违法时，得以总员四分三以上之出席，出席员三分二以上之可决弹劾之。

第二十条　参议院得自行集会、开会、闭会。

第二十一条　参议院之会议须公开之，但有国务员之要求，或出席参议员过半数之可决者，得秘密之。

第二十二条　参议院议决事件，咨由临时大总统公布施行。

第二十三条　临时大总统对于参议院议决事件如否认时，得于咨达后十日内声明理由咨院复议。但参议院对于复议事件如有到会参议员三分二以上仍执前议时，仍照第二十二条办理。

第二十四条　参议院议长由参议员用记名投票法互选之，以得票满投票总数之半者为当选。

第二十五条　参议院参议员于院内之言论及表决，对于院外不负责任。

第二十六条　参议院参议员除现行犯，及关于内乱外患之犯罪外，会期中非得本院许可，不得逮捕。

第二十七条　参议院法由参议院自定之。

第二十八条　参议院以国会成立之日解散，其职权由国会行之。

第四章　临时大总统、副总统

第二十九条　临时大总统、副总统由参议院选举之，以总员四分三以上出席，得票满投票总数三分二以上者为当选。

第三十条　临时大总统代表临时政府，总揽政务，公布法律。

第三十一条　临时大总统为执行法律，或基于法律之委任，得发布命令，并得使发布之。

第三十二条　临时大总统统帅全国海陆军队。

第三十三条　临时大总统得制定官制、官规，但须提交参议院议决。

第三十四条　临时大总统任免文武职员，但任命国务员及外交大使、公使，须得参议院之同意。

第三十五条　临时大总统经参议院之同意，得宣战、媾和及缔结条约。

第三十六条　临时大总统得依法律宣告戒严。

第三十七条　临时大总统代表全国接受外国之大使、公使。

第三十八条　临时大总统得提出法律案于参议院。

第三十九条　临时大总统得颁给勋章并其他荣典。

第四十条　临时大总统得宣告大赦、特赦、减刑、复权，但大赦须经参议院之同意。

第四十一条　临时大总统受参议院弹劾后，由最高法院全院审判官互选九人组织特别法庭审判之。

第四十二条　临时副总统于临时大总统因故去职，或不能视事时，得代行其职权。

第五章　国务员

第四十三条　国务总理及各部总长，均称为国务员。

第四十四条　国务员辅佐临时大总统负其责任。

第四十五条　国务员于临时大总统提出法律案、公布法律及发布命令时，须副署之。

第四十六条　国务员及其委员，得于参议院出席及发言。

第四十七条　国务员受参议院弹劾后，临时大总统应免其职，但得交参议院复议一次。

第六章　法　院

第四十八条　法院以临时大总统及司法总长分别任命之法官组织之。法院之编制及法官之资格以法律定之。

第四十九条　法院依法律审判民事诉讼及刑事诉讼。但关于行政诉讼及其他特别诉讼，别以法律定之。

第五十条　法院之审判须公开之，但有认为妨害安宁秩序者得秘密之。

第五十一条　法官独立审判，不受上级官厅之干涉。

第五十二条　法官在任中不得减俸或转职，非依法律受刑罚宣告或应免职之惩戒处分，不得解职，惩戒条规以法律定之。

第七章　附　则

第五十三条　本约法施行后限十个月内，由临时大总统召集国会，其国会之组织及选举法由参议院定之。

第五十四条　中华民国之宪法由国会制定，宪法未施行以前，本约法之效力与宪法等。

第五十五条　本约法由参议院参议员三分二以上，或临时大总统之提议，经参议员五分四以上之出席，出席员四分三之可决，得增修之。

第五十六条　本约法自公布之日施行。临时政府组织大纲于本约法施行之日废止。

据《大总统宣布参议院议决〈临时约法〉公布》，载南京
《临时政府公报》第三十五号，一九一二年三月十一日

批准陆军部军官学校条例

（一九一二年三月十一日刊载）

呈悉。发扬国威，端赖军队。军队骨干，全在军官。该部成立之初，即请设陆军军官学校，为造就初级军官之所，自系为亟图民国军事进行起见，殊堪嘉慰。兹阅所呈《陆军军官学校暂行条例》二十八条，胥属妥洽，自应照准，仰即遵照办理可也。此批。

据《大总统批准陆军部所拟军官学校条例文》，载南京
《临时政府公报》第三十五号，一九一二年三月十一日

附：陆军军官学校暂行条例

（一九一二年三月四日）①

第一条　本校直隶于陆军部，收集各兵科入伍生，授以初级军官应有之学术，养成爱国之精神，使具有初级军官之资格为宗旨。

第二条　本校教育期限，以一年半为毕业。

第三条　本校教育分为教授、训育二科：

一、教授科目如次：

战术学

兵器学

地形学

筑城学

军制学

军人卫生学

马学

外国语学（英、俄、德、法、日）

二、训育科目如次：

操练

马术

体操及剑术

军用文及诸勤务训诲

第四条　本校设置职员如左：

校长　右将军

副官　大（左）军校

教官　左（右）都尉　军医　兽医　文职

---

① 所标时间，据中国第二历史档案馆藏"南京临时政府档案"。

总队长　大都尉

队长　左（右）都尉

队附军官　大（左）军校

军医

兽医

军需官

上士

中士

下士

第五条　校长直隶于陆军部，总理全校事务。

第六条　总队长禀承校长，统属全校教育事宜。

第七条　副官掌理全校庶务及文牍。

第八条　队长担任本队内学生之训育，对于学生之成绩负完全责任。

第九条　队附官辅佐队长，分担本队训育诸科目，监察学生日常躬行。

第十条　上士、中士、下士分管本队庶务，文牍兼充技术助教。

第十一条　兵学教官分担教授各军事学科。每科以高级资深教官一员为科长，俾规定本科教育计划及方法，以期教育齐一。

第十二条　马学教官担任教授马术兼任调教马匹，掌管校厩一切事宜。

第十三条　文职教官分任教授外国语。

第十四条　军医掌管校内全体卫生事宜兼任卫生学教授。

第十五条　兽医掌管校厩卫生事宜兼任马学教授。

第十六条　军需官承校长命令，掌理全校军需事宜。

第十七条　本校学生额数，由陆军部逐年预计应行补充军官员数而定。

第十八条　学生在修学期内不准径请退学，如有故犯校规希图退学者，除按律严惩外，仍追缴用过学费。

第十九条　学生如犯有左列事项即行开除：

一、学力缺乏难望毕业者。

二、紊乱军纪、屡犯规则及品行不端者。

三、伤痍疾病不堪修学者。

四、毕业考试不及格者。

第二十条　学生如有以前开第三、第四项而被开除，尚希望充军官者，酌量准其于次学期再行入校。

第二十一条　学生如有犯第十九条各项被开除者，应否追缴学费，由校长酌量情形，呈请陆军部核办。

第二十二条　学生如因疾病或别项事故，不能于修学期内完全学习所定之学术，或不能受毕业考试者，酌量准其留校补习。

第二十三条　如有第二十、第二十二条事项，校长须将其事由呈报陆军部核办。

第二十四条　学生毕业考试，先由校长拟定考试规格，呈请陆军部核准后始行考试。

第二十五条　毕业考试毕，校长督同各教官、队长调查各生成绩，定为考科序列，呈请陆军部核准后，由陆军部呈请大总统莅校发给毕业文凭。

第二十六条　发给文凭后，校长可命各生即归原队。

第二十七条　学生在肄业期内，除星期日、庆祝日例行放假外，酌放暑假三星期，其余概不准请假。

第二十八条　其余一切内务细则及教育管理诸规则，由本校体察情形拟订呈请陆军部核准施行。

据《陆军军官学校暂行条例》，载南京《临时政府公报》第五十三号，一九一二年三月三十一日

令实业部审定侨商王敬祥等兴业贸易
株式会社条款章程

（一九一二年三月十六日）

据侨商统一联合会王敬祥等呈请拟办兴业贸易株式会社，并列会员表、说明书及章程清册前来。合将原呈各件发交该部，仰即审定批示饬遵可也。切切！此令。

据《大总统令实业部审定侨商统一联合会王敬祥
等呈请拟办兴业贸易会社文》，载南京《临时政
府公报》第四十号，一九一二年三月十六日

附一：说明书

窃自民国共和促进，百废俱举。海陆军为立国基础，竞存于列强并峙之秋，制械造舰，在在均关紧要。与夫一切军需、食物、杂品等类，暨商品贩卖各事，凡为新政所注重者，华商资本家每多畏葸，不肯勇奋任事。似此徘徊顾虑，坐使利权外溢，洋商高抬价值，损失既多，周折尤甚，且往往需用孔亟之候定购，辄稽时日，贻误堪虞。亟应及时组织一商办会社，属于中华民国政府管辖之下，采办各国精良器械，一旦设有要需，随时可以罗集；并于此后群起研究，由贩卖而渐推其制造，不特为时局之援助，亦吾华商自立权舆。此本会社所由汲汲然倡设也。各国军械一项，为工业之大宗，商人得于政府限制条例之下，制造贩卖，民以是富，国以是强。独吾华久压于客族之专制，日日防我恢复河山，多方防范，禁止军械营业。现当大汉复见光明之日，上下一德，政体共和，更无猜忌。商人爰特本道德之心，为补助之计，从事斯业，所以增国力而厚民生，洵今日不可缓之举也。谨此说明，仰祈垂鉴是祷。

附二：遵守条款

兴业贸易株式会社承中华民国政府之特许，经营军械事业，所有应行遵守条款列左：

第一条　本会社受中华民国政府之特别保护，以经营贩卖各种舰械、枪炮、弹药、皮具、背囊、衣靴、绒毯、一切军需食物、杂品、商品为专业。

第二条　本会社各种货物，由外洋采办来华，倘有不能报关运入者，由中华民国政府保护进口。

第三条　本会社货物，概由中华民国政府指定栈房存储稽查，以符保护实义。

第四条　本会社承办中华民国政府各项货物，照进本加费加息并给相当之利益，以最克己之价交易。

第五条　本会社专办中华民国政府之事，此外地方一切团体如欲购买本会社各项货物者，须由中华民国政府许诺，颁发证明书，本会社方得照办。

第六条　本会社货物出入账册及栈房存货，中华民国政府得以随时稽查核对。

第七条　本会社遵守中华民国政府法律，不得私卖军火，如果查有实据，应照法律罚究。

第八条　共和政府成立之后，本会社条款有继续办事之效力。

第九条　共和政府宣布取缔军火章程后，本条款应即取消。

附陈者：本会社创办斯举，虽为营业起见，亦系辅助军国而发生，煞费经营，始基方立，虽无邀请专卖特权之理由，而创办之始，殊非易易。仰恳中华民国政府顾念本会苟无简陋不周之憾，务祈优示体恤，不轻另许，以保持本会社之商本，实为德公两便。

再，本会社俟奉中华民国政府许可之后，即日开张，合并陈明。

附三：兴业贸易株式会社组织定款简章

一、名称

兴业贸易株式会社。

一、所在地

本店设立上海法界金利源马头五十八号地。

支店：（一）北京；（一）武昌；（一）广州；（一）日本神户；（一）美国纽约；（一）南京；（一）福州；（一）日本东京；（一）德京柏林；（一）英京伦敦

一、资本金额

一百万元，每股五十元，先收四分之一。

发起人负担十分之四，计八千股，共四十万元。

其余共同募集。

一、营业种类

政府仲立人，如借款、制械、造舰等类。

各种枪炮、弹药、皮具、背囊、衣靴、绒毯，凡关于海陆军一切军需食物、杂品等类。

商品一切贩卖等类。

附四：兴业贸易会社办事草章

一、社长　一名。

一、取缔员　三名，任期三年，得以联任。

一、监察员　二名，任期一年，得以联任。

一、结账日期　每年两次，以六月、十二月截止，揭账报告股东决议。

一、法定公积金　以百分之五存储。

一、选举职员　以多数为合格。

一、所有未尽事宜随时公议增订。

据"南京临时政府档案"原件，南京、中国第二历史档案馆藏

咨临时参议院《商业银行暂行则例》

（一九一二年三月十七日刊载）

兹据财政部总长陈锦涛呈："据钱法司案呈，军兴以来，财政竭蹶，若不速图救济，恐民国虽建，而民力已疲。顾救济之策，抉本探源，尤在疏通金融，维持实业。此商业银行之组织所以万不容缓也。惟是银行之业，首贵稳固，一有不慎，即足以扰乱市面。故各国政府对于银行营业，较之他种商人，取缔特严。我国金融机关，本未完备，加以近年以来，恐慌迭起，向所称为殷实富商者，今皆相继破产，不克自存。虽曰我国商人之智识不足，亦由前清政府之监督不严。民国成立以来，各处呈请设立银行者日必数起。本部既有管辖之责，似应亟颁则例，俾企业者有所遵循，而监督者有所依据。用特参照各国现行之法规，斟酌我国商业之现状，拟定《商业银行则例》四条。于取缔营业之中，仍寓保护商人之意。理合缮具清单，备文呈请大总统俯赐察核，迅即咨送参议院议决公布施行"等因前来。为此，相应备文咨送贵院，请速议决咨复，以便颁布施行。此咨。

据《大总统咨参议院议决财政部呈厘定〈商业银行暂行则例〉文》，载南京《临时政府公报》第四十一号，一九一二年三月十七日

附：商业银行暂行则例

第一条　凡开设店铺经营贴现、存款、放款、汇票等之事业者，无论其用何种名称，总称之曰银行。

第二条　凡欲开设银行者，须将招牌、资本、设立地方、出资者及经理者姓名、籍贯、住址、人数，呈报地方主管政厅，转报财政部，一面并须径行报部，奉部核准后方可开办。其开办年月日，一并报部存案。如有开设分行，亦准此办理。

第三条　凡银行欲变更其组织，或与他银行合并之时，均应照第二条办理。

第四条　凡银行资本有限组织者，至少须在十万圆之上。无限责任者，不得

少于五万圆。须于银行招牌揭以有限、无限字样。但因人口之多寡，商务之盛衰，呈部核准，得以增减。

第五条　凡开设银行，须遵照本则例，订定详细章程，呈报财政部核准。如有变更章程，亦应一律呈核。

第六条　银行每年须详造营业报告书，呈送财政部查核。财政部无论何时，得派员调查银行业务之实况及财产之现状。

第七条　银行每逢半年，必须结账一次，将收付对照表登报公布。

第八条　银行之营业时间，以午前九点钟起，午后四点钟止。但得因营业情形，延长时间。

第九条　银行每逢星期、祭日、祝日，及营业地之休息日，均得停业。若有不得已之事故，而欲例外停业者，须预期呈明地方主管政厅，再行登报声明。

第十条　凡无限责任之银行资本主，只准设立分行，不得更为其他无限责任银行之资本主。

第十一条　凡银行营业，不得稍涉买空卖空。

第十二条　凡银行如不遵守第六条所定之报告及第七条所定之公布，或虽经报告公布，而其中有虚伪等弊，一经查出，以及违反第十条及第十一条所规定，由财政部酌量情形，轻者科以罚金，重者勒令闭业。

第十三条　本则例实行以前所设立之票庄、银号、钱庄等一切有银行性质者，均应遵守此项则例。凡遵例注册者，财政部即优加保护。其未注册者，统限本年内一体注册。

第十四条　本则例自公布之日起，三个月后施行。

据"南京临时政府档案"原件，南京、中国第二历史档案馆藏

批《海外汇业银行则例》

（一九一二年三月十八日）

临时大总统批

一件。财政部呈《海外汇业银行则例》，乞咨参议院提议由。

呈悉。海外汇业实国际贸易之枢纽，即国民经济之关键，东西各国先例昭然。当金融紧迫之秋，得此酌剂盈虚，诚足以扩张商务，补救时艰，所拟《海外汇业银行则例》三十二条，仰候咨送参议院提议可也。此批。

孙文

中华民国元年三月十八日

据"南京临时政府档案"原件，南京、中国第二历史档案馆藏

附：海外汇业银行条例

第一条　海外汇业银行，为股份有限公司。各股东责任以所认定之股份为限。

第二条　海外汇业银行，设总行于上海。其由外国于易贸上必要之处，设立分行、分号，得其代行联结为汇兑之契约。但于分行、分号之或设或废，与外国银行契约之或结或解，均须呈明财政部核准。

第三条　海外汇业银行营业年限，自总行开办之日计算，以三十年为期。但依股东总会之决议，得呈准财政部展限。

第四条　海外汇业银行资本定为一千万圆，分为十万股，每股一百圆。但依股东总会之决议，得呈准财政部增减资本。

第五条　海外汇业银行股份，除中国人之外，不准买卖让与。

第六条　海外汇业银行股票，概用记名式，按照定章得以买卖让与。

第七条　海外汇业银行之营业如左：

第一，外国之汇兑及货物押汇。

第二，内国之汇兑及货物押汇。

第三，放出款项。

第四，收存各种款项及保管紧要贵重物件。

第五，各种期票之贴现及代为收取到期票款。

第六，货币交换。

第八条　海外汇业银行依营业之情形，得买卖公债证书，及生金、生银、外国货币。

第九条　海外汇业银行遵政府命令，经理在于外国之公众款项及债券。

第十条　海外汇业银行，除第七条、第八条及第九条记载事项之外，不得再营他业。

第十一条　海外汇业银行除下开事项之外，不得买入或奉受不动产股票及一切物件：

第一，银行营业应用之地基房屋。

第二，因清理欠款由债主交付。

第三，因抵当借款，由审判厅断结。

第十二条　海外汇业银行不得将本行股票作为抵当之物，亦不得自行买回。但负债者于无法归偿时，以此抵当则不在此限。

第十三条　于第十一条第二项、第三项及第十二条各事承受不动产股票及其他物件，必于十个月以内出售。但于期内售价不合时，得申明实在情形，呈准财政部量予展限。

第十四条　海外汇业银行对于存项及应付之款，至少置准备金四分之一以上。

第十五条　海外汇业银行设董事五人以上，任期一年，由股东总会就五十股以上之股东中选举，呈准财政部派充。其满期后选时亦同。

第十六条　行长于董事中推选，呈财政部核准。但财政部总长于必要时，得命中国银行副行长兼海外汇业银行长或命海外汇业银行长兼中国银行理事。依银行事务情形，得于董事中推选副长一名，其职权于行长或有事故，得以代理。

行长及董事之责任权限以章程定之。

第十七条　海外汇业银行每年开定期股东总会二次，以决定章程所开事项。如议临时事件，无论何时得开临时总会。股东总会出席者，以会期六十日以前曾经注册之股东为限。

第十八条　每半年分派赢利，须将各股应分成数，具呈财政部核准。

第十九条　每半年应提赢利总额十分之一为公积，以供左用：

第一，补资本之损失。

第二，补派利之不均。

第二十条　放款过期不还将归损失时，应按数酌提准备。

第二十一条　海外汇业银行于营业上损失过半时，或所为背此条例，财政部长于必要时，得停止其营业或令解散。又依股东总会之决议，受政府之许可，得任意解散。但于此总会须有股东二分之一以上，与总股金二分之一以上股东出席，依议决权三分之二以上决议。

第二十二条　海外汇业银行于条例章程有所背戾，或财政总长认为危险事件，财政部总长得以制止，或命董事改选。

第二十三条　财政部特派监理员，监视海外汇业银行诸般事务。

第二十四条　海外汇业银行遵财政总长之命令，呈报关于营业之计算报告书。

第二十五条　海外汇业银行于总分行、分号其重要文书必盖图章。但西文函件则不必盖章。

第二十六条　海外汇业银行遵此条例，由股东总会决议订章程，呈财政部核准。但章程之修止增补亦准本条。

第二十七条　海外汇业银行之行长、董事、其他役员犯此条例者，轻者处罚，重者撤换。如有因此损及本行营业者，仍应责令赔偿。

第二十八条　改此条例时于三个月前公布。

第二十九条　海外汇业银行创办之始，政府当派设立委员，使筹办一切之事务。

第三十条　设立委员订定草章得政府之认可后，募集股东。

第三十一条　设立委员当股东募集之终，以股东人名，及股款总数等薄〔簿〕，申送政府呈请核准。

第三十二条　设立委员得前条之核准后，以其事务移交于海外汇业银行正长。

据"南京临时政府档案"原件，南京、中国第二历史档案馆藏

咨临时参议院《中国银行则例》

（一九一二年三月二十一日刊载）

兹据财政总长陈锦涛呈，将《厘定中国银行则例》缮具清单，请咨交贵院议决等由前来。相应咨送贵院，请烦议决咨复，以便转饬遵行。此咨。

计钞送财政部呈送《厘定中国银行则例》① 清单一件。

据《大总统咨参议院抄送财政部呈送〈厘定中国银行则例〉请议决
文》，载南京《临时政府公报》第四十四号，一九一二年三月二十一日

令法制局审核《律师法草案》

（一九一二年三月二十二日刊载）

据内务部警务局局长孙润宇呈送拟就《律师法草案》，请咨参议院议决前来。
查律师制度与司法独立相辅为用，夙为文明各国所通行。现各处既纷纷设立律师
公会，尤应亟定法律，俾资依据。合将原呈及草案发交该局，仰即审核呈复，以
便咨送参议院议决。切切。此令。

计发交原呈及草案各一件。

据《大总统令法制局审核呈复〈律师法草案〉文》，载南京
《临时政府公报》第四十五号，一九一二年三月二十二日

批财政部兴农农业殖边三银行则例

（一九一二年三月二十三日）

临时大总统批

一件。呈送兴农、农业、殖边银行则例请咨参议院核议由。

呈悉。中国地称膏腴，尤广幅员，而东南之收获，不见其丰，西北之荒芜，
一如其故，此无他，无特别金融机关以为之融通资本故耳。创设〈兴农〉、农业、
殖边等银行，实属方今扼要之图。所拟各银行则例，仰候咨送参议院核议可也。
此批。

孙文

中华民国元年三月二十三日

---

① 《厘定中国银行则例》缺载。

附一：陈锦涛原呈

……窃维立国之道，以民为本；养民之法，惟食为天。旷观古今，纵览宇宙，国势之强弱，商业之盛衰，恒视乎农业之兴废以为准。是以古圣教民，首言足食；列强富国，先重农林。特托诸空言，无补事实。故进行之法，当在创设金融之机关，为奖励农业之政策而已。

我国地大物博，冠绝全球，而民贫国弱，一至于此。则以生财之道不讲，补救之法不行，束缚于专制政府，遗误于腐败长官，诚堪痛恨！今民国方兴，共和确定，兴利除弊，当在斯时。敝部职掌全国金融机关，中央普通各银行固宜次第规划，而农业、殖边等银行岂能独付缺如？兹拟筹设农业银行，为贫民代谋生计；创办殖边银行，为疆隅安置流民。互相维系，积极进行，农业银行拟设于内地，盖在东南各省户口繁庶，生计日蹙，良民多失业之忧，膏腴有石田之叹，处和丰之世，终岁勤劳，仅资糊口。近复天灾流行，兵戈荐至，黎庶之流离失所，转徙他方者，疮痍满目，惨何忍言。设非有招集之法、救抚之方，将见强者为盗，弱者转死，良民何辜，遭此浩劫！开设银行以为周转，使无着者得谋耕种，有田者设法改良。担当确实，银行无所损失；利息轻减，农民易于偿还。

至筹备方法，先立总银行于都城，名曰兴农，以资提利。再置地方银行于各州县，名曰农业，以谋普及。兴农银行资本由政府募集，农业银行资本由地方公款酌量提拨，如有贫乏，州县或募集债券，或请求补助，总期同胞均沾实利，细民得庆安居。在昔德国自七年战争而后，民生敝疲，农业衰颓，斯时情状与我国今日实相伯仲。于是政府既为之轻徭减赋，而商人索林氏复创立土地抵当银行，力图补救，以年赋偿还之法，为质产周转之资。曾不数年而元气复，民生裕。东西各国继续仿行，咸至富强，此皆足为我国之考镜而宜筹设者也。

若夫殖边银行，则边疆之地有万不容缓者。良以殖民为强国之本，辟地为致富之源。英以蕞尔三岛雄视全球，惟赖拓地殖民之筹设有方。泰西列国近皆尽心擘划，力图扩充，而我国以固有之地，弃之不顾，诚为可惜。如西北各省，沃野荒芜，空虚可虑，强邻逼峙，蚕食堪虞。非用移民实边之策，不足以图补救之方；

非建立银行为周转之资，又不足以实行移民实边之策。况兵燹余生，居民失业，干戈既息，军队宜减而安置，能使此种人民，赍以资财，寓兵于农，移置于边陲之地，不特可以遏乱萌、舒民力，抑且可以绝邻邦之窥伺，谋国势之富强，一举而数善备之焉也。

夫开设银行以尽地力、苏民困、辟疆土、安流民，利遍于苍生，功收于久远。为政之道，莫亟于是。敝部责有攸归，自应力任其难，设法提倡。为此拟就《兴农银行则例》□□条，《农业银行则例》□□条，《殖边银行则例》□□条，呈请大总统俯赐察核，可否咨交参议院议决、公布、施行之处，伏候裁示。此呈。

谨拟兴农、农业、殖边等银行则例，缮具清单，恭呈钧览。

附二：兴农银行则例

第一章　总　则

第一条　兴农银行为股份有限公司，以放款于农业之改良发达为宗旨。

第二条　兴农银行资本总额定为一千万圆。但经股东总会决议，呈报财政部核准，得以增加。

第三条　兴农银行之股票，金额以十圆为率。

第四条　兴农银行营业之期限，以五十年为期，但经股东总会之决议，政府之认可，始得延长。

第二章　职　员

第五条　兴农银行设正、副长各一人，董事五人，监查三人。

正长、代表兴农银行，总理一切事务。

副长、辅佐正长掌理事务，正长如有事故或缺员之时，得代行职务。

董事、辅佐正长分掌兴农银行业务。

监查、监查兴农银行业务。

第六条　正、副长，政府从五百股以上之股东中选择任命，任期以五年为限。但期满之后，得继续连任。

董事、于五百股以上之股东中，由股东总会倍数选举。政府从中任命，任期五年。满期之后，得以再任。

监查、由二百五十股以上之股东中，于股东总会公同选定。任期三年。满期之后，得以再选。

第七条　正、副长，董事、监查之任命及选定，其本条所规定之股数，须于六个月以前为继续所有者。

正、副长及董事在任事期内，不得经营别项商业及从事其他职务。

第三章　股东总会

第八条　通常总会每年二次，确定时期，由正长招集之。临时总会，如发生临时事项，应经总会决议时，正长得随时招集之。

第九条　监查及资金总额五分之一以上之股东，宣示会议之目的，得请求正长招集临时股东总会。

第十条　股东总会，惟股东有议决之权，不得委托代理人。但法定代理人不在此例。

兴农银行之职员及使用人，在股东总会不得为股东之代理人。

第四章　营　业

第十一条　兴农银行放款应以不动产作抵，于五十年以内，用分年摊还法，于五年以内，用定期偿还法归清本利，惟不得过分年摊还放款总额十分之一。

第十二条　兴农银行对于各省府县及其他以法律组织之公共团体，即无抵押，亦得放款。

第十三条　兴农银行所收抵押产业，只准收受第一次作抵之物，并须实在永远有利息可靠者。

第十四条　押产价格由兴农银行估定，共放款不得过实值十分之七。

以房屋作抵须附有保险契约，否则不得过实值十分之五。

第十五条　分年摊还法，其数目合本利计算，每年定一平均偿还之额，不得过于债主每年净得出息之总数。

若债主欲于摊还定额外多还若干，或于限期以前金额还清，均可通融办理。但须于三个月以前通知银行。

第十六条　银行视债主情形，若初年营业利益尚薄，难以遽令本息俱还者，可于先数年内只还利息，满年限后再摊还本利。惟此项年限不得过五年。

第十七条　债主如将应还款项到期延缴，银行得于满期次日起加算利息。若其款系分年摊还，并得索还未到期之金额。

第十八条　债主还款每至二成以上，可向银行请退抵押产业相当之一部分。

第十九条　债主若将抵押产之一部分出卖时，可令其增加抵押，或索还借款之一部分。

第二十条　债主作抵之产业被公收用或欲出卖，必须先行通知银行。银行应于期限前，将所放款项本息全数收回。但债主能另以相当产业作抵者，不在此例。

第二十一条　抵押产业之价格，若估低减之时，可令债主增加相当之物。

第二十二条　各省府县及其他之法律组织之公共团体，为无抵押之放款，如有将分年摊还金、定期偿还金及利息等逾期不付，又对于期限前之偿还要求不能应时交付，兴农银行得向该管政厅请求处分。

第二十三条　兴农银行得承受各农业银行发行之债券，其承受债券之时，得调查该行之业务及财政之实况。

第二十四条　兴农银行对于农业银行如以抵押产业，转抵于兴农银行，照分年摊还之法，得以放款。

第二十五条　兴农银行得经收存款，并代人保管金银债券，及一切重要物件，惟存款总额不得过实收资本总额。

第二十六条　兴农银行如有余款及前条之存款，得购买国家公债、地方公债等券，并得暂时存放妥实银行生息。

前条之存款及营业上之余款，除前项所规定外，不得使用。

第二十七条　兴农银行于本则例未经载明之业务，不得经营。

第五章　债　券

第二十八条　兴农银行其实收资本在四分之一之上，得发行八倍之债券。但不得过放出各种款项之总额。

第二十九条　债券金额，每张以十元为率，并可加彩偿还，惟应照下列各条呈候财政部核准。

债券额息及付息方法。

逐次发行总数。

抽签偿还年限及方法。

加彩数目及方法。

第三十条　兴农银行按分年摊还之放款，及承受农业债券之偿还额，每年二回以上行抽签法偿还债券。

第三十一条　兴农银行，因市面利息低落，得借新债以还旧债，虽其债票额数，合新旧计算过第二十八条之制限，亦可通融办理。但新债券既发行后，须将所收之全数丁一个月内，以抽签之法偿还旧债券。

第三十二条　兴农债券之利息，每年二次，按期支付。

第六章　公　积

第三十三条　兴农银行所得利益，除开销资本额息、薪水、行用外，应提一成作为公积，以补助资本之亏损及保持分派利益之平均。

第七章　政府之监督及补助

第三十四条　财政部监督兴农银行之业务。

第三十五条　兴农银行变更章程时，须呈报财政部核准。

第三十六条　兴农银行欲分设支店及代理店时，须得财政部之认可。财政部视为亟须设立之地，亦得命其照章设立。

第三十七条　兴农银行派分官利、余利、花红成数，须具呈财政部核准。

第三十八条　兴农银行有违背则例或有害公益之事，财政部得随时禁止。

第三十九条　兴农银行每年结账一次，须分缮营业资财切实报告，呈送财政部并登布各日报。

第四十条　财政部认为必要之时，得限制兴农银行之放款及方法。

第四十一条　兴农银行之放款息金，其最高利率于每年之首，经财政部核准定之。其营业年度内有变更之时亦同。

第四十二条　兴农银行发行债券，应由财政部核准。

第四十三条　财政部特设兴农银行监理员，使监视一切事务。

第四十四条　兴农银行监理员，应随时检查兴农银行之账簿、现款、准备金、债券发行额等项，详细呈报财政部。监理员得出席于股东总会及诸般之会议，陈述意见，惟不得加入议决之数。

第四十五条　兴农银行创立之始，其息款不足常年五厘者，限于十年以内其不足金额由政府补给，但不得过实收资本百分之五。

第八章　罚　则

第四十六条　兴农银行之职员，有犯左列主事项时，处以百元以上、千元以下罚金：

一、违反第十一条之规定而为放款时。

二、违反第十三条之规定而为放款时。

三、违反第二十六条、二十七条之规定而营业时。

四、违反第二十八条之规定而发行债券时。但该当三十一条所规定者，不在此例。

五、违反第三十三条之规定处分利益金时。

第四十七条　兴农银行之职员，有违反第七条之规定者，处以二十元以上、二百元以下之罚金。

第四十八条　揭于前二条之罚金，以审判厅之命令处罚之。但于十四日内得为抗告。

第九章　附　则

第四十九条　兴农银行创办之始，政府当派设立委员，使筹办一切事务。

第五十条　设立委员订立专章，得政府之认可后，募集股东。

第五十一条　设立委员，当股东募集之终，以股东人名及股款总数等簿，申送政府，呈请核准。

第五十二条　设立委员得前条之核准后，以其事务移交于兴农银行正长。

第五十三条　兴农银行开办之始，正、副长，董事及监查之任命选举，其股数之时期，不限于第六条第三项所规定。开办之始，正、副长，董事之任期以三年为限。

开办之始，董事长及监查，政府从股东中任命之。

附三：农业银行则例

第一章　总　则

第一条　农业银行为股份有限公司，以放款于农业为宗旨，其资本总额至少须十万元以上。

农业银行其实收股本在四分之一以上，亦得呈候财政部核准开办。

第二条　农业银行其股票概用记名式，每股金额以五元为率，只许本国人购买，不准股东转卖或抵押于他国人。

第三条　农业银行可由地方政厅以地方公款，或管理地方公共财产人以地方公共财产呈明财政部设立。

第四条　农业银行以一县为一营业区域，每一营业区域以一行为限。但依地方情形得呈明政府，将一县分为二个以上之营业区域。

第二章　营　业

第五条　农业银行放款，应以田地、园林、房屋，或实在产业等事项作抵，于三十年内，用分年摊还法归清本利。但借款总数，不得过押产实值十分之七。

以不动产作抵，得于五年以内，按定期偿还法放款。但不得过分年摊还放款总额五分之一。

以房屋作抵，须附有保险契约，否则借款不得过实值十分之五。

有十人以上之农业者连环担保请求借用时，限于信用确实者亦可不用抵押。惟借期应减短，准用五年以内之定期偿还法，其借数通计不得过银行资本十分之一。

第六条　前条之放款，以使用于左列诸项之目的为限：

开垦、灌溉、疏通河渠及改良耕地土质。

耕作道路之筑造或改良。

殖林事业。

购置种苗、肥料、农业所用原料。

购置农用器具、机械、舟车、兽畜。

前项各项外，关于改良农业各事。

第七条　银行所有抵押产业，只准收受第一次作抵之物，并须实在永远有出息可靠者，银行得随时派人至产业地方，切实监查。

第八条　所抵产业之价，由银行定之。

第九条　分年摊还法，其数目合本利计算，每年定一平均偿还之额。但不得过于债主每年净得出息之总数。

第十条　债主欲于摊还定额外，多还若干，或于限期以前全额还清，均可通融办理。但须于三月前通知银行。

第十一条　银行视债主情形，若初年营业利益尚薄，遽难令本利俱还者，可于先数年内只还利息，此后再摊本利。惟此项年限不得过五年。

第十二条　债主偿款每至二成以上，可向银行请退抵押产业相当之一部分。

第十三条　债主如将应还款项到期延缴，得于满期次日起加算利息。若其款系分年摊还，并得索还未到期之全额。

前项之延缴款项得斟酌情形，呈报该管政厅追索。

第十四条　抵押产业之价值，若较原估低减之时，可令债主增加相当之物。

第十五条　债主若将抵押产业之一部分出卖时，银行可向其增加抵押或索还借款之一部分。

第十六条　债主作抵之产业被公收用或欲出卖，必须先行通知银行。银行应于期限前，将所放款项本息全数收回。但债主能另以相当产业作抵者，不在此例。

第十七条　银行放款，应查所借款项是否确系经营农业。如查有经营他业者，虽于偿还期间前，得将全数本利追缴。

第十八条　农业银行可代人保管金银及一切重要物件。

第十九条　农业银行如有余款，得购买国家公债、地方公债等票，并得暂时存放妥实银行生息。

第二十条　农业银行可与此项同行订联结契约，亦可兼营农业家汇兑事务。

第二十一条　农业银行如欲兼营储蓄事务，须照储蓄银行则例办理，并应将两项事务划分清楚。

第二十二条　农业银行遇有长年定期存款，亦得代入存放生息。

第二十三条　农业银行得为兴农银行之代理店。

第三章　农业债券

第二十四条　农业银行得照实收资本五倍之数发行债券。如其资本实收在一百万元以上，可发债券之七倍，但不得过放出款项之总额。

第二十五条　债券金额，每张以五元为率，并可加彩偿还。惟应下列各条于发行前，另订详细专章，呈候财政部核准：

债券额息及付息方法。

逐次发行总数。

抽签偿还年限及方法。

加彩数目及方法。

第二十六条　农业银行因市面利息低落，得借新债以还个债，虽其债券额数，合新旧计算，超过第二十三条之限制，可通融办理，但新债券既发行后，须以所收之全数于一个月内偿还旧债券，不得以此经营他业。

前项之新债券，须呈请财政部核准，方可发行。

第二十七条　农业银行发行债券之时，地方政厅斟酌情形，得将地方原有长款项，购买此项债券。

第四章　政府之监督及补助

第二十八条　财政部监督农业银行之业务。

第二十九条　农业银行无论其为公办、商办，其详细章程均须呈报财政部核准，方可开办。

第三十条　农业银行欲设立支店，或代理店，应呈财政部核准。财政部视为亟须设立之地，亦得命其照章设立。

第三十一条　农业银行每年结账一次，须分缮营业资财切实报告，申送财政部，并公布各日报。

第三十二条　农业银行除开销债券额息、薪水、行用外，应提一成作为公积，其余派分额息、红利、花红成数，须具呈财政部候核。

第三十三条　银行放款利息最高之率，应于每年年首具呈财政部或该管政厅核准。如年内市面陡变，必须更改之时，亦须随时呈报。

第三十四条　财政部得就各地方政厅特派农业银行监理员，监视一切事务。

监理员应随时检查农业银行之账簿、现金、准备金、债券发行额等项，详细呈报财政部。

监理员不得藉端索费及妨害银行利益，并不得干预银行业务。如银行实有危险，或违背则例情事，只可呈部听候查办。

监理员得出席于股东总会、其他诸般之会议，陈述意见。但不得加入议决之数。

第三十五条　农业银行有违背则例或损害公益之事，财政部或该管政厅得随时禁止。

第三十六条　农业银行除本则例外，未经载明之事，不得经营。如有不得已之故定须经营者，应呈请财政部或该管政厅核准。

第三十七条　农业银行之经营补助方法，另为规定。

第五章　罚　则

第三十八条　农业银行如有违背本则例之事项者，处罚款五元以上、五百元以下。

第六章　附　则

第三十九条　农业银行应自订详细章程，呈请财政部核准。如有更改之处，经股东总会议决后，呈部候核准，不得与本则例之旨有所违背。

第四十条　农业银行除遵守本则例外，未记入事项应照银行通行则例办理。

第四十一条　各府、县长经财政部之认可，得特置设立委员，使处理农业银行成立以前关于发起一切事务。

第四十二条　设立委员拟定章程，得政府或该管政厅认可后，募集股东。

第四十三条　设立委员于股份募集已终，将股票额数、股东人名等簿，申送财政部及该管政厅呈请核准。

第四十四条　设立委员于银行成立后，即将经手事件，移交农业银行职员。

附四：殖边银行则例

第一章　总　则

第一条　殖边银行为股份有限公司，以放款于拓殖事业为宗旨。

第二条　殖边银行资本定为五百万元。但经政府认可，得以增加。每股金额以十元为率。

第三条　殖边银行营业年限以五十年为期。但经政府认可，得延长。

第二章　职　员

第四条　殖边银行设行长一人，董事四人以上，监查三人以上，由股东总会投票公举。行长即由董事中推选，统理总分各行一切事务。

第五条　董事任期三年，非有五百股以上，监理任期二年，非有二百五十股以上者，不得当选。

第六条　董事在任事期内，无论用何名称，不得从事他业。

第三章　营　业

第七条　殖边银行营业事项，开列于左：

一、于三十年以内，用分年摊还法，归清本利以不动产作抵之放款。

二、于五年以内，用定期偿还法以不动产作抵之放款。

三、以他种拓殖公司股票债券为抵押之放款，及债券之应募及承受。

四、汇兑、货物押汇及以农产物作抵放款。

五、收存款项及保管贵重文件。

六、票据贴现。

前项第三号之事业，其使用金额不得超过前项第一号、第二号借款总数五分之一。

第八条　殖边银行对于边省以法律组织之公共团体，即无担保，得照分年或定期方法出放款项。

第九条　殖边银行营业上如有余款，得购国债、地方公债及公司债券。

第十条　殖边银行不得营本则例内所未记载之业务。

第十一条　殖边银行按第七条第一号及第二号之放款，如查有债主以所借款项经营他业者，得于偿还期限前将全数本利追缴。

第四章　债　券

第十二条　殖边银行得照实收资本五倍之数，发行债券，但不得超过第七条第一号放款总额。

第十三条　殖边银行按第七条第一号放款偿还之额，每年抽签二回以上偿还债券。

第十四条　殖边银行于第七条第一号之放款偿还延滞，不达预期之额时，按定前条时期，即照实收数目以抽签法偿还债券。

第十五条　殖边银行因市息低落欲为借换，虽超过第十二条之制限，得发行低息债券。

但低息新债券发行之后，须于一个月以内抽签偿还旧债。

第五章　公　积

第十六条　殖边银行于每年营业年度提取公积，按利息百分之八，以补资本之亏损，又提利息百分之二，以期派息之平均。

第六章　政府之监督及补助

第十七条　政府监督殖边银行之业务。

第十八条　殖边银行章程如有变更时，须呈财政部核准。

第十九条　殖边银行分派利益，须经财政部或主管政厅之认可。

第二十条　殖边银行于第七条第一号放款利息最高之率，应于每年年首，具呈财政部或主管政厅核准，如有变动，则应随时呈报。

第二十一条　殖边银行有违背则例及章程，或有害公益事件，财政部或主管政厅得随时禁止。

第二十二条　殖边银行每年须结账一次，分缮营业资财及诸般状况切实报告，呈送财政部。

第二十三条　政府置殖边银行监理员，承财政部之指挥，使监察殖边银行之业务。

第二十四条　殖边银行监理员，无论何时得检查殖边银行之金库、债券、库账簿及诸般之文书。

殖边银行监理员，监察上有认为必要之事，应随时命殖边银行呈报关于营业诸般之状况及计算报告书。

殖边银行监理员，得出席于股东总会及其他会议，陈述意见。

第二十五条　政府认购殖边银行股份以二百万元为限。

第二十六条　政府对于前条之股本，殖边银行自创设成立之始，十年以内，如无余利，不必分派利息。

第七章　罚　则

第二十七条　殖边银行之职员，有犯左列之事项，处以百元以上、千元以下之罚金：

一、违反第十六条之规定，经营本则例所未经载明之业务时。

二、违反第十二条之规定，发行债券时。但依第十五条第一项者，不在此例。

三、违反第十三、第十四、第十五第二项之规定，不为债券之偿还时。

四、须经本则例所认可者，而不受认可之时。

第二十八条　殖边银行之职员，有犯第六条所规定者，处以二十元以上、二百元以下之罚金。

第八章　附　则

第二十九条　财政部得派殖边银行设立委员，使处理关于设立该行之一切事务。

第三十条　设立委员拟定章程，得财政部认可后，募集股东。

第三十一条　设立委员于股东募集之终，以股东应募证书，申送财政部呈候认可。

得前项认可之时，设立委员须令各股东交付第一期应募之股本。

第三十二条　创立总会终结之时，设立委员以其事务移交于殖边银行职员。

据"南京临时政府档案"原件，南京、中国第二历史档案馆藏

咨临时参议院民刑法律草案及民刑诉讼法议决文

（一九一二年三月二十四日刊载）

据司法部总长伍廷芳呈称："窃自光复以来，前清政府之法规既失效力，中华民国之法律尚未颁行，而各省暂行规约，尤不一致。当此新旧递嬗之际，必有补救方法，始足以昭划一而示标准。本部现拟就前清制定之《民律草案》、《第一次刑律草案》、《刑事民事诉讼法》、《法院编制法》、《商律》、《破产律》、《违警律》中，除《第一次刑律草案》关于帝室之罪全章，及关于内乱罪之死刑碍难适用外，余皆由民国政府声明继续有效，以为临时适用法律，俾司法者有所根据。谨将所拟呈请大总统咨由参议院承认，然后以命令公布，通饬全国一律遵行，俟中华民国法律颁布，即行废止。是否有当，尚乞钧裁施行"等情前来。查编纂法典，事体重大，非聚中外硕学，积多年之调查研究，不易告成。而现在民国统一，司法机关将次第成立，民刑各律及诉讼法，均关紧要。该部长所请，自是切要之图，合咨贵院，请烦查照前情议决见复可也。此咨。

据《大总统据司法总长伍廷芳呈请适用民刑法律草案
及民刑诉讼法咨参议院议决文》，载南京《临时
政府公报》第四十七号，一九一二年三月二十四日

令法制局核定《驻沪通商交涉使
分设厅科任职章程》

（一九一二年三月二十四日刊载）

据外交总长王宠惠呈送驻沪通商交涉使温宗尧咨交该公署《分设厅科任职章程》一扣，请咨参议院议决前来。合将该章程发交该局，仰即核定呈复，以凭咨交院议施行。此令。

计发《通商交涉使驻沪办事分设厅科任职章程》一件。

附：王宠惠原呈

外交部总长王宠惠为呈请事：准驻沪通商交涉使温宗尧咨称："上海为商务总汇、交通要区。所有通商交涉事宜，以及华洋诉讼会审，界务租地纠葛，职务繁要，内部组织不容不备。兹拟分设厅科任职草章，咨请核定，送交参议院决议，示复遵办"等因。并附草章一扣到本部。准此，理合呈请察核，并候咨交参议院决议施行。须至呈请者。

附驻沪通商交涉使分设厅科任职草章一扣。

据《大总统令法制局核定呈复〈驻沪通商交涉使分设厅科任职章程〉文》，载南京《临时政府公报》第四十七号，一九一二年三月二十四日

咨临时参议院《暂行传染病预防法草案》

（一九一二年三月二十六日刊载）

据内务部呈称："窃查痘疮、白喉症、猩红热等传染病，已有发生之兆，非亟定预防法不足以重卫生而便执行。兹由本部拟就《暂行传染病预防法草案》三

十五条，另册缮就，理合一并呈送钧案，交法制院审定后，咨由参议院议决公布施行，俾便遵循，实为公便"等情前来。查传染病发生甚易，传播至速，亟应制定预防法规，俾有司实力奉行，人民知所防范。该部所称，实为卫生行政最要之举。合将该部呈送之《暂行传染病预防法草案》三十五条咨送贵院，请烦查照议决见复，以便颁布施行。此咨。

据《大总统咨参议院请议决内务部呈〈暂行传染病预防法草案〉文》，载南京《临时政府公报》第四十八号，一九一二年三月二十六日

附一：陆军传染病预防规则①

第一条　本规则所称为传染病：霍乱、赤痢、肠窒扶斯、天然痘、发疹窒扶斯、黄热、猩红热、白喉、百斯笃。凡九种外，陆军总长所特别指定者亦在内。

第二条　部队内传染病发生，或其附近地方有传染病流行之兆，该部队长宜速申报于其长官。

第三条　该管长官受前条之申报时，无论其为师长或其他之长官，悉宜召集该所属最高级之军医，征求意见，而计画预防法之施行，倘其病势有蔓延之兆，宜将情形申报于陆军总长。

第四条　部队内或其附近地方有传染病流行之兆，该所属最高级之军医，须通报该卫戍地内所在之各部队，令于预防上为同一之处置。

第五条　传染病发生时，该地师司令部军医处长，宜召集其所管各军医，指示方针，并征防疫意见。但要召集师司令部所在地以外之军医时，须呈请所属之师长或其他长官裁可。

第六条　部队内如有传染病发生之事实，该队内军医宜即申报于该部队长，以要求其速施预防上必要之处置。

第七条　部队内军医及陆军各卫戍病院所发见之传染病患者，宜按日列表报

---

①　原咨为内务部所呈，但该部所呈之草案未见，今收录陆军部所拟规则，似系同一文件为两部共似者。

告于军医处长。

第八条　军医处长接到前条报告，当速各查明病性及流行之状况，申报于军医局长。

第九条　部队内或其附近地方有传染病流行之兆，该部队长当即派委防疫员专任清洁消毒等事。防疫委员中当有该队内军医一名以上充之，但无军医配属之部队，宜将此情报于该长官。

第十条　部队内传染病发生，或其附近地方有传染病流行，当即视其缓急，而施行左列各项全部或一部：

一、施行健康诊察及其他必要之检查，以期传染病之早期发见。

二、厉行卫生演说，俾得贯彻预防之意旨，但演说场所须在操场之中。

三、平常施行之清洁法，宜更加严厉。

四、实行消毒法。

五、厉行营内兵士之隔离，限制外人之出入，甚则禁止交通。

六、井泉、沟渠、厕所、尘芥堆积场等，视病性及状况之如何或新设之，或修改之，或停止其使用。

七、凡物件（饮食物在内）有传染病毒之疑者，当限制其出入，甚则禁止之。

八、凡物件有污染病毒之疑者，未经消毒以前禁止其应用。

九、禁止下士之外出，并限制其散步区域，甚则使初等官或中士领管人。

十、发见百斯笃病人或百斯笃病鼠之时，除施行前各项外，尚宜厉行鼠族之驱除，并病毒之检索。

十一、倘于营内或附近地方发见天然痘时，当临时厉行各士兵之种痘。

第十一条　陆军传染病预防上消毒法，另章定之。①

第十二条　传染病预防上认为重要之事项，而施行上有关于地方者，当由该部队长与地方行政官或镇、乡、村长协议后处置之。

第十三条　部队内发见传染病，如百斯笃、霍乱等猛烈传染病发生时，军医

————

①　见本篇附二。

处长当将其病名、员数、队号、发病时日等通知于地方官。地方内倘有同样之事实，该地方官亦当以病名、员数、发病场所、发病时日等通报于军队。此项之通报，如在师司令部所在地以外之部队，即由该部授受之。

第十四条　部队内苟有传染病蔓延之虞，认为隔离健兵于营外之必要时，当由该部队长征其所管最高级军医之意见后，呈请陆军总长裁决。但事势急迫，不及依前项之规则执行时，队长得便宜处置之，处置之后，仍须按序呈报于陆军总长。

第十五条　陆军各卫戍病院院长，苟以设立时疫病院为必要时，当按次序申请于师长，再由师长征军医处长之意见后，呈请陆军总长裁决。

第十六条　时疫病院之地址须选择便于输运之地，而不宜设于交通繁盛之区，亦不宜附于水源、河流、给水池之旁。选妥地址后，又须与地方官或镇、乡、村长协定之。

第十七条　倘该地已设有地方时疫病院，该部队长得依时宜，与地方官协议借用该院之一部。如地方官与陆军长官交涉，而欲借用陆军时疫病院之一部时，该师长得许可之。照前二项办理者，当预先协定经费分担之法。

第十八条　时疫病院之病室，须分疑似病室、轻症病室、重症病室、恢复期病室。其他如事务室、药局、试验室、看护人室、消毒室、浴室、尸室、厨房及污物烧场等，均须设备。但借用地方时疫病院，或传染病患者仅少之时，得便宜取舍之。

收容百斯笃病人之所，须施适宜之设置，以绝鼠族、昆虫等散播病毒之患。

第十九条　无论何种病院，凡收容百斯笃患者之时，均须依前条第二项设置。

第二十条　时疫病院中非经该所管军医之许可者，一切严禁出入。

第二十一条　时疫病院内之职员，不得时常交代。

第二十二条　从事于传染病之治疗及看护者，须着避病衣及覆面具。从事于百斯笃之治疗及看护者，除着用避病衣及覆面具外，须加其他必要之预防具。

第二十三条　新兵入营或在乡士兵来应补充之召，适值队内发生传染病时，须由师长具状请示于陆军总长后处置之。

入营者及应召者之乡里或其经过地方有传染病之流行时，办法与前项同。

第二十四条　对于入营之新兵及应召而来之在乡士兵等，该部队长当令军医行必要之调查，苟有感染传染病之疑者，须留于一定之隔离所。

前项停留之日数，当由该所管军医详审各种传染病之潜伏期与病性而定之，以离开流行地或有毒地之日起算。

第二十五条　行军演习等实施以前，该部队长当令军医先行调查演习地方之情形，苟有传染病之危险，当讲适当之预防方法，不适用者再选择他所。

第二十六条　传染病患者之排泄物及其他之污秽物，或烧却或埋去，均须于一定之场所行之。

第二十七条　传染病患者之尸体，须经该主管军医完全消毒后，埋葬于一定之墓地。但墓地须经主管军医之选择。

第二十八条　各部队关于传染病预防计画所实施之事项，须由该部队长报告于该管长官，再由该管长官汇报于陆军总长。

第二十九条　部队内传染病流行期内，自发生至终熄之间，该部队之军医须详记其所管患者之员数、经过转归、发病之原因、传播之状况，及其他所实行之清洁法、消毒法等，报告于所属之军医处长，再由军医处长编纂传染病流行纪事，申报于军医局长。

第三十条　营外居住之军人军属，其本人染传染病，或其家族中人感受传染病时，非得其所属长官之认可，不得出行。

第三十一条　本规则对于传染病疑似症得适用之。

第三十二条　本规则所载关于士兵之规定，亦得适用于陆军学生。

第三十三条　本规则所载关于传染病预防法，凡中华民国所属之各军队均准用之。

据《陆军部陆军传染病预防规则》，载《中华民国临时政府新法令》第九册，上海自由社校订兼印行，一九一二年四月初版

附二：陆军传染病预防上消毒法

第一　消毒法之分类

第一条　消毒法大别有二：

甲、理学的消毒法。

乙、化学的消毒法。

第二条　理学的消毒法更分为四：

一、烧烬法。

二、煮沸法。

三、汽蒸法。

四、晒曝法。

第三条　化学的消毒法更分为二：

一、注洗法。

二、熏蒸法。

化学的消毒法应用药料有六：

一、二十倍石炭酸水。

制法　石炭酸五分，盐酸一分，水九十四分。

又法　溶制石炭酸五十五分，盐酸十分，水九百三十五分。

四十倍石炭酸水。

制法　二十倍石炭酸水五分，水五分。

二、十倍里苏尔水。

制法　里苏尔十分，水九十分。

二十倍里苏尔水。

制法　十倍里苏尔水五分，水五分。

三、千倍升汞水。

制法　升汞一分，盐酸十分，水九百八十九分，加蓝色素少许，着蓝色。

四、福麻林。

五、十倍石灰乳。

制法　煅制石灰末一分，水九分。

六、二十倍盐素石灰水。

制法　盐素石灰五分，水九十五分。

煅制石灰末。

制法 煅性石灰加水少许为末。

石灰 可代煅性石灰之用，惟用量须加倍。

（注意）石灰乳、盐素石灰、及煅性石灰末均须临用新制。

第二 消毒法之适应

第四条 烧烬法。适于烧烬者：

一、传染病患者或其尸骸所触之寝具，衣服及其内容，如棉蒿布片等。

二、传染病患者之排泄物及污秽物。

三、破坏不堪之传染病患者居室。

四、患传染病兽畜之死体及其所触之物。

五、传染病室及有毒地所用扫除器具及抹布。

六、凡廉价之物不适以他法消毒者。

七、凡非烧烬难期完全消毒之物。

第五条 煮沸法。适于煮沸者：

一、玻璃器、陶器、磁器、金属制品及木制品，如患者饮食器、医疗器械等。

二、凡适于汽蒸之物。

第六条 汽薰法 适于汽薰者：

一、第四条第一项以外传染病室或其他有毒之场所内所有布帛类之物。

二、凡适于煮沸之物。

第七条 晒曝法。适于晒曝者：

一、凡适于熏蒸之物。

二、凡贵要之物不适以他法消毒者。

第八条 注洗法。适于以石炭酸水或里苏尔水注洗者：

一、传染病患者之家室及不洁之场所。

二、传染病室之天棚、地板、户扉、窗牖、墙壁等。

三、传染病患者之排泄物污秽物。

四、手及其他身体各部。

五、凡适于煮沸及汽蒸之物适于以升汞水注洗者。

六、本条第一项、第二项及第四项所载之物。

七、本条第五项中除金属品及饮食用具以外之物。

适于以盐素石灰水、石灰乳、煅制石灰末或石灰消毒者：

八、传染病患者之排泄物及污秽物。

九、沟渠、尘芥堆积场、地板下及厕所等。

第九条　熏蒸法。适于熏蒸者：

一、传染病室内墙壁器具之表面及其空气。

二、表面有毒不能耐热沾湿之物。

三、第四条第一项及第六条第一顶以外布帛皮革图书等物。

第三　消毒法之应用

第十条　病者。

传染病患者治愈时，先剪其指甲，再以加热千倍升汞水拭擦全身后，令入浴，用石碱除其垢腻，浴毕更衣。

第十一条　尸骸。

传染病患者之尸骸，入棺之前，先以升汞棉将口鼻肛门等栓塞严密，再用升汞水布（以白布浸透升汞水乘温用之，石灰酸水布制法仿此）或石炭酸水布包裹尸骸全体。

棺内尸骸之周围须填铺多量之石灰，勿使尸汁漏泄棺外。

第十二条　接触病毒者。

凡从事于看护、治疗及消毒者，须着避病衣、覆面具、手套、眼镜、皮靴等，每接触毕必以千倍升汞水洗手。退出即以石炭酸水喷湿外衣后，将避病衣等脱去，用汽蒸法或煮沸法消毒。（法详第十八条，须参照之。）对于猛烈之传染病时，全身衣服均消毒外，尚须入浴。

凡此项之消毒，须设消毒场如左：

第一室脱外衣。（入）

第二室脱内衣。

第三室入里苏尔浴，并石碱浴。

第四条更换常衣。（出）

患者同居之人及有接触病毒之疑者，均照看护人等接触病毒后之消毒法处理之。

第十三条　病者尸骸等之运具。

凡用以运搬传染病患者尸骸，及其他有毒物件之器具，每使用后，须以升汞水、石炭酸水，或里苏尔水注洗之。倘该器具系金属所制者，则以少许煤油泼燃其间。

第十四条　厕所。

有传染病患者之排泄物，或污秽物混入之粪桶等，按其内容，百分、用盐素石灰水二十分，石灰乳二十分，或煅制石灰末二分，或石灰四分，投入搅拌之后，静置二时间，倾弃其内容于一定之场所。再用石炭酸水注洗其容器。使所之地板及墙壁等，则用石灰酸水撒泼之。

第十五条　浴汤、尿及其他液体。

传染病患者人〔入〕浴后，盆内之水，千分中须加升汞二分，或盐素石灰二十分，调匀后，静置二时间，始可弃之。传染病患者之尿，及其他液体之消毒法，均仿此。但对于含有多量蛋白质之液体，不宜用升汞，须用石炭酸为消毒药，按液体百分加原石炭酸五分以上。

第十六条　沟渠、地板下、尘芥堆积场等。

凡沟渠、地板下及尘芥堆积场等有病毒混入之疑者，及患者排泄物污染之地点，均用盐素石灰水或石灰乳撒布全面。但沟渠之消毒，得用煅制石灰末或石灰投入而搅拌之。用量参照第十四条。

第十七条　患者居室。

用石炭酸水或升汞水注洗后开放之，以受直射阳光之晒曝。倘能密闭之室，每一立方米突之容积，用十五格兰之福麻林蒸熏三时三十分以上。如病室尘封不洁，则并用注洗与熏蒸两法。尸室消毒之法仿此。

第十八条　室内诸物件。

传染病患者室内所有寝具、衣服、器具等，按其物质之种类，参酌第四条以下各法分别施行。

凡用煮沸法消毒者，被消毒之物件，须全部浸于水中，俟沸腾后三十分以上，方可取出。

凡用蒸汽法消毒者，须用流动蒸汽蒸之，俟被消毒各物件之内隙，均达至摄氏百度后十五分以上，始可取出。布帛类之物件，如用药剂消毒，宜用二十倍里苏尔水浸渍六时间以上，然后再用清水漂之。布帛、皮革、毛纸等凡不能耐热及沾湿之物，用福麻林消毒时，须摊挂室中，不宜重叠。福麻林之用量，参照前。惟室内温度不得超过六十度以上。凡照第四条至第六条各法消毒时，须先检明该物件内有无弹丸火药等。如有易于发火及能爆发之物，须即取出，投入消毒药液内静置二时间。

第十九条　井水槽船底水等。

水量二百分中，加盐素石灰或煅制石灰未〔末〕一分，搅拌后，静置十二时间，将水汲出，倘系必要之水则用汽蒸导入，使全部之水沸腾三十分以上。

据一九一二年三月二十七日上海《民立报》

咨临时参议院《法官考试委员官职令》及《法官考试令》草案

（一九一二年三月二十六日刊载）

司法为独立机关，现在南北统一，所有司法人员，必须应法官考试合格人员，方能任用。兹据法制局拟定《法官考试委员官职令》及《法官考试令》两种草案，呈送前来，合行咨请贵院议决咨覆可也。此咨。

计附送《法官考试官职令》及《法官考试令》草案两册。

据《大总统咨参议院请议决法制局拟定〈法官考试委员官职令〉及〈法官考试令〉文》，载南京《临时政府公报》第四十八号，一九一二年三月二十六日

咨临时参议院核议《金库则例》

（一九一二年三月二十六日刊载）

据财政部呈称："窃维整顿财政，首在杜绝弊端，而机关之组织不完，则弊端无由而杜绝。各国办理方法，务使事务机关与出纳机关分离对立，以明权限而杜侵渔。前清财政紊乱，已达极点，究厥原因，实以机关混同为丛弊之所出。今民国方兴，亟宜兴利除害。本部职司财政，自以剔除积弊为先，此统一国库所以不容视为缓图者也。查近今各国国库制度约分二派：曰存款制度，曰委托制度。存款制度者，系以国库收入悉数存入中央银行，作为普通存款。支出时，发银行支票，使中央银行代为应付，则库务节手续之烦，国帑无保藏之患，诚最良之制度也，英国行之。委托制度者，系以国库现金出纳、保管事务，委托中央银行办理。其国库资金与银行资金，划分为二，银行虽任出纳、保管之责，而非有部令不得任意通融，市面虽有恐慌，而库藏不蒙其影响，欧美诸国以及日本多行之者。两者比较，互有短长。窃思我国变乱初平，市面尚难恢复，而中央银行根基始立，支店未克完成，存款制度既属难行，委托制度尚形窒碍。惟因统一国库迫不容缓，谨拟采用委托制度，订定《金库则例》十四条，呈请察核后，咨送参议院议决，颁布施行，为金库规则之基础。随由本部审察目下情形，再订《金库出纳事务暂行章程》，以部令施行，为一时变通之计，启将来渐进之基"等情前来。查该部所呈，自属整理财政切要之图。相应缮具该项则例，咨请贵院迅即议决，以便施行。此咨。

计送《金库则例》一扣。①

据《大总统咨参议院请议决财政部拟定〈金库则例〉文》,载南京《临时政府公报》第四十八号,一九一二年三月二十六日

---

① 《金库则例》缺载。

附：金库出纳事务暂行章程①

第一节　总　则

第一条　国库暂与中国银行订立往来存款契约，以国库现金由该行代理出纳、保管。

第二条　国库开库时刻以办理库务各机关办公时刻为准，但认为有特别事由者不在此限。

第三条　国库或银行收支现金，凭解款人或领款人在场点验，如有数目不符或伪造等情，应即当场请补提换。

第四条　国库支付各署领款，均以印文为凭，其他函件不得作据。

第二节　岁　入

第五条　各项岁入，暂由各主管局所或各府县行政公署经收，近者每十日，远者每月应将收数详细开列备文解报国库后，即以该款交由该地或该地附近中国银行收入国库存款。但与中国银行所在地距离过远且解款不便者，暂由该处妥为监管，仍须每十日将收数备文呈报，听候国库指拨。

第六条　各处解款及各项收入由中国银行代收时，即由该行代发收据，将收数归入国库存款后，应具收款通知书、添附该处解款原文报知国库。

第七条　岁入经收处应于每月末将该月所收数目，每年末将该年所收数目，列表详报国库，以备对核。

第三节　岁　出

第八条　各署请领款项时，由各署备文并具收据经本部核准后，即由国库直

---

① 《中华民国临时政府新法令》第十册（上海自由社校订兼印行，一九一二年四月初版）亦收此件，别名为《财政部酌定暂行出纳章程》。又该书所载《财政部咨各省遵照暂行出纳章程文》转引《金库则例》第十三条称，"在国库未统一以前，得由财政总长酌定暂行出纳章程施行"，故作附件辑入。

接支付，或发支票、汇票，或提取证书交由领款人向中国银行领取。但紧急须款时，得电达国库经财政总长核准后，以电汇或就近划拨方法行之。

第九条　中国银行接到国库支票、汇票，应即兑付。如系提取证书，应与提取通知书对照相符后，即发给军用钞票。

第四节　现金运用

第十条　关于国库金运用出纳应行汇拨款项时，得委托中国银行按照普通汇兑电汇及转账之方法办理，或代运现款及军用钞票。

第五节　簿　记

第十一条　国库应备帐簿如左：

一、国库总簿。

二、国库日记簿。

三、支出簿。

第十二条　国库日记簿，据收款通知书、领款收据及其他证书登记。

第十三条　国库总簿，由国库日记簿转记分别计算科目。

第十四条　国库应备之补助账簿，除规定之支出簿外，应随时酌量设置。

第十五条　支出簿应分经常、临时两簿，并分各署账户，据本部制定之支付预算、更正预算或临时特令，于支付预算栏内分别登记数目存案，俟各署请领款项时，即于领款收据领讫栏内登记支出数目，俾资参考。

第十六条　各账簿金额栏内均分元数、两数两项按照实数记账。如系外国金币，则按当日市价折合元数，并加注金币数目备考。

第六节　书　类

第十七条　关于国库出纳事务应备之书类如左：

一、中国银行代收国库金收据及收款通知书。

二、各署领款收据。

三、军用钞票保管通知书。

四、保管证书。

五、军用钞票提取通知书及提取证书。

第十八条　国库应备之各种书类得随时添设。

第十九条　各书类之形式，附本章程之末，其有添设或更改形式者，随时由公报刊布。

第七节　储金及保管供托

第二十条　依法律命令或规则，政府有保管义务之公款或有价证券等物，得由国库委托中国银行代为保管。

第二十一条　关于特种储款及保管物、供托物有应归国库办理者，另订章程办理，暂以部令行之。

第二十二条　临时发行之军用钞票，中国银行应代理兑换保管。

第二十三条　军用钞票委托中国银行保管时，由国库添具保管通知书附送该行后，即向该行取具保管证书存库备案。

第二十四条　本部提取军用钞票时，先出本部具提取通知书知照该行后，另发提取证书交由领款人赴该行领取。

第八节　结算报告

第二十五条　国库每日应制作国库总簿计算表及各项收支比较表。其总簿计算表据国库总簿制作，各项收支此较表据总簿计算表制作。

第二十六条　国库于每月末应制作国库出纳计算书，按月存查。

第二十七条　国库于每年末应制作国库总计表。

第二十八条　中国银行代为收付现金，应将每日收支数目按月呈报国库。

第九节　附　则

第二十九条　本章程于国库未统一以前暂时施行。

第三十条　本章程可随时增删或修改，呈请财政总长核准施行。

第三十一条　凡本章程未备之处，临时以部令行之。

据南京《临时政府公报》第五十号，一九一二年三月二十八日

中华民国捕获战品裁判所章程

（一九一二年三月二十七日刊载）

第一章 组织及权限

第一条 中华民国捕获战品裁判所以临时大总统之命令组织之。

第二条 中华民国捕获战品裁判所审讯一切捕获战品案件。

第三条 捕获战品裁判所设所长一人、副长三人，除副长一人由海军部推荐外，余均由外交部推荐，临时大总统委任。

第四条 审讯判词必经所长及副长一人署名方能作准。

第五条 中华民国捕获战品裁判所成立及取消日期，以临时大总统命令宣布之。

第二章 手 续

第六条 所有捕获船只及违禁品，均须解至设有裁判所之最近口岸，交由该处军政府派员收管。该员接收船货时，应将船货逐款注册，并叙明捕获之理由，然后将案卷妥送捕获战品裁判所候核。

第七条 捕获战品裁判所接收案卷后，应即定期审讯，届时各造均得到所并延律师代辩。

第八条 所有船货经捕获战品裁判所判定为非违禁品者，应即释放，交还原主。其经判定为违禁品者，一律没收入公，如原主不服，得于判定后二十日内，向中央最高裁判所上控。

第九条 捕获战品裁判所得自定详细审讯章程。

右章程九条，自颁布之日施行。

据一九一二年三月二十七日上海《民立报》

咨临时参议院议决《国务院官制》

（一九一二年三月二十九日刊载）

现在国务总理唐君业已来宁，国务院官制尚未拟定，组织一切将何以为依据。昨经本总统令饬法制局迅拟《国务院官职令草案》，以便依用。兹据呈送前来，相应咨请贵院迅赐议决，至要。此咨。

据《大总统咨参议院议决〈国务院官制〉文》，载南京《临时政府公报》第五十一号，一九一二年三月二十九日

附：国务院官制①

第一条　国务院以国务员组织之。

第二条　国务院以国务总理为首领，承宣机宜，统一行政。

第三条　凡临时大总统公布法律，及发布关于一般行政之命令，国务总理及各部总长均副署之。

但法律命令之关于一部者，国务总理及主任总长副署之。

第四条　凡左列各项，须开国务会议：

一、法律案。

二、预算、决算案。

三、预算外之支出。

四、军队之编制。

五、国际条约及重要外交事项。

六、官制及官规。

七、执行法律或基于法律委任之命令。

八、各部权限争议。

---

①　本《国务院官制》系经参议院通过之件。

九、简任官及一级荐任官之任免黜陟。

十、议院咨送之人民请愿案。

十一、各部主管事务关系重要之案件。

十二、国务总理认为应交国务会议之案件。

第五条　各部总长得随时承商国务总理开国务会议。

第六条　国务总理于必要时，得中止各部总长之命令处分，交国务会议裁决。

第七条　国务总理于其职权或特别委任范围内，得发院令。

第八条　国务总理于必要时，对于巡警总监及地方官，得发谕令。

第九条　国务总理于地方官之命令处分，认为违背法律、侵害公益、逾越权限时，得停止或撤销之。

第十条　国务总理监督所属各官署对于直辖事务，应负其责。

第十一条　国务总理有事故时，以他国务员代理其职。

第十二条　国务院置承宣厅，其职员如左：

秘书长，一人，荐任。

秘书，八人，荐任。

主计，二人，委任。

录事，委任。

第十三条　秘书长承国务总理之命，总理承宣厅事务，其职掌如左：

一、参与机要。

二、保管机密文书。

三、进退国务院所属委任官。

第十四条　秘书承国务总理或秘书长之命，分掌左列各事项：

一、宣达法令。

二、收掌公文。

三、保管图书。

四、典守印信。

五、草拟文牍。

六、编纂记录。

七、整理庶务。

第十五条　主计承上官之命，掌管会计事务。

第十六条　录事承上官之命，缮写文件，整理庶务。

第十七条　本制自公布日施行。

据许师慎编纂：《国父当选临时大总统实录》下册，
台北，"国史"丛编社一九六七年六月初版

咨临时参议院《海军部官职令草案》

（一九一二年三月三十日刊载）

查《海军部官职令草案》，前据该部呈送前来，经交由法制局审定在案。兹复据法制局将该项官职令草案缮具清折，呈请鉴核前来。相应备文咨请贵院迅赐议决，以便颁行。此咨。

据《大总统咨参议院议决〈海军部官职令草案〉文》，载南京
《临时政府公报》第五十二号，一九一二年三月三十日

咨临时参议院《稽勋局官职令草案》

（一九一二年三月三十日刊载）

设立稽勋局一事，前经贵院议决可行在案。兹由法制局拟定《临时稽勋局官职令草案》，呈请鉴核前来。合即缮清原案，咨请贵院议决施行。此咨。

计送《临时稽勋局官职令草案》一件。

据《大总统咨参议院议决〈稽勋局官职令草案〉文》，载南京
《临时政府公报》第五十二号，一九一二年三月三十日

附：稽勋局官制

第一条　临时稽勋局直隶于国务总理，其职掌如左：

一、稽查开国前各处倡义殉难者。

一、稽查开国前后为国尽瘁身亡者。

一、稽查开国时关于各地方职事宣力著功者。

一、稽查开国时于军事上建议画策或奔走运动成绩卓著者。

一、稽查开国前后输资助公者。

第二条　临时稽勋局置职员如左：

一、局长，一人，简任。

二、审议员，专职十人，兼职无定员，荐任。

三、调查员，各省专职若干人，兼职无定员，荐任。

四、秘书，三人，荐任。

五、庶务，二人，委任。

六、录事，委任。

第三条　局长综理局务，监督所属职员。

第四条　审议员承局长之命，掌审定调查员报告事项，经会议后，由局长裁决。

第五条　调查员承局长之命，掌第一条所列应行稽查之事项。

第六条　秘书承局长之命，掌理文书事务。

第七条　庶务承局长之命，掌理会计及庶务。

第八条　录事承上官之命，缮写文件，补助庶务。

第九条　本制自公布日施行。

据许师慎编纂：《国父当选临时大总统实录》上册，

台北，"国史"丛编社一九六七年六月初版

附载：财政部请设各银行呈临时大总统文①

（一九一二年三月）②

海外汇业银行　据钱法司案呈，窃维为今之计，舍发公债而外别无良谋。查

---

① 此件由财政部先后四次呈文汇集而成，未见孙文批复，兹列为附载。

② 时间不详，此据当日筹设银行情势酌为三月。

募债之道，必与欧美有无相通，方能措置裕如，而尤以采用金汇兑本位，以定基础。提倡海外汇业银行以为枢机，图国际通商之便，免汇票变动之害，固交易之信，利外资之用，非独济一时之急，抑且宏远大之规。办理得法，奖土产之外出，谋现金之内输，公债之本利藉可相抵，币制之根本赖以巩固，本位相等。银行已设，公债借换而利息低减，商务扩张则正币内充，实于国计民生大有裨益。除币制则例另再拟订外，谨仿各国特许银行之制，拟订《海外汇业银行则例》三十二条，谨缮清单，呈请大总统俯赐察核，可否咨交参议院议决公布之处，伏候裁示。此呈。

惠工银行　据钱法司案呈，窃维农、工、商三业，于一国经济势如鼎足。农、商各银行则例业已次第呈请，咨交参议院议决，而惠工银行之设亦不容缓。此种银行营业，专以股票、债券做抵放款，盖工业消长随世变迁，路矿事业需款较巨，资本家每以投资为虑，企业者亦以筹款为苦，有惠工银行以斡其间，调查周密，考察精详，庶出资无所忧疑，工业即有兴无废。谨仿各国特许银行制度，拟定《惠工银行则例》三十二条，缮具清单，备文呈请大总统俯赐察核，可否咨交参议院议决公布施行之处，伏乞裁示。谨呈。

贮蓄银行　据钱法司案呈，窃维一人之贫富，即一国盛衰之所系，而贫困之至由于奢侈，致富之要实在勤俭。伏念民国方策，固以国利民福为本，则本部责司当以提倡贮蓄是务，然必有银行以启居积之念，乃能行节俭之实。贮蓄银行实齐家之良法，而治国之要道也，兹拟订则例十二条，缮具清单，备文呈请大总统俯赐察核，可否咨交参议院议决公布施行之处，伏候裁示。谨呈。

庶民银行　据钱法司案呈，窃维国家富源在于实业，而实业命脉系于金融，是以本部成立以来，即以提倡银行为务，先后拟订中央商业、海外汇业、兴农、农业、殖边、惠工、贮蓄等各种则例，呈请大总统交院核议。惟人民有贫富之分，企业有大小之别，以上机关目的虽各有不同，要皆以对物信用为主，在持有资产者固依此得周转之途，而毫无凭藉者仍未护通融之道。夫欲期贫民之各得其所，必先使人人有相当之职业，而欲使人人有相当之职业，不得不先有维持其职业、供给其资本之机关，此庶民银行之设立，所以亟宜筹备也。查庶民银行之制，其宗旨在以公共之计画，奖公共之储蓄，图公共金融之便宜。其办法则以对人信用为之经，而以纳人于轨范之中为之纬，其效用在增进贫民自立之心，而得脱重利盘剥之苦，激起细民贮蓄之念，而养成勤勉节俭之风，其结果足使国民道德日益上达，而国家元气渐臻强盛。爰特参酌各国成规，拟订《庶民银行则例》六十六条，以期国民企业之竞进，而收金融普及之实效。谨缮清单，恭呈察核，伏希饬交参议院议决公布施行。谨呈。

据《财政部请设各种银行呈文》，载《中华民国临时政府新法令》第十一册，上海自由社校订兼印行，一九一二年四月初版

公布临时参议院议决之《参议院法》

（一九一二年四月一日）①

兹准参议院咨送，议决《参议院法》十八章共一百零五条前来，合行公布。

中华民国元年四月一日

孙文（印）

内务总长程德全副署

参议院法

第一章　总　纲

第一条　参议院设于临时政府所在地。

第二条　参议院以约法第十八条所定，各地方有五分三以上派参议员到院，即行开会。

第三条　参议院开会期间，至解散之日为止。

第四条　参议院经议长提议，参议员过半数可决，得休止开会，但休会期间，

---

① 此件日期，《临时政府公报》第五十五号误为三月二日，据该公报第五十六号"正误"栏更正为四月一日。

不得过十五日。

休会期中，有紧急应议事件，议长得通告开会。

第二章　参议员

第五条　中华民国之男子，年龄满二十五岁以上者，得为参议员，但有左列条件之一者，即失其资格：

一、剥夺公权者及停止公权者。

二、吸食鸦片者。

三、现役海、陆军人。

四、现任行政职员及现任司法职员。

第六条　参议员有不合资格之疑者，他参议员得陈请审查，由院公选委员九人审定，报告议长，付院议决定。

第七条　参议员于选定通知到院后，六十日内不报到者，应即取消，由院咨请另选。但甘肃、新疆、西藏、青海、内外蒙古各处参议员，不在此限。

第八条　参议员到院，须提出委任状于议长，但原选地方先有通知者，委任状得于日后补交。

第九条　参议员既到院者，原选地方非得参议院同意，不得取消。

第十条　参议员任期，以参议院解散之日为限。

第十一条　参议员辞职，须具理由书，请参议院许可。参议院许可辞职时，应即通告该原选地方，于一定期间内另行选派。

第十二条　参议院认参议员辞职理由为不当时，得劝告留任，但劝告后七日间犹无确答者，应即解职。

第十三条　参议员非有正当理由，不得请假。假期间在五日以内者，得由议长许可，五日以上者，须付院议决定。

第十四条　参议员不得任意缺席，违者分别惩罚。

第十五条　参议员不受岁费。

第三章　议长、副议长

第十六条　议长维持参议院秩序，整理议事，对于院外代表参议院。

第十七条　议长得任免秘书长及其下各职员，并指挥监督之。

第十八条　议长于常任委员会及特别委员会，均得出席发言，但无表决权。

第十九条　议长有事故时，副议长代理其职。

第二十条　议长、副议长均有事故时，得另选临时议长，行议长之职务。其选举方法，准用《临时约法》第二十四条。

第二一条　议长、副议长任期与参议院同。

第二二条　议长、副议长因故请假或辞职，须提出理由书，付院议决定，但请假期间在五日以内者，不在此限。

第二三条　议长、副议长有违法徇私情节，经参议员十人以上提议，得交惩罚委员会审查后，付院议决定，如多数认为不称职时，即解职另举。

第四章　委　员

第二四条　本院设全院委员、常任委员、特别委员三种。

第二五条　全院委员以全院参议员充之。

第二六条　常任委员分设法制、财政、庶政、请愿、惩罚五部，各担任审查本部事件，由参议员用无记名连记投票法互选之，其各部员数由院议决定。

第二七条　特别委员担任审查特别事件，由议长指定或本院选出之。

第二八条　常任委员得兼任特别委员。

第二九条　凡被选或被指定为委员者，非有正当理由不得辞职。

第三十条　全院委员长由本院选定，但议长、副议长不在被选之列。常任委员长及特别委员长由各委员会互选之。

第五章　会　议

第三一条　参议院除休会外，每星期一至星期五上午九时至十二时为寻常会议时间，但有紧急事件特别开会，不在此限。

第三二条　参议院议事日程，由议长编定，先二日通知各参议员，并登载公报。

第三三条　参议院非有到院参议员过半数之出席，不得开会，但《临时约法》及本法关于出席虽数有特别规定者，从其规定。

第三四条　参议院会议时，以出席参议员过半数之所决为准。但《临时约法》及本法关于表决员数有特别规定者，从其规定。

第三五条　参议院议决可否同数时，应依议长之所决。

第三六条　参议员于议案有关系本身及其亲属者，不得参预表决。

第三七条　凡未出席参议员，不得反对未出席时所议决之议案。

第三八条　关于法律、财政及重大议案，须经三读会始得议决，但依政府之要求或议长、议员之提议，经多数可决，得省略三读会之顺序。

第三九条　政府提出之议案，非经委员审查不得议决。但紧急之际，由政府要求经多数可决者，不在此限。

第四十条　政府提出之议案，未经本院议决以前，无论何时得修正或撤回之。

第四一条　议员提出法律案，须有十人以上之赞成者，其他提议，除别有规定者外，须有三人以上之赞成者，会同署名，先期交议长通告各参议员。

第四二条　参议员于议场上临时动议，附议在一人以上，方成议题，得请议长付讨论。

第四三条　委员于议场得自由发表意见，不受该委员会报告之拘束。

第四四条　参议院会议须公开之，但有左列事由，经多数可决者，不在此限：

一、依政府之要求。

二、依议长或参议员之提议。

第四五条　开秘密会议时，议长得令旁听人退席。

第四六条　参议院会议之结果，按期编成速记录、议事录、决议录，惟秘密会议事件，不得宣布。

第四七条　参议院议事细则，另行规定。

第六章　委员会

第四八条　参议院遇有重要问题，由议长或参议员十人以上之提议，经多数议决者，得开全院委员会审议之。

第四九条　常任委员会遇有同一问题，须有两部以上协同审查时，得由该数部之同意，开连合委员会审查之。

第五十条　全院委员会，非有委员三分一以上出席，常任委员会及特别委员会，非有该委员半数以上出席，不得开会。

第五一条　凡委员会均禁止旁听。

第五二条　常任委员会及特别委员会，得许参议员莅场旁听，但得议决禁止。

第五三条　各委员长须将委员会议决之结果报告于参议院。

第七章　选　举

第五四条　依《临时约法》第二十九条，选举临时大总统或副总统时，参议院应于五日前，将开选举会日期布告全国。

第五五条　施行选举之前一日，参议员以十人以上之连署，得推举临时大总统或副总统候补人。

第五六条　施行选举以前，由议长延请院外相当之行政官或司法官，届期临场，检验选举票。

第五七条　选举用无记名投票法，其对于候补人以外之投票，作为无效。

第五八条　选举会投票既毕，即将票柜封锁，以后入场者，不得投票。

第八章　弹　劾

第五九条　弹劾大总统案，非参议员二十人以上之连署，弹劾国务员案，非参议院〔员〕十人以上之连署，不得提出。

第六十条　决定弹劾案，须用无记名投票法表决。

第六一条　弹劾大总统案通过后，即日将全案通告最高法院，限五日内互选九人组织特别法廷〔庭〕，定期审判。

第九章　质　问

第六二条　参议员对于政治上有疑义时，得以十人以上之连署，提出质问书，由参议院转咨政府。

第六三条　关于前条之转咨，应酌量缓急，限期答复。

第六四条　政府答复后，如提出质问者，认为不得要领时，由参议院咨请国务员限期到院答辩。

但国务员如有不得已事故，不能到院时，得委员代理。

第十章　建　议

第六五条　建议案非有参议员五人以上之连署，不得提出。

第六六条　建议案通过后，即日将全案咨告政府。

第六七条　已通过之建议案，政府不能采用时，不得再以建议方式提出于参议院。

第十一章　请　愿

第六八条　国民请愿书，非有参议员三人以上之介绍，不得受理。

第六九条　请愿书当付请愿委员会审查，．如委员会认为不符格式时，议长应交介绍人发还之。

第七十条　请愿委员作请愿事件表，录其要领，每七日报告一次。请愿事件，如有委员会或参议员十人以上之要求，得提付院议。

第七一条　除法律上认为法人者外，以总代之名义请愿者，不得受理。

第七二条　请愿书对于政府或参议院有侮辱之语者，不得受理。

第七三条　参议院不受变更《临时约法》之请愿。

第七四条　参议院不受干预司法及行政裁判之请愿。

第十二章　国务员及政府委员

第七五条　国务员及政府委员，无论何时得到院发言，但不得因此中止议员之演说。

第七六条　国务员及政府委员，于委员会审查议案时，得到会陈述意见。

第七七条　委员会得经议长要求国务员或政府委员之说明。

第七八条　国务员及政府委员于各会议均不得参与表决。

第十三章　参议院与人民官厅及地方议会之关系

第七九条　参议院不得向人民发布告示。

第八十条　参议院不得因审查事件召唤人民。

第八一条　参议院为审查事件，得向政府要求报告，或调集文书，政府除事涉秘密者外，不得拒绝。

第八二条　参议院审查关系地方之政务，得咨询该地方议会，令其答复。

第十四章　警察及纪律

第八三条　参议院院内警察权，依本法及本院所定规则，由议长行之。

第八四条　参议院设守卫警护全院，听议长指挥。

第八五条　参议员于会议时，有违背院法及议事规则，或紊乱议场秩序者，议长得警告制止之，或取消其言论，若仍不听从，得禁其发言，或令退出。

第八六条　议场骚扰不能维持秩序时，议长得中止会议或宣告散会。

第八七条　旁听人有妨害会议者，议长得勒令退席，或发交警厅。若旁听席骚扰不能制止时，议长得令旁听人全体退出。

第八八条　参议员于议场不得用无礼之言辞。

第八九条　参议员于议场或委员会受诽毁侮辱时，得诉之参议院求其处分，不得私相报复。

第十五章　惩　罚

第九十条　参议院对于参议员有惩罚之权。

第九一条　凡惩罚事件，必交惩罚委员会审查，经院议决定始得宣告。

第九二条　惩罚之种类如左：

一、于公开议场谢罪。

二、一定之期间内停止发言。

三、一定之期间内停止出言〔席〕。

四、除名。

第九三条　参议员无故缺席连续至五日者，应酌定五日以上之期间停止其发言，一月内无故缺席至七日以上者除名。

第九四条　参议员携带凶器入议场者除名。

第九五条　前二条惩罚事件，得由议长提议，其他惩罚事件，须由参议员五人以上之提议，统照九十六〔一〕①条规定办理。

请付惩罚之提议，须于惩罚事件发生后三日内行之。

第十六章　秘书厅

第九六条　参议院设秘书厅，掌本院文牍、会计，编制各种记录，并办理一切事务。

第九七条　参议院秘书厅，设秘书长一人，秘书员若干人，此外必要职员，由议长酌定。

第九八条　秘书长承议长之命，管理本厅一切事宜。

第九九条　秘书员承秘书长之命，分掌各科事务。

第一百条　秘书厅办事细则，由秘书长拟订，呈由议长核定施行。

第十七章　经　费

第百一条　参议院经费由国库支出。

第百二条　参议院经费，除开办费外，其款目如下：

一、参议员公费及旅费。

二、议长、副议长津贴费。

三、秘书厅经费及守卫经费。

四、杂费及预备费。

第百三条　前条所列各款经费，其数目〈分〉别以支给章程定之。

第百四条　前条所列各款经费，除旅费外，由参议院按月制定预算表，咨请财政部提交参议院，分别支给。

————————

①　据《临时政府公报》第五十六号《参议院请更正〈参议院法〉条文咨文》改正。

第十八章　附　则

第百五条　本法自公布之日施行。

据《大总统宣布参议院议决〈参议院法〉公布》，载南京
《临时政府公报》第五十五号，一九一二年四月二日

附：参议院旁听规则

第一章　旁听券、旁听席

第一条　参议院颁发旁听券，执此券者始得入旁听席，但券面污损不能辨认者无效。

第二条　旁听券有效期间，分为一次及长期二种，明载券面。

第三条　旁听席分为特别席、外宾席、普通席、新闻记者席。

第二章　旁听券之颁发

第四条　各官署人员请求旁听，须有所属官厅介绍；各省议会议员请求旁听，须有参议员介绍。统由秘书长承议长命酌定员数，颁与特别席旁听券。其有效期间由议长酌定。

第五条　外国人员请求旁听，须有外交部介绍，由秘书长承议长命酌定员数，颁与外宾席旁听券。其有效期间由议长酌定。

第六条　公众请求旁听，须有参议员一人介绍，即由该议员给以普通席旁听券。普通席旁听券限一次有效。其每次应发券数，由秘书〈长〉承议长命预行核定，均分于各议员。

第七条　在京各日刊新闻报馆应颁与长期旁听券，其券总数由秘书长承议长命核定，依各报馆协定之率分配之。

京外各日刊新闻报馆有请求旁听者，由秘书长承议长命定其员数，颁与长期旁听券。

第八条　颁给各报馆之旁听券，须记其馆名于券面。

第九条　参议员介绍旁听人，须将旁听人及本人姓名记于券面。

第三章　旁听人应守之纪律

第十条　凡旁听人应以旁听券示守卫，从守卫指引就其席。

第十一条　一次旁听券入场时，应交守卫截角；长期旁听券，应听守卫按日查验，并附名刺。

第十二条　凡携带凶器及酒醉者，不得入券听席。

第十三条　在旁听席应守左列各项：

（一）不得携带雨具、洋伞、水旱烟具等物。

（二）不得饮食、吸烟及唾涕于地。

（三）不得对于议员言论表示可否，并不得互相谈笑。

（四）不得阑入议场。

第十四条　先期或临时议决，禁止券听。经本院揭示后，凡执旁听券者均不得入席旁听。

第十五条　旁听席骚扰过甚，守卫不能即时制止时，议长得命守卫强制旁听人，一律退出。

第十六条　旁听人有妨碍议场秩序者，议长得令其退出，重者或发交警署。

据《参议院旁听规则》，载《中华民国临时政府新法令》第十二册，上海自由社校订兼印行，一九一二年四月初版

中华民国自由党政纲[①]

（一九一二年四月二十六日）[②]

一、保障人民自由；

---

①　自由党政纲十条系由孙文亲拟。四月二十六日，孙文派遣代表马君武送至自由党本部并代为宣读。

②　此为马君武将政纲送往自由党本部并宣读的日期。

二、防止虚伪共和；

三、促成地方自治；

四、反对中央集权；

五、励行强迫教育；

六、主张男女平等；

七、力谋币制统一；

八、采取虚金本位；

九、实行征兵制度；

十、劝励拓殖事业。

据《敬录本党政纲》，载上海《自由月报》第一期，一九一二年五月出版

中华民国自由党简章①

（一九一二年五月改订）②

　　共和成立，五族一家，平等自由人皆享有，此组织自由党之缘起也。夫天赋人权，自有生以来即予以完全自由之幸福。孩提之童，鲐背之叟，袴纨之富，鹑褐之贫，孰无灵魂以想以思，孰无肉体以运以动？而何牵制束缚而不能享此幸福者，比比皆是。吾党有鉴于此，愿以毕生之脑力腕力供我同胞奔走运动之劳，希望同归自由而已。

　　"不自由，勿宁死"，非世界之公言乎？天既赋我以人权，吾党当爱护而保持之。孔子曰："己所不欲，勿施于人。"西哲有言曰："不侵犯人之自由。"自由之义，昭然若揭。今丁此人权发达之期，社会之进步基于自由之催促。然而，"自

---

　　①　自由党正式成立之前，已于一九一二年一月八日在上海《时报》刊发简章，此后又经修订，其内容与此件均有所不同。本简章以"正主裁孙文"领衔发布，当系征得他的同意。

　　②　底本未说明时间。按文末有"本党自成立以来仅历三月"之语，因自由成立于一九一二年二月，故酌定为五月改订。

由，自由，天下多少罪恶皆假汝之名以行！"此罗兰夫人所以临刑而痛言也。[①]
噫！吾党人行将深耕溉种，以植自由之良苗；又将芟刈蕴崇，以锄自由之蟊贼。
愿我党〈人〉相共勉之！

自由党简章

一、定名　本党定名为中华民国自由党。

一、宗旨　本党以维持社会之自由、扫除共和之障碍为宗旨。

一、主义　本党实行提倡男女平等自由，监督共和政府，并促实业发展，以
期厚利国计民生为主义。

一、机关　本党机关暂设本部于上海英租界江西路民权报馆三层楼上，于各
省及满、蒙、回、藏并东西洋各埠有华侨等处设立支部。

一、组织　本党组织设正副主裁各一人，以代表全体。本部及支、分各部，
设理事、书记、会计、庶务、调查、交际、参议各员若干人，其职务权限则详载
规约中。

一、集会　本党每年开大会一次，恳亲[②]会一次。若有重要事件即开临时大
会，经参议部议决，由理事长执行。

一、资格　凡与本党宗旨不相背谬及赞成本党宗旨者，无论汉、满、蒙、回、
藏，凡政、学、军、警、农、工、商等各界，不分阶级，不分宗教，不分男女，
凡年满十五岁以上，能了解本党宗旨并能恪守党规者，一律皆得入党，终身享受
本党保护之权利。

如党员违背本党宗旨，败坏本党名誉，一经参议部议决宣布除名，党员资格
当然消灭，一切行为均与本党无关，并不能受本党之保护。

一、限制　如具以下所列之一者，不能入党：

（甲）现被剥夺公权者；

---

① 罗兰夫人（Madame Roland），即玛丽—让娜·罗兰（Marie-Jeanne Roland de la Pla-
tiere），法国大革命时期吉伦特派（Girondine）领导人之一，一七九三年十一月八日被雅各宾派
（Jacobins）送上断头台，临刑前她朝向革命广场上的自由神像鞠躬，并留下此脍炙人口的名言。

② 此处删一衍字"到"。

（乙）现患有神经病者；

（丙）现年未满十五岁者；

（丁）不能了解本党宗旨者。

一、经费　本党经费除党员纳入党费一元外，其余则以常年捐、特别捐补助之。

如有特别慨助本党经费者，无论党员非党员，皆认为名誉赞成员。倘有慨助本党等费至五十元以上，及介绍同志入党满五十人以上者，本党皆赠以金质名誉徽章。

如其人熟悉政治、商务或研究法政以及各科专门具有心得者，本党为罗致人才、扩充党务起见，皆许以参与党事之特权。

一、徽章　本党党员皆有佩戴徽章之权利。但入党时须纳徽章费一元，俟宣布开成立大会之前三日凭据给领，以便开会时佩带入场。如开会时党员未戴徽章，本党不得给与证书，党员资格即算消灭。如确因事故他往，临时不能领取或先未缴费未领徽章及证书者，亦须到本党声明补领。

一、开会　本党党员满五百人以上即开成立大会，组织参议部，以便议决一切进行事宜。

一、进行　本党将来进行方法，首先发行新闻杂志，公开自由讲演，组织律师团体，创立学校，振兴实业，以期传播自由种子，厚利国计民生。

本党全体首领

正　主　裁　孙　文

副　主　裁　黄　兴①

临时副主裁　李怀霜

赞成员：

汪精卫　胡汉民　周　浩　陈其美　马君武　温宗尧

戴天仇　张锡銮　贺培相　方　若　金汉声　李继膺

赵　铁　伍崇敏　毛邦伟　孙炳文　冷公剑　漆运钧

---

①　因黄兴坚辞不就自由党副主裁之职，该职卒由李怀霜担任。

按本党自成立以来，仅历三月，本部及各支、分部先后相继成立者已有七十余处，统计全体党员已达八万余人之多，各机关理事长以下各员多至千余人。因限于篇幅，不及备录，特此布告。

据《中华民国自由党简章》原件，南京、中国第二历史档案馆藏

拟创办中华振兴商工银行说帖并草约

（一九一二年六月十一日）

股　本

一千万元，分为十万股，每股一百元。

又一百万镑，分为十万股，每股十镑。

地　点

总银行设在上海。

又中国境内与亚、美、欧三洲及环球各处，皆可酌量设立分行。

宗　旨

本银行为统〔纯〕粹之商工银行，其宗旨专求发展中国一切之营业，又对于中国之商业与工业在经营创始之际，当间接、直接与以助力，且助中国兴办矿务、铁道、航路以及一切经营之事业，能于中国之福利与贸易实有补益者。

性　质

本银行之性质，纯系商办处理中国商界上之银市与财政，与政府毫无关涉。

管　理

欧洲银商既愿协助本银行资本之半，又愿对于实行本银行之宗旨所有一切要

款皆将得自欧洲。欧商之意，不但认招股本一百万镑而已，所有将来商业、工业、农业、矿务、铁道、水利以及安设电灯、行使电机等，凡需集款者其总额可代筹至一百兆镑，或可多于此数，故欧商不能不谋妥保其利权。

因欧商对于欧洲人之愿投巨资者，自以慎保其权利为必要，即无论于欧于华，对于社会上银行之信用，亦必郑重。所以，欧洲银商主张管理本银行必用西法，其权当操于素有经验及富于习练者之手，总经理必聘用西人。其余一切席位，华人能相宜者，皆可聘用华人，惟处办之权必授于外国总理，他人不能干预。

董　事

设立一董事部，皆以中国股东为之，不能少于五人，亦不能多于九人。

孙逸仙先生为总董。

顾　问

欲谋本银行之发达及得欧洲入股者之普通信用，宜在欧洲设一顾问团，遇有重大事件，可献议而致助力于中国之董事部。

簿　记

簿记必用西文，且用西国最新之簿记法。

（荷兰银行家士丕文拟）

附：创办中华振兴商工银行草约

开列以下之大纲，已得中国资本家代表孙逸仙先生及欧洲资本家代表士丕文先生之同意，应视为本银行将来规程之底本。

资　本

银币一千万元，分为十万股，每股一百元。

金币一百万镑，分为十万股，每股十镑。

银币股份由孙逸仙先生担任处办，速为集合，一经海电商妥，即交第一次股银，其额不超于二百五十万元，约在西历一千九百十二年八月间交付，以后各次交付股银之日期，先一月通告。

金币股份由欧洲资本家备集，以士丕文先生为代表，一切交付股银之额数及时期，皆依照交付银币股份之例。

办事所

总银行设在上海。

中国境内及亚、美、欧三洲设立分行，其余环球各处应设分行者，可由董事部及顾问团随时决定。

事　业

本银行所处办者，如银市上及财政上各种事业及间接、直接有关于商业、工业、农业、矿务、铁道、航路、水陆工程、行使汽机、电机等，并押借及实购产业之类，一切皆包括之。

董事部

董事部以中国股东组织之，永远不得多于九人，亦不得少于五人。

董事部设立于上海，并在欧洲增设一欧人顾问团，协助中国董事部，又兼监督欧洲之分行及出张所。

董事部及顾问团之从新组织，须在每年第一次之股东大会。

资　格

必在自己名下占有二百股份，始得被举为董事部及顾问团之人员。

总　董

孙逸仙先生应推为本银行第一次总董。

管　理

管理本银行应用西法。

中国董事部会同欧洲顾问团，任用外国总经理，本银行管理上之执行权，当授于该总经理，惟彼必受董事部及顾问团之监督及劝告。

本银行所需中国及外国之职员与役人，当由总经理承董事部、顾问团之允许，然后选用。

总经理

士丕文先生应为第一次总经理。

规　程

孙逸仙先生担任将应有之规程，如准许外国人为本银行股东之类，陈请北京政府承认。

优先股

酬谢创设本银行出力之人，议设优先股二万股，此项优先股得享照例之公积及六厘股息外，对于本银行之溢利应分百分之三十。

无论何时欲赎回此项优先股者，由董事部及顾问团承股东大会之允许，然后决定每股必给以墨银一百五十元或金币十五镑。

此二万优先股之分配，由海电约定。

论　争

凡有论争，必依从仲裁人之判断，银行与股东相争者亦同。

簿　记

簿记当用西文，并用最新之簿记法。

士丕文先生即回欧洲将本银行规程草定，用英文或法文或兼用英、法文，因而照译为华文。

倘有不甚明了之处，俟士丕文先生一到欧洲，即竭其能力互通海电，了解清楚。

路里士先生两方面皆认彼为讨论时之居间人。

关于股本事务，欲知对于预定之总额临时或增或减，当互通海电确定之。

此次草约不能视为有效，必经孙逸仙先生与士丕文先生交换海电更相确定，其更相确定之期限，应不出于阳历七月。

签字人：孙逸仙

士丕文

士丕文先生之签字见证人：路里士

孙逸仙先生之签字见证人：容　开

西历一千九百十二年六月十一号订于广州

据秦孝仪主编：《国父全集》第四册（转录中国国民党中央委员会党史委员会藏铅印原件），台北，近代中国出版社一九八九年十一月出版

附载：国民党规约①

（一九一二年八月二十五日）

第一章　总　纲

第一条　本党以巩固共和，实行平民政治为宗旨。

第二条　本党党纲如下：

---

①　本规约的性质与党章相仿，由同盟会评议部议长张耀曾起草，八月二十五日在北京的国民党成立大会上通过。前此，孙文表示赞同发表于是月十三日的《国民党宣言》（宋教仁等起草）中提出的党纲五条，同意将同盟会改组合并为国民党。国民党成立后，孙文被推举为理事长。

一、保持政治统一。

二、发展地方自治。

三、励行种族同化。

四、采用民生政策。

五、维持国际和平。

第三条　本党于必要时期，审察国中政治状态，发表政见，以谋党纲之实行。

第二章　党　员

第四条　凡中华民国国民，具有公民资格，与本党宗旨相同者，得为本党党员。

第五条　凡欲入党者，须具入党愿书，由本党党员二人介绍。

第六条　凡党员必须遵守本党宗旨及一切规则。

第七条　党员入党时，须纳入党金一元。

第八条　党员得被选任为本党职员。

第九条　党员得依本党各项规则所定，享有特别权利。

第十条　党员不得兼入他党。欲脱党时，须提出理由书于本党，并交还党员证书。

第十一条　党员如有改变宗旨，违背规约或以个人行为妨害本党名誉者，经干事会调查确实公决后，由本党宣告除名。

第三章　机　关

第十二条　本党设本部于国都，综理全党事务，统辖本党各交通部、支部及分部。

第十三条　交通部设于省会之外各商埠，直隶本部，管理本党交通事宜。其应设地点由本部定之。

凡设交通部之地不设分部，以交通部兼掌其事。关于分部事项，仍受支部之监督。

第十四条　支部设于各省会，综理全省党务，监督各分部。

第十五条　分部设于各府、厅、州、县，隶属该省支部，管辖各该地党务。

第十六条　各分部为筹备选举事宜，应联合数部，设分部联合会于复选举投票地。

第十七条　凡外国要地，寄居华人满千人以上者设支部，综理该地党务，并监督分部。其寄居不满千人之地方设分部，隶于附近之支部，管理各该地党务。

第四章　职　员

第十八条　本党本部职员如左：

理事九人，参议三十人，基金监三人，审计员七人，干事无定员。

第十九条　理事，代表本党综揽党务。

第二十条　参议，参议本党重要事件。

第二十一条　基金监，管理本党基本财产。

第二十二条　审计员，审查本党会计。

第二十三条　干事，分部治事。其事务分配如左：

一、总务部　掌理本党机要及不属于他部事项。

二、交际部　掌理关于联络党员及对外交际事项。

三、政事部　掌理关于政治运动事项。

四、文事部　掌理关于编辑、出版及其他政治教育事项。

五、会计部　掌理关于本党收支及财产经理事项。

第二十四条　各部设主任干事一人，综理各该部事务。

第二十五条　各部设副主任干事一人，辅助主任干事处理各该部事务，主任干事有事故时代理其职。

第二十六条　各部设干事若干人，管理各该部事务。

第二十七条　本部设政务研究会，掌研究各项政务，决定政见，筹画政略。

第二十八条　政务研究会设主任干事一人，综理该会事务。副主任干事一人，主任干事有事故时代理其职。干事若干人，分科掌理调查及讨论事宜。

第二十九条　本党交通部、支部、分部之职员，另以通则定之。

第五章　职员之选任及任期

第三十条　理事由大会用记名连记投票法选举，任期二年。理事互选一人为理事长。

第三十一条　参议由大会用无记名连记投票法选举，任期二年。

第三十二条　基金监、审计员由干事会用单记投票法选举，任期一年。

第三十三条　各部及政务研究会干事由理事推定，任期二年。

第三十四条　各主任干事及副主任干事由各该干事中互选。

第三十五条　各职员均得连举连任。

第六章　会　议

第三十六条　本党每年于国会开会前开大会于本部所在地，讨论本党一切进行事宜，并选举应选之职员。

大会以本部所在地之党员及各支部选派之代表员组织之。

第三十七条　本党临时有特别重大事件时，应由理事征集临时大会决之。

第三十八条　本党有重要事件或紧急重大事件不及征集临时大会，得由理事征集全体职员会决之。

第三十九条　本部为保持事务统一，得由总务部主任干事随时征集各部干事会或各部主任干事会。

第七章　党　费

第四十条　本党党费以左列各款充之：

一、党员入党金。

二、党员常年捐。

三、党员特别捐。

四、党员所得捐。

五、借债。

第四十一条　党员入会金作为本党基本金，非得大会议决不得支用。

第四十二条　党员常年捐二元。

第四十三条　本党遇有特别应办事件，由全体职员会议决，得向各党员募集特别捐。但不愿应募者听之。

第四十四条　凡党员任官吏或议员者，除纳常年捐外，应按月缴纳所得捐。所得捐规则另定。

第四十五条　本党如急需巨款或党费不敷时，经全体职员会议决，得以本党所有财产作抵或由党员作保，借款充用。

第四十六条　本部会计应按月造具清册，移交审计员审查后，汇齐报告于大会。

第八章　附　则

第四十七条　本部与交通部、支部、分部之关系，另以规则定之。

第四十八条　本规约经职员二十人以上或党员四十人以上之提议，大会半数以上之可决，得修改之。

第四十九条　本规约自议决日施行。

据《国民党规约》铅印原件，台北、中国国民党文化传播委员会党史馆藏①

铁路总公司条例草案②

（一九一二年十二月十九日刊载）

第一条　铁路总公司按照中华民国元年九月初八〔九〕日大总统令，组织为筹办全国铁路总机关。除政府所办已成、未成及经签押应筑各路，属交通部之职

---

①　另见广州《民谊》第一号（一九一二年十一月十五日发行）及上海《国民月刊》第一卷第一号（一九一三年五月发行）所载《国民党规约》，讹脱字稍多。

②　孙文于一九一二年九月接受"筹办全国铁路全权"，十一月组织中国铁路总公司，制订本草案，提交参议院审议。北京临时政府以草案所规定的公司权限过大，大加修改。后经参议院通过，于一九一三年三月三十一日公布，改名《中国铁路总公司条例》，由草案九条增至十三条。孙文表示"条例修改太多……总公司无权办事，宁可取消"。

掌外，所有贯穿各省及边地各干路铁路，总公司有全权办理。

第二条　铁路总公司除依法律享普通公司权利外，兼有下列各款之权：

一、规定第一条所指各路线之权。

二、关于兴办第一条所指各铁路，及附属于各该路所必要之事业筹借或招集华洋股。

三、行使管理及扩充第一条所指各路之权。

四、创办附属于第一条所指各铁路所必要之事业之权。

五、关于兴办第一条所指各铁路，及附属于各该路所必要之事业，收用官地及收买民地之权。

六、行使以上五款各权所必要之附属权。

第三条　各地方铁路，于铁路总公司所办之路无关碍者，或由中央与地方政府自行筹办，或商请铁路总公司筹办。但路线之规划，必须经铁路总公司协定。如各省已成或现筑之路，适在铁路总公司第一条所指各路之中者，铁路总公司得议价收买之，或协定契约合并办理。

第四条　铁路总公司所办之路，中央及地方政府应尽保护辅助之责。

第五条　关于承办铁路年限，及政府收回办法等项，铁路总公司应遵照政府对于普通商办铁路公司之规定办理，至现在及将来关于铁路之一切法令，除与本条例抵触者外，铁路总公司亦应一律遵守。

第六条　铁路总公司借款招股，不论华洋股款，均应遵照中国现行法律办理，即同享中国法律保护之利益。其关于借款招股等事，须由中国政府担保者，并应将所拟合同报明中国政府批准施行。

第七条　铁路总公司所办之路，政府遇有军事、振灾及交通、行政暨保卫治安各必要情形，得行使优先权，并藉该路为运载兵警、灾民、通邮及转运粮饷、军需之用。除邮政特别免收费外，其余事只给付半价。

第八条　铁路总公司得自行规定本公司各项章程，但应报明政府立案，并不得与本条例抵触。

第九条　本条例自公布之日施行。

据一九一二年十二月十九日上海《民立报》

发起创办中华实业银行并发布章程①

（一九一二年冬）②

民生主义之进行在求实业之发达，实业之发达恃有闳博活泼之金融机关，故欲谋实业必先谋实业银行。实业银行者受国家之监督，负发行债票之特权，以供给资本于农工路矿，诸大实业界授受迅捷，转移便利，于实业上占最重要之地位也。

据沈云荪辑：《中华实业银行始末》，载中国科学院历史研究所第三所编：《近代史资料》总十七号，北京，科学出版社一九五七年十二月出版

附一：中华实业银行章程

第一章　总　则

第一条　本银行定名中华实业银行，系股份有限公司。

第二条　本银行设总行于上海，由中华民国政府注册，设总分行于星加坡，由星加坡政府注册。

第三条　本银行以振兴中华实业，并便利南洋各埠华侨经营内地实业为宗旨，兼营汇兑业务。

本银行营业期限以一百年为限，但经股东总会之决议得延长之。

---

①　中华实业银行为国内华商与南洋华侨合资创办之第一家银行，孙文于一九一二年初春发起创办，自任名誉总董，沈缦云为总理。后复召开创立会于上海广东路三十六号中国铁路总公司会议室，并订定《中华实业银行章程》、《中华实业银行招股章程》。一九一三年五月十五日正式营业，设总行于上海，设分行于新加坡。旋因"二次革命"失败，孙文、沈缦云亡命出走，行务无人主持，遂于一九一三年秋停业。

②　此件录自沈云荪家藏文件，无日期。据该行创立会于中国铁路总公司举行，而铁路总公司于一九一二年十一月十四日始在上海创立，复据孙文于十二月四日在实业银行欢迎南洋华侨会上的演说内称："前沈缦云等有筹创实业银行之举，曾由鄙人介绍至南洋各岛招集股份，已见溢额……"据此，上述讲话和章程，当在其间发表，故酌定为一九一二年冬。

第二章　营　业

第四条　营业地点、种类。

甲、本银行设总分行于上海、北京、汉口、厦门、汕头、香港、营口、广州、南京、青岛、云南、无锡及南洋星加坡、槟榔屿、霹雳、雪兰莪、仰光、泗水、三宝垄、八打威、日里、芙蓉、马六甲、暹罗、安南等处，将来如有余力，可扩充于日本、欧、美各重要口岸。

乙、凡矿山、工厂已经办有成效，并有专门工程师签字之预算报告欲作抵借款者，至多以二十年为限，得用分年摊还之法收回。

（一）分年摊还之借款，自借款之日起临时酌订年限，只付利息不还本，此期限经过后，每年摊还本款。

（二）分年摊还之借款，合计本利各年偿还之款，定为均一之数。

（三）抵押矿山、工厂必须从未向他处抵过者，但虽曾作抵而以本银行所贷之款偿还旧债，而本银行所得之抵押遂为第一者，不在此限。

丙、借款限制：

（一）借款者，设不能如期支付本利，则从期限之次日起，对于迟付之本利更须加算利息。

（二）借款者，设于期限以前欲偿还借款之全部或一部者，亦可。但本银行得酌收办理费。

（三）借款者，已偿清借款五分之一以上，可按成要求其抵押品先行开除一部，余类推。

（四）借款者，设不能如期偿还每年摊款，本银行虽于期限以前，亦得要求借款全部之偿还。

（五）如抵押品价值减少，致不足其所贷之款三分之二者，本银行可要求借款者增加抵押，或偿还不足之款，设借款者不允，则本银行虽于偿还期以前，亦得要求借款之偿还。

（六）作抵之不动产，设依土地征收律被其收用时，本银行虽于期限以前，亦得要求借款之偿还。但借款者如将收用偿金交存本银行，或增加相当之不动产作抵亦可，加收用仅为一部分，则按成要求之。

（七）本银行可承办，依地方实业银行律设立之各地方实业银行所发行之钞票。

丁、本银行得用分年摊还之法贷款于地方实业银行，而以该银行借出款项之债权及其担保抵当权为担保。

戊、汇票及其他商业上期票之汇兑（此项期票以有殷实担保人者为限）。

己、汇兑为货物押汇（普通称带根汇票）。

庚、确实货物担保之贷出，及有利息之此产契券或将满期之人寿保险单各抵押之贷出。

辛、得按揭通行有价之他项公司股份，但所按揭不得过五成以上。

壬、代收平常交易之各公司或商人之票金。

癸、得出本票汇兑。

子、卖买生金银。

丑、金银货贵金属及诸券之保存。

寅、代理各处他银行之义务，仍依照本银行营业范围内者。

卯、得受他人委托代收之债项。

辰、得代国家政府及地方政府及各公司出卖债票。

巳、得代他项公家开埠、造路、轮轨、电灯各大工程公司，招集股份收储股银。

午、有权可向他银行或他机关承受借款，但不得过本银行总股额。

未、凡兴办实业公司招股已满四分之三以上者，本银行可先贷足额代卖股份，但须查明该公司确有发达之基础者。

申、得卖或换满期借款之抵押品。

酉、得代受他人或公司委托招卖之物产（代卖物产先收若干成，临时酌议，卖后酌抽佣金）。

戌、凡借款之人破产起讼，可调停减数，不得过他家银行或债东减数之下，其减成数目，由董事会定之。

亥、遇借款过期，其抵押品须当众拍卖时，如价值过低，本银行可以低价买回，断绝债户关系，再行变卖。

呷、得收受他人或公司经地方政府认可委托代理遗产，及清理账目以受酬劳金。

吇、得与他银行联络或合并，或买受股份以营本银行营业范围内之业务。

呐、得买受他银行股份转卖与人。

叮、得酌发酬劳或名誉俸金与帮助本银行得力之人。

哦、得随时随地向各所驻地政府注册。

呮、得委托他家殷实银行，缔约代理本银行事务。

咦、本银行不得经营本章不载之营业。

第三章　股　份

第五条　本银行股东所负责任，以股东所认应缴之股本为限。

第六条　本银行集股六百万元，分一百二十万股，每股五元，股票分一股、五股、十股、五十股、一百股五种，红股贰厘，共十二万元，总股额为六百一十二万元，股银用上海通用银元，每元暂以上海规元七钱三分五厘为规定。

股本先收四成，其余六成由董事会视为必要时预先二月通告，定期收集。如过期一月不交，董事会有权可将前缴四成拍卖，并令受股人照缴补收之数。

本银行股本金由各处筹办员指定殷实银行代收，如无银行之处，由殷实商号代收。

第七条　本银行股本经股东会议可得增加之。

第八条　每年结账二次，一六月，一十二月，账目结清即登报广告。其发息之期，由董事会议决宣布，凭利单支取。

第九条　每结盈余，按十成摊派，以一成作为公积，以七成派给股东，以一成为总协理及各董事酬劳，以一成为各执事花红。

第十条　各股东入股后，如有愿将股票让出者，应由让股人同至公司掣取印就之让股券，填写签字，并邀中证签字，与股票同交本公司账房，以便随时代为过户。每股票一张，收过户费贰角，此费由受股人付出。本银行股票定记名不记名两种，各听股乐之便，记名者三百六十万元，不记名者二百四十万元。凡各股东与本银行有债项觺轕者，其股票过户时，董事会有权可以否决。

第十一条　股票如有遗失，应由本人邀请确实保证人同至公司报明，一面刊登日报广告，如三个月仍无下落，且实无别项觺轕者，即另填给新股票，每股票一张收补票费贰角。

第十二条　各股东住址距上海较远者，所有应得利息可持利票向附近各分行支取。

第四章　劝业债票

第十三条　本银行俟股本已缴四分之一以上，即当发行劝业债票，以已交股本之十倍为限，但不得过借出款项之总数。

第十四条　劝业债票每张定为　元以上，并附无记名利票，但应募者，或所有者来请记名亦可。

第十五条　本银行视借款收回情形，每年至少须二次以上，用抽签法偿还劝业债票，并得附加彩金。

第十六条　本银行为偿还旧劝业债票，暂时得不照第十三条之限制发行低利之劝业债票，但于发行后一个月以内，须用抽签法偿还与新募债相等之劝业债票。

第十七条　本银行设因借出款项不能如期收还，则除照例偿还债票外，须用抽签法收回与借款相当之劝业债票。

第十八条　劝业债票之所有者，如不要求支付本利，本金五年、利息五年，既过即失其要求之权利。

第五章　职　员

第十九条　本银行设总理二人，一驻上海，一驻星加坡，上海、星加坡各置协理一人，上海总行设华经理一人，洋经理一人。星加坡总分行设华经理一人，洋经理一人。上海、星加坡各置副经理一人，其余各分行均置经理一人。

第二十条　总理、协理在二千股以上之股东中选举之，其任期定为五年，满任之后，得再任之。

董事十五人在一千股以上之股东中选举之，其任期于每年股东会时用抽签法改选三分之一，续举续任。

稽查员四人，由股东总会在六百股以上之股东中选举之，任期一年，满任之后，仍得再任。经理由总协理荐举，得董事会之同意，然后委任。

第六章　董事会

第廿一条　本银行选举董事十五员，每年于正月、七月召集全体董事会二回，上海、星加坡各一回。

第廿二条　本银行董事分上海、星加坡两部分，每月于就地召集会议一次，如有重要事务，得临时召集会议。

第廿三条　董事不支薪水，但遇每次到会时酌送夫马费。

第七章　股东总会

第廿四条　本银行于每年二月召集全体股东总会，其地点分上海、星加坡轮次召集。

第廿五条　董事过半数同意，或稽查员全体同意，或股东过三分之一同意时，得以召集临时股东总会。

第八章　股东总会

第廿六条　选举用复选法，先分由各处行初选法，每股一权，按照应选人数加二十倍当选。选举票由总事务所印刷支配，各处照请各处商会或公团监督投票，初选当选人会集上海，用复选法选出董事、总协理、稽查员，选举各职员，如当选者不满规定股数，可由董事会知照当选者，限三月内补认足数。

第九章　办事权限

第廿七条　董事居立法地位，监察总协理执行事务。

第廿八条　总理代表本银行执行一切事务，协理辅助总理依本银行办事详章分掌本银行之业务，当总理有事故时，得代理其职务。

第廿九条　经理遵守本银行营业范围内之定则，管理营业一部分之进行事务。

第三十条　稽查员随时分赴各行，稽察账目、银钱、票根存券，及一切职务，报告董事会。

第三十一条　所有本银行董事总协理、经理、稽查员等，办事议事章程细则，统由董事会成立后议定之。

第三十二条　本章程如有应行增减修改之处，可由股东总会时取决。推定筹备主任沈缦云（懋昭）、陆秋杰。

筹备员：上海　宋教仁、伍廷芳、陈其美、汪精卫、于右任、徐绍桢、王人文、李钟珏、王震、吴世荣、陈楚楠、王少文、谢良牧、沈钧、周晋镳、周廷弼、李厚祐、张人杰、曹锡圭、胡源、顾履桂、蒋梣熙、刘绍禹、刘树屏、孙泰圻、孙鸣圻、陈作霖、苏本炎、郁怀智、林志熙、陈寿如、庄希泉、邵南棠、黄如榛、沈秉荃、蔡文鑫、王宝仑。

星加坡　沈子琴、林秉祥、留鸿石、邱国互、廖正兴、殷雪川。

仰光　杨子三、梁庆记、林振宗、杨子贞、李春荣、曾妈庇、陈世瑞、陈金在。

槟榔　黄金庆、柯孟淇。

爪哇　蒋报和、王杏邨。

日本　郑衮飞。

吉隆　陆秋泰、叶隆兴、杨宜斋、王子绥、张郁才。

麻六甲　曾江水、陈齐贤、沈鸿柏。

大霹雳　区慎刚、杨寿楠、郑螺生。

小霹雳　黄务美。

芙蓉　谭扬、邓泽如。

厦门　陈善卿、黄世金、庄赞周。

汕头　赵唯水。

设立事务所于上海江西路 B 字九号，开始筹备工作，拟订《创办中华实业银行招股简章》和《中华实业银行南洋临时总机关暂订简章》。

附二：创办中华实业银行招股简章

创办中华实业银行招股启

孙中山先生以伟大强毅之志愿，缔造民国，大功告成之日，宣布第二目的曰民生主义，民生主义之进行，在求实业之发达，实业之发达，恃有闳博活泼之金融机关。故欲谋实业，必先谋实业银行，实业银行者，受国家之监督，负发行债票之特权，以供给资本于农工路矿诸大实业界，授受迅捷，转移便利，于实业上占最重要之地位者也。发起诸同人，秉承中山先生之意，乘时组织。复蒙中山先生以名誉总董之名义，提纲挈领，克期观成，他日实业发达，固足以利国福民，而本银行之营业，日上蒸蒸，亦自可操左券。今定以六个月为集股时期，吾国海内外不少同志，其各于斯加之意焉。惟当实业银行创始之际，原禀拟就商办之信成银行基础，扩充改办。兹经同人公议，一切手续，仍须俟股本招集以后，讨论利弊，再行议决信成与实业之归并或分立办法，谨布简章，伏惟公鉴。

中华实业银行招股章程

一、本银行共集股本五百万元，分作十万股，每股仍照信成向例洋五十元，至信成老股应俟新股挂号截止时，即开股东大会，由新老股东公同议决，照净计实存之数并入新股，以昭公允。

一、本银行现收之股另行存放，不与信成银行现所营业之款混合，应照存款计算，于收款次日起，常年六厘给息，至成立之后作为股本，照公决官利计算。

一、本银行已奉实业部批准，筹拨官股洋五百万元，保息十年，每年七厘；此项股本由国库拨发，须经参议院议决照拨，现已由实业部同财政部禀呈大总统发交参议院核议，将来参议院议决照拨后，前后资本共计洋壹千万元正。

一、本银行虽经信成股东会议决，就信成旧业扩充。现在一切招股手续另行租借房屋，组织事务所办理，与信成划清界限。俟将来股款齐集，应否合并，由新旧股东大会公议取决。

一、第一期开股东大会时，由股东投票选举董事九人，由董事中推举总协理及查账董事，本银行以后办事，董事局负完全责任。

一、逐年盈余，除酌提公积外，余按若干成摊派，亦俟股东会议决。

一、每年结账两次，六月底为一小结，年终为一大结。俟账结清即登报广告，定期分派各股东息银，余利均凭息单支取。

一、不论股份多少，股本大小，所有余利一律照派。

一、按照实业部核准有限公司办法，股本缴足外，不再向股东添取股款，日后设有亏欠、变产偿还，亦不得另向股东追补。

一、本银行股票为交换便利起见，拟为不记名票，凡执有本行股票之人，即享有本行股东权利。（此条如有碍选举等事，可于第一次股东会议改。）

一、股票如有遗失，应由本人邀请股实保证同至本行报明，一面刊登日报广告，如三个月仍无下落，实无别项纠葛者，即另填给新股票，以昭信守，每股收补票费两角。

一、各股东住址距上海较远者，所有应得官利、余利，可持息单向附近分行支取。

一、本银行招股以三个月为挂号期，自四月十号起至七月十号止，三个月为收股期，自七月十日起至十月十号止，挂号时，每股先缴洋拾元，其余四十元于收股日，一并缴足。

一、事务所上海英租界江西路B字九号洋房。

收股存款处：

南市万聚码头，信成银行；久大码头，中华银行；北市二白大桥，信成银行；南京路三十四号，通义银行；英大马路，兴业银行；北京路，浙江银行；后马路，四明银行；外埠各处信成银行均可代收。

名誉总董：孙文

发起人：

马君武、伍廷芳、宋教仁、冯自由、陈楚楠、胡汉民、于右任、吴世荣、沈懋昭、邵南棠、陈其美、徐绍桢、李锺珏、刘昌言、梁少文、沈翔云、邱维显、徐文渊、郭辉、孙泰圻、王震、谢良牧、刘树屏、沈凤石、唐国昭、张人杰、周廷弼、蒋楸熙、陈作霖、贝仁元、李厚祐、孙鸣圻、林志熙、卢用川、顾履桂、谢鉴泉、林辂存、赵唯水、黄伯贾、沈开榜、廖正兴、庄赞周、殷雪川、庄希泉、林秉祥、王人文、黄务美、庄银安、郑亦西。

附三：中华实业银行南洋临时总机关暂订简章

民国肇兴，共和成立，创数千年未有之时局，振东西球列强之视线。造端宏大，则建设之手续愈繁；国步方新，则公民之责任愈重。问何以辟富强之大源？曰惟实业。问何以促实业之进行？曰惟实业银行。实业银行者，对于国内外农工商界尽补助之责，收挹注之效，居金融界最高之位置，以利国福民为惟一之目的者也。懋昭不敏，组织此事，将次成立。他日南洋各重要之地，均须设立分行，而幅员寥阔，不急于此时设立一统一机关，则散等盘沙，譬之脉络分明而脑系失其主宰，则一身之运动不灵，进步之稽延可必。爰是有南洋总机关之设，冀与上海总机关互尽对内对外之责，而臂指相应，仍复一致进行。所有简章胪列于左：

一、本机关名为中华实业银行南洋临时总机关。

一、星加坡为南洋总埠，故本机关即设于星埠。

一、本机关暂借星加坡中华商务总会开办，俟中华实业银行星埠分行成立后，再行并入分行内合办。

一、本机关职掌之事如下：

（甲）由南洋各股东组织，作为上海总机关之南洋交通机关。

（乙）执行上海总机关之各项章程及一切办法，并宣布于南洋各埠。

（丙）主任南洋各埠交通事宜。

（丁）上海总机关开第一次股东会时，由上海通知本机关，再由本机关通知南洋各埠，其余要事，一律同此办法。

（戊）上海开第一次股东会时，南洋各埠股东代表，经过新埠时，本机关均须接应招待。

（己）本机关成立后，须宣布于应设分行之南洋各埠。

（庚）凡南洋应设分行之地，本机关可举该处临时董事一二位、名誉董事一二位，扶助各项应办事宜，并每星期报告本机关一次。

（辛）本机关应将南洋各埠情形及收股数目，每星期报告上海总机关一次。

（壬）调查南洋各种银行习惯及办法，以便他日本行成立时，可以参仿改良。

（癸）本机关现筹备南洋各埠设立分行事宜，倘分行成立以后，仍须继续设立，则须改变性质并另订章程。

一、本机关设驻所临时总董一位，副董二位，董事三四位，以能常驻星埠之南洋各股东中推举。

一、本机关总董、副董、董事等均尽义务，俟南洋各分行成立以后，本机关须改为常设机关，再行酌送该总董等薪水，仍由上海总行股东会中议决。

一、南洋各分行成立后，本机关总董等，当一律解职。但本机关如改为常设，得上海股东会议决，以该总董等应联任，以收驾轻就熟之效者，不在此例。

一、本机关暂定办法，俟南洋各分行成立后，即行撤销。

一、本机关除总副董、董事外，设书记一人兼账目，庶务一人兼招待，皆支薪水。

一、本机关中书记、庶务俟南洋各分行成立后，均须解散。如机关改为常设，而该书记平日复勤奋从公者，可以联任，或合于各分行办事者，可介绍入各分行中。

举定各埠董事台衔列下：

椰槟屿　黄金庆、吴世荣、柯孟淇。

仰光　杨子贞、林振宗、李春荣。

小霹雳　黄务美。

大霹雳　郑螺生、区慎刚、杨寿楠。

吉隆坡　陆秋杰（驻所办事总董）、叶隆兴、陆秋泰、张郁才。

芙蓉　谭扬、邓泽如。

马六甲　曾江水、陈齐贤、曾混清、沈鸿柏。

新加坡　董事俟举定后再行通告。

据"南京临时政府档案"原件，南京、中国第二历史档案馆藏

中国兴业公司发起书

（日　译　中）

（一九一三年三月）

为进一步巩固东亚同种之二大国民之密切关系，增进唇齿辅车之交谊，收提携之实，莫若密切国民相互间之经济的连锁。此所以有现今中日两国有实力之实业家相聚，为谋东亚百年之大计而披沥诚意，提倡设立中日合办中国兴业公司之举也。

今中华民国新成立，国力之充实，更为急切。即中国兴业公司乃以在中国查探富源，调查有利之事业，作为中日两国人民之责任而求其实际的解决者也。试一览另纸之本公司计划书，则相信对其设立之宗旨及必要，自当明了。

一九一三年三月

发起人总代表

孙文

涩泽荣一①

据［日］涩泽雅英：《架在太平洋上的桥——涩泽荣一的一生》，载《读卖新闻》一九七〇年版（陈明译）

---

①　涩泽荣一，日本武藏人，贵族院议员，男爵，财界巨擘，先后创办银行、造船、汽车、飞机等五百多家企业。

附：中国兴业公司计划书草案①

（一九一三年二月二十一日）

一、创立宗旨之大意

为进一步巩固东亚同种同文两大国民之团结，加深唇齿辅车之情谊，两国有力之实业家结为一体，各示诚意，以强化其经济关系，振兴东亚，此为创设本公司目的之所在。今当中华民国草创之日，充实国力，迫不容缓。中国兴业公司同人当尽两国实业人之任务，探求中国之富源，调查中国之有利事业，以期达到实际之解决。其创立之宗旨及其必要性，见下列本公司各计划中之各条款，当可知之。

二、中国兴业公司计划书概要

一、名称

（一）本公司定名为中国兴业公司，英文名为 The China Exploitation Co. Ltd。

二、组织

（一）本公司为中日合办之股份公司，根据中华民国之法律而设立之。

三、营业

（一）各种企业之调查、设计、仲介及其承办。

（一）对各种企业直接或间接进行资金之提供及通融。

（一）其他一般金融及信托之业务。

四、资金及股份

（一）本公司以五百万日元为资本，由中日两国实业家各承其半，但第一次缴纳其四分之一。……

---

① 一九一三年二月二十日，访问日本的孙文与涩泽荣一等在三井物产会社举行中国兴业公司发起人大会。二十一日，孙文偕戴季陶与涩泽荣一、益田孝、山本条太郎等就合办事宜进一步交换意见，由日方起草本计划书草案。

五、营业所

（一）总公司置于上海，分公司置于东京。

六、干事

（一）设董事十名，监查四名，由中日两国股东中，各按半数于股东大会时选出之。

（一）由董事互选总裁一名，副总裁一名及其常务董事二名。

七、股东大会

（一）定期股东大会每年在上海召开一次，临时股东大会如必要时在上海或东京召开之。

八、债券

（一）本公司经董事会之决议，可以发行中国兴业公司债券。

（一）中国政府准许债券之发行，并竭尽其力以保护其利益。

（一）日本资本家当尽其最大努力应募债券。

九、资本之仲介

（一）本公司对日本或外国之资本团，可以仲介其资金之提供。

（一）在以上之情况下，本公司对日本或外国资本团，根据内外市场之状况，当尽力对债务者予以有利之条件，以便筹募其资金。

（一）在日本资本团中，当网罗东京及大阪第一流有力之银行。

十、创立事务

（一）中华民国方面由孙文担当之，日本方面由男爵涩泽荣一担当之。

据彭泽周：《中山先生与中国兴业公司》（译录《日本外交文书》大正二年第二册），载"中华民国建国史"讨论集编辑委员会编辑：《"中华民国建国史"讨论集》第一册，台北，正中书局一九八一年十月出版

致饭野吉三郎誓约书①

（日 译 中）

（一九一三年九月十三日）

　　鄙人此次谋使中国成为真正安全之中国，为实行此计划，欲仰仗贵团之尽力帮助。今后与贵团一致协力，以图发展，并尊重贵团之精神所在，特立誓约一项如下：

　　在上述计划实行中自不待论，成功后亦完全信赖贵团，以求建立中日两国间永久亲睦和平，决不容许他国随意损害中日两国之邦交。如在政治上或经济上不得不与他国合作时，亦当先行通知贵团或贵团指定之代表人，征得同意后始实行之。誓约毕。

大正二年九月十三日于日本东京

中华民国　孙文（印）

此致

精神团总裁饭野吉三郎启

　　据日本外务省档案《各國内政関係雑纂/支那ノ部/革命黨関係（亡命者ヲ含ム）》[《各国内政关系杂纂·中国部分·革命党方面（含流亡者）》]第十一卷，局长小池致公使山座②附件，一九一四年三月二十六日收到，东京、日本外务省外交资料馆藏（赵军译）

---

　　① 孙文"二次革命"失败后于一九一三年八月再度流亡日本，力图掀起新的反袁斗争。到达东京后曾数次拜访日本精神团总裁饭野吉三郎，商谈合作事宜。饭野与日本参谋本部参谋次长大岛健一等军界要人关系颇为密切，孙文企望通过他购得讨袁武器，乃与日友池亨吉共同制订了这份誓约书。该件系小池张造自饭野手中获得。

　　② 即日本外务省政务局长小池张造致驻华公使山座圆次郎。

中华革命党成立会上的誓约①

（一九一四年七月八日）

总 理 誓 约

誓 约 641②

立誓人孙文，为救中国危亡，拯生民困苦，愿牺牲一己之身命、自由权利，统率同志再举革命，务达民权、民生两主义，并创制五权宪法，使政治修明，民生乐利，措国基于巩固，维世界之和平。特诚谨矢誓如左：

一、实行宗旨；

二、慎施命令；

三、尽忠职务；

四、严守秘密；

五、誓共生死。

从兹永守此约，至死不渝。如有贰心，甘受极刑。

中华民国广东省香山县　孙文（指模）

---

① 中华革命党使用誓约作为入党必经手续，始自一九一三年九月。举行成立会之前，在日本填写誓约入党并经党务部登记存案者已有六百余人。孙文于一九一四年六月被推举为中华革命党总理，在七月八日成立会上，亲书本人誓约并率先宣誓就总理之职，随后带领部分新党员按其制定的誓约宣誓。

② 此为编号的序数，当系党务部在会后补记。通常登记为"第六百四十一号"。

民国三年七月八日立

据《孙先生自书中华革命党总理誓约》
原件影印件，载南京《中央党务月刊》
第六期，一九二九年一月一日出版①

党员誓约②

　　誓　约　　第　号

　　立誓约人〇〇〇，为救中国危亡，拯生民困苦，愿牺牲一己之身命、自由权利，附从孙先生再举革命，务达民权、民生两主义，并创制五权宪法，使政治修明，生民③乐利，措国基于巩固，维世界之和平。特诚谨矢誓如左：

　　一、实行宗旨；

　　二、服从命令；

　　三、尽忠职务；

　　四、严守秘密；

　　五、誓共生死④。

　　从兹永守此约，至死不渝。如有贰心，甘受极刑。

中华民国　　省　　县人〇〇〇（指模）

民国三年七月八日立

　　姓名　　　　别字

　　年龄　　　　籍贯

---

　　①　另见一些书刊所载影印件，多未印出孙文署名后指模。按：一九二八年三月，中国国民党中央执行委员会接收上海环龙路四十四号（今南昌路一八〇号）原中国国民党本部大批档案，成立档案整理处进行整理后，将部分史料在该会秘书处印行的《中央党务月刊》上陆续刊布，此即其中之一。本书另收载于该杂志党史资料各件，亦出自同一来源（现由台北、中国国民党文化传播委员会党史馆收藏）。

　　②　底本影印一九一四年七月八日的入党誓约共六件，均为立誓人亲笔书写，个别文字有参差。此处所收，略去立誓人姓名及填写资料。

　　③　在早期誓约中于此处多作"民生"，后改为"生民"。

　　④　在早期誓约中于此处亦作"誓共死生"。

经历

职业

住址

介绍人〇〇〇

主盟人〇〇〇

据《党员誓约书》原件影印件，载萱野长知:《中華民國革命秘笈》，东京,帝国地方行政学会一九四〇年七月三日发行①

附一：中华革命党印发的誓约②

誓　约　　第　号

立誓约人〇〇〇，为救中国危亡，拯生民困苦，愿牺牲一己之身命、自由权利，附从孙先生再举革命，务达民权、民生两主义，并创制五权宪法，使政治修明，生民乐利，措国基于巩固，维世界之和平。特诚谨矢誓如左：

一、实行宗旨；

二、服从命令；

三、尽忠职务；

四、严守秘密；

五、誓共生死。

从兹永守此约，至死不渝。如有贰心，甘受极刑。

籍贯　　省　　　县人〇〇〇（本人盖左手中指模处）

年岁　　别字

职业

经历

_____

① 萱野长知系中华革命党日籍党员，该书为日文著作，影印自一九一三年九月二十七日至一九一四年七月十八日入党誓约共六百四十四件，均为用毛笔书写，有编号者占绝大多数。

② 此件系中华革命党本部党务部后据孙文制定的内容所印发。

入党　　　　部及所在地

介绍人○○○

主盟人○○○

中华民国　　　年　　月　　日

据《中华革命党誓约》铅印页原件影印，载上海
《建国月刊》第一卷第三期，一九二九年七月出版

附二：入党介绍人任务

第一条　介绍人除总章第十条之规定外，应守左之规定。

第二条　介绍入党时，应保证所介绍之人决不有叛党行为。

第三条　介绍人非深悉其人根底者，不得漫为介绍。

第四条　介绍人不得以他人一言一行为准，径行介绍入党。

第五条　介绍人对于所介绍之党员被人煽惑时，应负纠正之责。

第六条　介绍人有随时调查所介绍之党员品行、言论及住址之义务。

第七条　介绍人之成绩，每年由本部刊行报告，呈请总理分别给奖。

党务部长居正启

中华民国三年九月一日

据《介绍人任务》，载南京《中央党务月
刊》第一期，一九二八年八月一日出版①

附三：入党主盟人任务

第一条　主盟人除遵照总章主盟新进，应守左之规定。

第二条　主盟人对于新进党员，监视其填写誓约、加盖指模后，即请党员起立，举右手，主盟人自己举右手，请党员照誓约宣读一遍。誓毕，主盟人与党员

---

①　另见日本神户王柏林（原国民党神户交通部副部长王敬祥之孙）收藏《介绍人任务简章》原抄件八条，内容有增减，制订时间似较底本为早。

握手为礼。

第三条　主盟人对于介绍人素不相识，不得漫为主盟；俟调查后，再准其所介绍之人入党。

第四条　主盟人有深悉入党之人品行卑劣，不得以介绍人负责漫为主盟。

第五条　主盟人须严守秘密。

第六条　主盟人成绩，每年由党务部第一局汇齐，呈请总理给奖。

党务部长居正启

中华民国三年九月一日

据《主盟人任务》，载南京《中央党务月刊》第一期，一九二八年八月一日出版

附四：加盖指印说明

一、盖指印必用左手中指。

一、盖指印必于誓约末行"某省某县本人"下之椭圆形内。

一、盖指印或用墨或用印色须圆满明瞭，使指纹易于辩认。

一、指印认为一种符号，凡党员间隔、字迹、印章均可变造，惟各人指印则难模仿。故于填写誓约盖用指印之后，无论海内外同志，凡关于重大通信事务，纯以加盖本人指印为凭。

右件即希各支分部长及主盟人遵照办理为荷。

总务部启

中华民国三年九月十五日

据《加盖指印说明》，载南京《中央党务月刊》第一期，一九二八年八月一日出版

附五：中华革命党证书说明①

一、此证书须注意保存。

一、此证书不得授与他人。

一、持此证书到本党各处机关，无须介绍。

一、持此证书，到处可以参与本党之大会场。

一、持此证书，可以享受总章所规定各条项权利之保证。

据《中华革命党党证》原件影印件，载上海《建
国月刊》第一卷第三期，一九二九年七月出版

中华革命党总章②

（一九一四年七月八日）

第一条　本党名曰中华革命党。

第二条　本党以实行民权、民生两主义为宗旨。

第三条　本党以扫除专制政治、建设完全民国为目的。

第四条　本党进行帙〔秩〕序分作三时期：

一、军政时期　此期以积极武力扫除一切障碍，而奠定民国基础。

二、训政时期　此期以文明治理，督率国民建设地方自治。

三、宪政时期　此期俟地方自治完备之后，乃由国民选举代表，组织宪法委员会，创制宪法。宪法颁布之日，即为革命成功之时。

---

①　中华革命党本部成立后，党务部还制作《中华革命党证书》印发给党员，证书上有孙文肖像、党旗及国旗（孙文所主张的青天白日满地红旗），载明发证日期和编号，党员须在证书上盖指模；说明文字印在证书背面。至如中华革命党美洲支部则另制《中华革命党党员证》，明确规定"凡持有本证者方认为本党党员"（南京《中央党务月刊》第二十五期所载党员证原件影印，一九三〇年八月出版）。

②　此总章为孙文手订，于七月八日在东京举行的中华革命党成立会上公布。

第五条　自革命军起义之日至宪法颁布之时，名曰革命时期。在此时期之内，一切军国庶政悉归本党负完全责任，力为其难，为同胞造无穷之幸福。

第六条　凡中国同胞皆有进本党之权利义务。

第七条　凡进本党者必须以牺牲一己之身命、自由、权利而图革命之成功为条件，立约宣誓，永久遵守。

第八条　凡党员须纳入党费十元、每年年捐一元于本部；惟前时曾致力于革命及现在为革命奔走者悉免。其有额外义捐巨资者，照《事前筹饷章程》① 办理。

第九条　每党员至少须介绍新进一人，方完义务。其有于革命军起义之前，介绍新进百人者记功一次，千人者记大功一次，照《酬勋章程》② 办理。

第十条　凡党员有背党行为，除处罚本人之外，介绍人应负过失之责。

第十一条　凡于革命军未起义之前进党者，名为首义党员；凡于革命军起义之后、革命政府成立以前进党者，名为协助党员；凡于革命政府成立之后进党者，名曰普通党员。

第十二条　革命成功之日，首义党员悉隶为元勋公民，得一切参政、执政之优先权利；协助党员得隶为有功公民，能得选举及被选权利；普通党员得隶为先进公民，享有选举权利。

第十三条　凡非党员，在革命时期之内不得有公民资格，必待宪法颁布之后，始能从宪法而获得之。宪法颁布以后，国民一律平等。

第十四条　凡有功于本党或曾在本党人员之麾下服务一年者，虽未照第七条之手续进党，若得党员十人之保证，可补立誓约，请本部追认为首义党员，得享元勋公民之权利。

第十五条　本党公举总理一人，协理一人。

第十六条　总理有全权组织本部为革命军之策源；协理辅助之或代理之。

第十七条　本部各部长、职员悉由总理委任。

第十八条　各地支部长由各地党员推荐，总理委任。

---

① 此件系同年稍早所订，后名《第三次革命事前筹饷章程》，其中规定凡助资千元以上或万元以上者，分别记功一次和记大功一次，并享有政治及经济之优先权利。

② 此指《中华革命党革命方略》第三编中的《授勋章程》。

第十九条　本部之组织如左：

一、总务部。

二、党务部。

三、财政部。

四、军事部。

五、政治部。

第二十条　每部任部长一人，副部长一人，职务长若干人，职务员若干人。

第二十一条　总务部之职务如左：

一、总务部庶务。

二、接洽内地支部。

三、接洽海外支部。

四、制管公文符印。

五、交涉党外事宜。

六、办理不属他部之事。

第二十二条　党务部之职务如左：

一、主盟新进。

二、存管誓章册藉①。

三、调查党员履历。

四、招待外宾。

五、传布宗旨。

第二十三条　财政部之职务如左：

一、管理党中度支。

二、接收支部党费义捐。

三、筹集事前款项。

四、规定因粮方法。

五、计画事后财政。

第二十四条　军事部之职务如左：

---

① "藉"通"籍"，册藉与册籍同义。

一、物色并培育将才。

二、调查各省敌情。

三、计画作战。

四、运动敌军。

五、调查并购制武器。

六、筹备军政。

第二十五条　政治部之职务如左：

一、物色并培育政才。

二、筹备中央政府。

三、规画地方自治。

四、审定建设规模。

第二十六条　凡属党员，皆有赞助总理及所在地支部长进行党事之责，故统名之曰协赞会，分为四院，与本部并立为五，使人人得以资其经验，备为五权宪法之张本。其组织如左：

一、立法院。

二、司法院。

三、监督院。

四、考试院。

第二十七条　协赞会会长一人，副会长一人，由总理委任。各院院长由党员选举，但对于会长负责任。

（说明）所以由总理委任会长、副会长者，为统一党务起见。若成立政府时，当取消正副会长，则四院各成独立之机关，与行政部平行，成为五权并立。是之谓五权宪法也。

第二十八条　立法院之职务如左：

一、创制各部规则。

二、提议修改总章。

三、批准支部章程。

四、筹备国会组织。

第二十九条　司法院之职务如左：

一、裁判各部或职员之冲突。

二、裁判党员之争执及处罚事宜。

三、裁判各支部、分部之冲突。

四、筹备司法院之组织。

第三十条　监督院之职务如左：

一、监察党务进行。

二、责备党员服务。

三、察视党员行为。

四、稽查党中账目。

五、筹备监督院之组织。

第三十一条　考试院之职务如左：

一、考验党员才干而定其任事资格。

二、调查职员事功而定其勋绩。

三、筹备考试院之组织。

第三十二条　支部为各地之自治团体，得自行议立章程请本部批准，并推荐支部长请本部总理委任。

第三十三条　支部长得便宜行事，派委人员在其附近地方设立分部，而直接统辖之。

第三十四条　分部发达至万人以上者，能自立为支部，直接受本部统辖。

第三十五条　凡国内及海外各种政治组合及爱国团体，人数过万，有欲归属本党者，须照章写立誓约，缴入党捐，便得为本党支部。

第三十六条　国内支部专事实行，海外支部专事筹款，所事虽异而成效无别。故于革命成功之日，国内、海外各支部同一享参政之权利。

第三十七条　革命政府成立之后，每支部得举代表之人以参预政事，组织国会并各种补助机关，以助政府之进行。

第三十八条　各支部皆有权推荐人才，政府当量才从优器使。

第三十九条　本党总章之修改，须由立法院之提议，得本部职员及协赞会职员三分二之决可，乃得修改之。

组织表

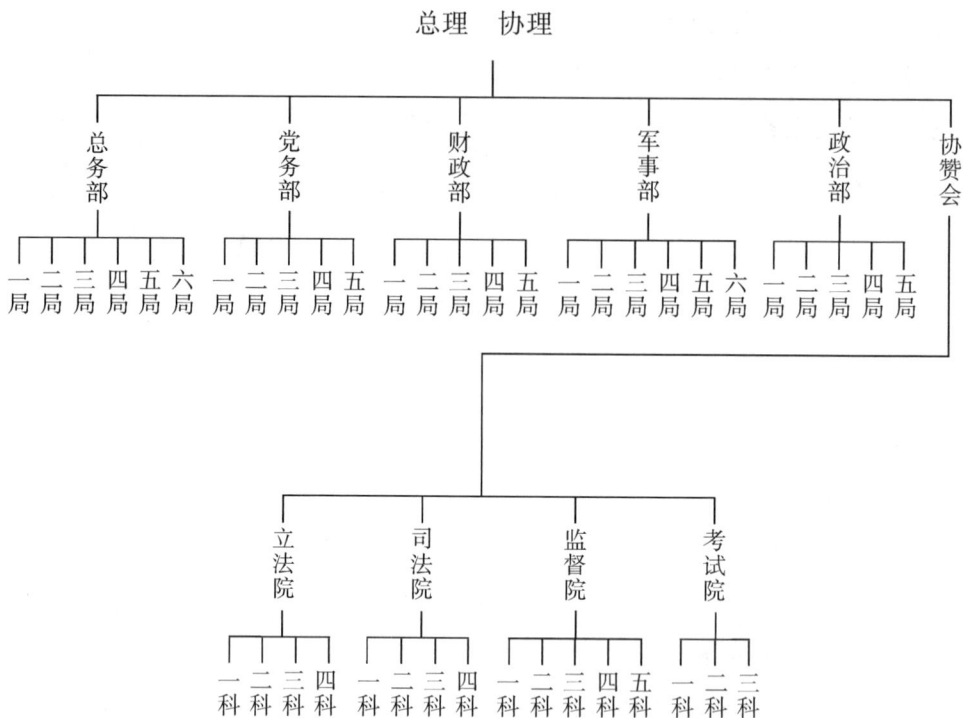

据《中华革命党总章》铅印原件，台北、中国国民党文化传播委员会党史馆藏①

---

① 台北、中国国民党文化传播委员会党史馆另藏有孙文的《中华革命党总章》手稿（一九三〇年二月上海出版的胡汉民编《总理全集》第四集亦载该手稿影印件），内容文字与底本大体相同，惟序号标法有异，且其中一条未编号（故共为三十八条），该件当系总章初稿。又见东京警视总监在中华革命党成立会当日递交外务大臣加藤高明的《中华革命党总章》（日本外务省外交资料馆藏），则与底本完全相同。

附另一版本

改订《中华革命党总章》①

一、本党原名中华革命党（表面仍可称中国国民党）。

二、本党以三民主义为宗旨。

三、本党以创立五权宪法为目的。

四、本党进行秩序分作三时期：

（一）军政时期　此期以积极武力扫除一切障碍，而奠定民国基础。

（二）训政时期　此期以文明治理，督率国民建设地方自治。

（三）宪政时期　地方自治完备成立，乃由国民选举代表，组织宪法委员会，创制五权宪法。宪法颁布之日，即为革命成功之时，本党乃能卸责。

五、自革命军起义之日至宪法颁布之时，名曰革命时期。在此时期之内，一切军国庶政悉归本党负完全责任，力为其难，为同胞造无穷之幸福。

六、凡中国同胞皆有进本党之权利义务。

七、凡进本党者必须以牺牲一己之身命、自由、权利而图革命之成功为条件，立约宣誓，永久遵守。

八、凡党员须纳入党费十元、每年年捐一元于本部；惟前时曾致力于革命及现在为革命奔走者悉免。

九、每党员至少须介绍新进一人，方完义务。其有于革命军起义之前，介绍新进百人者记功一次，千人者记大功一次，照"酬勋章程"办理。（**未能实行**）②

十、凡党员有背党行为，除处罚本人之外，介绍人应负过失之责。（**未能实行**）

---

① 《中华革命党总章》在成立会上公布后，孙文又曾以其铅印原件为蓝本亲笔改订，惟改订时间不详（据所删改内容，有可能是在一九一六年六月袁世凯身死引致政局巨变之后），且改订工作似未完成（有未定稿的明显痕迹）。兹附阅。

② 孙文有两处合并数条文字在其顶端作眉批"未能实行"，现为方便阅读，将该批语分别改置于各条末端，在圆括号内用黑体字排印（下同）。按：批注"未能实行"各条，揣摩孙文之意，似尚待进一步删改。

十一、凡于革命军未起义之前进党者，名为首义党员；凡于革命军起义之后、革命政府成立以前进党者，名为协助党员；凡于革命政府成立之后进党者，名曰普通党员。（**未能实行**）

十二、革命成功之日，首义党员悉隶为元勋公民，得一切参政、执政之优先权利；协助党员得隶为有功公民，能得选举及被选权利；普通党员得隶为先进公民，享有选举权利。（**未能实行**）

十三、凡非党员，在革命时期之内不得有公民资格，必待宪法颁布之后，始能从宪法而获得之。宪法颁布以后，国民一律平等。（**未能实行**）

十四①、凡有功于本党或曾在本党人员之麾下服务一年者，虽未照第七条之手续进党，若得党员十人之保证，可补立誓约，请本部追认为首义党员，得享元勋公民之权利。（**未能实行**）

十五、本党公举总理一人，协理一人。

十六、总理有全权组织本部内容〔活动〕及执行一切事务；协理辅助之或代理之。

十七、本部各部长、职员悉由总理委任。

十八、各地支部长由各地党员推荐，总理委任。

十九、本部之组织如左：

（一）总务部。

（二）党务部。

（三）财政部。

（四）宣传部。

二十、每部任部长一人，副部长一人，职务长若干人，职务员若干人。

二十一、总务部之职务如左：

（一）总务部庶务。

（二）接洽内地支部。

（三）接洽海外支部。

---

① 孙文在改订总章时改变序号格式，将"第××条"仅保留中间的数字，但通篇三十九条中仍有八条未改，如此处犹作"第十四条"；现为统一起见，径改为"十四"（下同）。

（四）制管公文符印。

（五）交涉党外事宜。

（六）办理不属他部之事。

二十二、党务部之职务如左：

（一）主盟新进。

（二）存管誓章册籍。

（三）调查党员履历。

（四）招待外宾。

二十三、财政部之职务如左：

（一）管理党中度支。

（二）接收支部党费义捐。

（三）筹集事前款项。

二十四①、凡属党员，皆有赞助总理及所在地支部长进行党事之责，故统名之曰协赞会，分为四院，与本部并立为五，使人人得以资其经验，备为五权宪法之张本。其组织如左：

（一）立法院。

（二）司法院。

（三）监督院。

（四）考试院。（**未能实行**）

二十五、协赞会会长一人，副会长一人，由总理委任。各院院长由党员选举，但对于会长负责任。

（说明）所以由总理委任会长、副会长者，为统一党务起见。若成立政府时，当取消正副会长，则四院各成独立之机关，与行政部平行，成为五权并立，是之谓五权宪法也。（**未能实行**）

二十六、立法院之职务如左：

（一）创制各部规则。

---

①　孙文在此之前删除第二十四、二十五两条，而本条序号仍作"第二十六条"未改。为使通篇序号衔接起见，本条径改为"二十四"，并将其后各条顺次改动（下同）。

（二）提议修改总章。

（三）批准支部章程。

（四）筹备国会组织。（**未能实行**）

二十七、司法院之职务如左：

（一）裁判各部或职员之冲突。

（二）裁判党员之争执及处罚事宜。

（三）裁判各支部、分部之冲突。

（四）筹备司法院之组织。（**未能实行**）

二十八、监督院之职务如左：

（一）监察党务进行。

（二）责备党员服务。

（三）察视党员行为。

（四）稽查党中账目。

（五）筹备监督院之组织。（**未能实行**）

二十九、考试院之职务如左：

（一）考验党员才干而定其任事资格。

（二）调查职员事功而定其勋绩。

（三）筹备考试院之组织。

三十、支部为各地之自治团体，得自行议立章程请本部批准，并推荐支部长请本部总理委任。

三十一、支部长得便宜行事，派委人员在其附近地方设立分部，而直接统辖之。

三十二、分部发达至万人以上者，能自立为支部，直接受本部统辖。

三十三、凡国内及海外各种政治组合及爱国团体，人数过万，有欲归属本党者，须照章写立誓约，缴入党捐，便得为本党支部。

三十四、国内支部专事实行，海外支部专事筹款，所事虽异而成效无别。故于革命成功之日，国内、海外各支部同一享参政之权利。①

---

① 　孙文在此之后又删除原第三十七、三十八两条，则本改订件由原来的三十九条缩减为三十五条。

三十五、本党总章之修改，须由立法院之提议，得本部职员及协赞会职员三分二之决可，乃得修改之。（**评论而定之**）①

据孙文亲书于《中华革命党总章》铅印原件上的改订件，台北、中国国民党文化传播委员会党史馆藏

中华革命党革命方略②

（一九一四年八月）③

第一编　军　政

第一章　总　纲

第一节　革命军之目的

第一条　革命军以下列各项为目的：

一、推翻专制政府。

二、建设完全民国。

三、启发人民生业。

四、巩固国家主权。

---

①　圆括号内的黑体字系孙文批语，自原眉批位置移此。又按：文末原有一"组织表"，被孙文勾勒了大部分内容（似拟删除），在总理、协理之下仅剩总务部、党务部、财政部三个机构，未录。

②　一九一三年冬，《中华革命党革命方略》（原称《革命方略》）在孙文主持下开始起草制订，并于一九一四年四五月间发行油印本。中华革命党在东京正式成立后，孙文又于八月主持修订工作，从九月二十日至十二月十六日召集党员骨干讨论会十七次（一说四十余次），历时三个月。参与讨论修订的有胡汉民、田桐、谢持、许崇智、杨庶堪、廖仲恺、居正、丁仁杰、戴季陶、王统一、陈其美、何天炯、周应时等多人，随后由中华革命党本部颁行铅印袖珍本。本书所收者即系此修订颁行本。

③　底本原标此件时间为一九一四年，现据上注酌改为是年八月。

第二节　革命军之宣誓

第二条　凡革命军人应照以下五项明白宣誓：

一、实行宗旨。

二、服从命令。

三、尽忠职务。

四、严守秘密。

五、誓共生死。

第三条　宣誓程式及手续如左：

（甲）程式：

誓约书

吾人为救中国危亡，拯生民困苦，愿牺牲一己之身命自由权利，投效革命军前，务达革命目的。自受军职以至革命成功之日，誓严守以下约章：一、实行宗旨；二、服从命令；三、尽忠职务；四、严守秘密；五、誓共生死。从兹矢信矢忠，有始有卒，如有贰心，甘受军法。专此，谨呈

中华革命大元帅

本人□□□○圈内盖左手中指指模

保人□□□○同　　　　　上

主盟长官□□□印

民国　　年　　月　　日

················字　第··················号

履历书

籍贯　省　府　县　乡　　　　　现年　岁

祖 父母（生存或死亡）父母（生或死）兄弟　人（现存者）　妻　氏（现有者）子女　人（现存者）

某年△月入○○学校（卒业或修业）

某年△月营○○商业或○○工业及农业

某年△月入○○军队充○○兵科有若干年

某年△月受○○军职有若干年

右件有开是实即呈

主盟长官　　　　　鉴　　　本人□□□（签名）

民国　　　年　　月　　日

……字　第………………号

合格证书

革命军志愿者□□□，已经宣誓填明履历，考查合格，编入军籍，特此证明。

右付原籍　省　府　县　人□□执照○本人盖指模圈

主盟长官□□□印

民国　　年　　月　　日

（乙）手续：

革命军志愿者已填誓约书、履历书后，须向主盟长官立正举右手，主盟长官亦起立对举右手，听本人宣读誓约书毕，以右手举行加额礼，交付证书。

第二章　组　织

第一节　革命军大元帅

第四条　中华革命党总理为中华革命军大元帅。

第五条　大元帅统率陆海军。于大元帅之下设最高统率部，称曰大本营。其组织以专章定之。（见第□□□至□□□页）

第六条　大元帅代表中华民国为大总统，组织政府，总揽全国政务，一切法令、条例，由大元帅制定公布之。

法令、条例未制定以前，民国现行法令、条例，于可以适用之范围，经大元帅认可得适用之。

第二节　各　省

第七条　各省行政事务，置总督管辖之。总督由大元帅特任，受大本营节制。其职权及组织以专章定之。（见第□□□至□□□页）

各省未设总督以前，置司令长官一人，司令官若干人，筹备各省革命进行事宜。其职权及组织以通则定之。（见第□□□页）

第三节　旗帜及服制

第八条　中华民国以青天白日旗为国旗，其图说如左：

旗以红色为地，青天白日为章，章在旗之首上隅。

旗章之地用蓝色作天，圆心用白色作日，日缘仍用蓝色，日边饰以光芒十二道。光芒之空间仍用白色。其比例如下：

一、旗度纵三横四，例如纵为三尺，则横为四尺，余类推。

二、旗章度等于旗度纵度十一分之六，横度十分之五。

三、日径等于旗章纵度十二分之五。

四、日缘之宽等于日径十五〈分〉① 之一。

五、光芒之长等于日径二分之一。

六、光芒之底角距离等于日径十五分之一。

（注意）日缘之宽与光芒底角之距离，原定为等于日径十五分之一，但旗度愈大，则日缘之宽与光芒底角之距离宜酌减，乃适美观，制旗时宜酌量也。

第九条　大元帅帅旗及军旗在未分别制定专旗以前，得用青天白日之旗章为军旗。式如下：

旗地　蓝色

圆心　白色

圆边　蓝色

光芒之空间　白色

旗度各种比例与前条参照。

第十条　陆军服制以专章定之。（见第□□□至□□□页）

第四节　勋记及饷项

第十一条　革命军之勋记，由大元帅授之，但未授勋记以前，得由各该上级长官注册请奖。

第十二条　授勋章程以专章定之。（见第□□□至□□□页）

第十三条　革命军陆军饷项规定如左：

---

① 本文漏字、错字均据中国国民党文化传播委员会党史馆藏本补正，以后不一一注出。

官等	月俸
大将	五百元
中将（军佐相当官同）	四百元
少将（同前）	三百元
大校（同前）	二百五十元
中校（同前）	二百元
少校（同前）	一百五十元
大尉（同前）	一百元
中尉（同前）	八十元
少尉（同前）	六十元
司务长（同前）	四十元
上士（同前）	二十元
中士（同前）	十六元
下士（同前）	十四元
上等兵（同前）	十二元
一等兵（同前）	十元
二等兵（同前）	八元
备考：本规定之饷项，自革命军起义之日起算。	

第十四条　革命军军用文官薪俸，依其等级适用前条之规定。

第五节　抚　恤

第十五条　革命军人因任务受伤，以致残废不能任事者，照本人现俸给与终身，作为抚恤费。

第十六条　革命军人阵亡及因阵前受伤病故者，照本人现俸给与本人之祖父母或父母或寡妇终身，子女则教育成才，并照本人现俸给与至二十岁为止。

第十七条　凡非革命军人因从事革命致残废者，就其现职比照军人等级给与终身恤费；死亡者就其现职比照军人品级给与遗族恤费。

第十八条　抚恤详章另定之。

第六节　公文程式

第十九条　革命军之公文程式分为五种：

一、对于一般人民宣布意思之公文曰布告。

二、上级机关对于下级机关之公文曰令、曰示。

三、下级机关对于上级机关之公文曰呈。

四、平行机关互相往来之公文曰咨。

五、对于外国官员之公文曰照会。

但革命军对于一般人民或公共团体强制执行之公文亦曰令。

第三章　举　义

第一节　举义前之要务

第二十条　革命军于举义以前，司令长官或司令官对于目的地点须预先秘密调查以下各事项：

一、调查该处公署、府库、银行、造币局厂、电报、电话、无线电、铁路、船舶、船坞、其他各种官业所在，以便占领。

二、调查该处军营、炮台、要塞、军械局库、弹药局库、制造局厂、其他要隘所在形式，以便占领防守。

三、调查该处码头、关卡、渡船、航船（民船）停舶地点所在，以便稽查出入。

四、调查公共会所、寺观、祠宇，何处地方宽阔，交通便利，以便驻屯军队，办理军务之用。

五、调查该处外国人住户、店铺、教堂、学校、医院所在，以便保护。

六、调查该处物产，何项最多，何项缺乏，商会行帮大商巨贾之住居所在，屯积米谷之仓库所在，以便就地因粮。

七、调查该处医院、医馆、医生、看护人、赤十字会、救伤队及其他慈善团体所在，以便委托救护卫生。

第廿一条　革命军于起义前，司令长官、司令官必要准备者：

一、响应或内应之暗号。

二、各动员间之应答口号。

三、各动员辨认之标识（肩章臂章之一二种）。

四、大小旗帜。

五、安民布告。

六、对于所部军队申明军律，并将军律条文刊成布告，以便张贴晓谕军民。

七、檄文。

以上安民布告文、军律条款及宣布军律布告文、檄文另定之。（见第□□□至□□□页）

第二节　举义后之要务

第一项　攻　取

第廿二条　革命军司令长官、司令官攻克地方时亟应执行者：

一、即时于其城垒公署树立第八条规定之旗帜。

二、即时收取该攻克地方之公署、府库、银行、造币局厂、电报、电话、无线电、铁路、船舶、船坞、军营、要塞、要隘、军械局库、制造局厂、弹药局厂及其他国有、公有各产业，并检查官印、文书、册籍、案卷、公用物品，分别保存。

三、于攻克地方司令长官设警备队司令部，置警备司令官一员，警备队长一员，任攻克地方之警备事宜。其职务以专章定之。（见第□□□至□□□页）

四、即命宪兵司令或宪兵队长监察军民，维持秩序。如无宪兵之设备，应即临时挑选优等兵卒、干练长官编成之，直隶司令部管辖，并各给显明标识，以别于寻常宪兵之职务。其职务以专章定之。（见第□□□至□□□页）

五、即派警备队或步兵保护外国人之教堂、学校、医院、住宅。各该外国人愿出境者，亦派人保护出境。如重复入境者，不得任其携带出境时同行以外之人。

六、于二十四点钟内即设因粮局，布征发令。其组织及办法以专章定之。

（见第□□□至□□□页）

七、向来保护地方之乡勇巡警等，于大军到时立刻降服者，可酌量编入警备队，听候调遣。

八、即时出示公布戒严。戒严地刑罚法即日实行，其条文以专章定之。（见第□□□至□□□页）

九、组织军法局。其组织法以专章定之。（见第□□□至□□□页）

十、即刻出示严禁私人擅行招募民军。

十一、组织卫生队，或嘱托赤十字会、慈善团体、私立医院医生等专司卫生事务。其要件如下：

（甲）死尸即时埋葬，不得迟至二十四点钟以外。临时可不用棺木，并得合葬。

（乙）救治伤病兵及俘虏中之病伤者。

（丙）清洁道路，洗刷血秽。

十二、清查虏获品，由司令部交因粮局存管，毋许私据分卖。

十三、出示保护公共建筑物、古迹、名胜，其文另载之。（见第□□□页）

第廿三条　各事办理情形，应呈报大元帅或司令长官，听候区处。

第二项　响　应

第廿四条　凡各处响应之志士或文武官员占据地方，应即时呈报大元帅或司令长官，派员前往，按据方略，布置一切。如该处已按照本方略布置就绪，即由该主任者明白报告，听候分别委任，或派员办理善后事宜。如玩不呈报，即由大元帅或司令长官派员前往收管。凡派员收管者，对于响应者不与赏功。

第廿五条　凡响应之志士或文武官员须填具誓约书。

第廿六条　响应之文武官员除将公文、书籍加意保存外，须将官印缴呈大元帅或司令长官。

第二编　军政府

第一章　大本营

第一条　大元帅之下设最高统率部，称曰大本营。

第二条　大本营置机要、参谋、法制三处，外交、内务、陆军、海军、财政五部。

第三条　机要处设参军长一人，参军四人，秘书长一人，秘书　人，主事　人，电报总管一人，电报员　人，录事　人，供事　人。

第四条　参军长以陆海军大将特任，承大元帅命指挥监督所部参军之勤务。

第五条　参军以陆海军少将、大校各一人充当，承参军长命掌理军令之传达及守卫、扈从、接见事项。

第六条　秘书长为特任官，承大元帅命掌管帷幄之机密文书，指挥监督秘书主事以下职员整理所事。

第七条　秘书为简任官，承秘书长命管守大元帅印，掌理特命机密，或重要文书命令之起草，及行政会议记录之编存事项。

第八条　主事为荐任官，承秘书长命掌理左列事务：

一、关于法律命令之发布并官报事项。

二、关于法律命令原本之保存事项。

三、关于文书之收发、誊录、编存事项。

四、关于会计事项。

五、关于任状之保管，高等官之任免及履历事项。

六、关于典礼仪式、设备、修缮并其他杂务。

第九条　电报总管为荐任官，承秘书长命监督指挥电报员掌理帷幄专设电报事务。

第十条　电报员为委任官，承电报总管指挥掌理电报之接收、拍发事项。

第十一条　参谋处设处长一人，陆军参谋　人，海军参谋　人，录事　人。

第十二条　参谋处长以陆军大将特任，承大元帅命指挥监督所部陆海军参谋以下之勤务，统一作战防御计画。

第十三条　陆军、海军参谋以陆海军中将以下将校尉官充当，承参谋处长命掌理关于作战防御计画。

第十四条　法制处设处长一人，法制参事　人，录事　人。

第十五条　法制处长为特任官，承大元帅命指挥监督所属参事以下掌理关于法律制度之审查、立案事务。

第十六条　法制参事为简任官，承法制处长命从事法律制度之起草、审查、立案。

第十七条　录事为委任官，承上官命从事誊录。

第十八条　供事为委任官，承上官命从事庶务。

附：大本营全体职员表

大元帅					
官厅＼官等		机要处	参谋处	法制处	各部
高等官	特任	参军长 秘书长	处长	处长	总长
	简任 一等	各　　秘书	各　　参谋	法制参事	次长
	简任 二等				参事　局长　司长　技师长　医务长　学政官
	荐任 三等	级　　主事	级		科书　科长
	荐任 四等	参军			各各各　等等等
	荐任 五等				科技医
	荐任 六等				员师官
	荐任 七等	电报主管		电报主管	
	荐任 八等				
	荐任 九等				

（续表）

普通官	委任	一等			一等技手	
		二等	一等电报员		二等技手 一等电报员	
		三等	二等电报员　录事	录　事	录　事	三等技手　录事 二等电报员
		四等	三等电报员　供事		四等技手　供事 三等电报员	

第二章　各部通则

第一条　各部设总长一人，次长一人，司长、参事、秘书、科长、科员、电报主管、电报员、录事、供事若干人。

第二条　各部总长为特任官，于主任事务躬负其责。

第三条　各部总长于主任事务得以职权或依特别委任发布部令，并得附以禁锢惩役或罚金处分。

第四条　各部总长于主任事务，对于各省总督得下训令。

第五条　各部总长于主任事务，对于各省总督之命令或处分认为违背法规，损害公益或逾越权限时，得取消停止之。

第六条　各部总长于所部荐任官之功过进退呈请大元帅裁决施行，于荐任官以下得专行之。

第七条　各部总长遇有事故，除法律命令之副署，呈文之署名及部令之发布外，得命次长代理其职务。

第八条　各部次长为简任官，辅佐总长整理行政，指挥监督各司事务。

第九条　各部参事为简任官，承总长命掌理审议立案。参事得充总务厅长。

第十条　各部司长为简任官，承总长命掌理主任事务，指挥监督各科职员处理所事。

第十一条　各部秘书为荐任官，承总长命掌理机密，并特命重要文书之起草事项。

第十二条　各部科长为荐任官，承上官命掌理该科主任事务，监督指挥科员处理所事。

第十三条　各部科员为荐任官，承上官指挥掌理主任事务。

第十四条　各部设总务厅，掌理左列事务：

一、关于机密事项。

二、关于官吏之进退身分〔份〕资格事项。

三、关于总长官印及部印之管守事项。

四、关于文书之收发、誊录、编存事项。

五、关于统计、报告事项。

六、关于本部所管经费及诸收入之预算、决算、会计事项。

七、关于会计、监查事项。

八、关于本部所管官有财产及物品事项。

九、关于不属他科主管事项。

陆军、海军两部因便宜于前列第二、六、七、八事项，特设科局专管。

第十五条　电报主管为荐任官，承总长命监督指挥电报员掌理各部专设电报事务。

第十六条　电报员为委任官，承电报主管指挥掌理部内电报之接收、拍发事务。

第十七条　录事为委任官，承上官命从事誊录。

第十八条　供事为委任官，承上官命从事庶务。

第十九条　通则所揭之外，各部所设特别职员于各部本则规定之。

第三章　外交部

第一条　外交部总长掌理关于外交政务之施行，及外国居留人民商业之保护事务，指挥监督外交官及领事官。

第二条　外交部总务厅除掌通则所揭事项之外，兼掌驻劄本国之各国外交官、领事官、外国人勋章之赏赐，条约原本之保管及文书之翻译事项。

第三条　外交部定员参事三人，司长二人，秘书　人，科长　人，科员　人，翻译员　人。

第四条　外交部设外政、通商两司。

第五条　外政司掌理左列事务：

一、关于外交机要事项。

二、关于各国政制现状及舆论趣向之调查事项。

三、关于涉外关系事项。

第六条　外政司设左之三科，分掌事务：

第一科　掌理关于英、美、俄、日国事项。

第二科　掌理关于德、奥、荷兰、瑞、西及日耳曼语系诸国事务。

第三科　掌理关于法、意、比、西、葡、墨、秘及拉丁语系诸国事务。

第七条　通商司掌理左列事务：

一、关于通商、航海及移民事项。

二、关于通商条约之缔结、改废事项。

第八条　翻译员从事翻译及通译。

第四章　内务部

第一条　内务部总长专司筹备宪政时期国会选举事务，立地方完全自治之基础，掌理关于警保、工程、宗教、赈恤、慈善、教育、法务及农、工、商事务，监督各省吏治，于各省事务官以外高等官之进退赏罚呈请大元帅施行。

第二条　内务部总务厅于通则所揭之外，兼掌关于地方官吏进退赏罚事项。

第三条　内务部定员参事五人，司长七人，秘书　人，科长　人，科员　人。

第四条　内务部置左之特别职员：

学政官二十二人，为简任官，掌理关于学政考查事务。

技师长　人，为简任官，统率所属技师、技手掌理关于技术事务。

医务长一人，为简任官，统率所属医官掌理卫生或官医院事务。

技师　人，为荐任官，承上官指挥掌理主任技术事务。

医官　人，为荐任官，承上官指挥掌理卫生事务或医务。

技手　人，为委任官，承上官指挥处理所事。

第五条　内务部设左之七司：

内务司。

警保司。

卫生司。

工程司。

教育司。

法务司。

农工商司。

第六条　内务司掌理左列事务：

一、关于筹备选举及地方自治事项。

二、关于国籍及人口调查事项。

三、关于征兵征发事项。

四、关于行政区域之变更设废事项。

五、关于赈灾恤难事项。

六、关于以国费经营之老人院、贫民院、盲哑院、麻疯院、孤儿院及其他以慈惠为目的之一切建筑物事项。

七、关于公益社团财团之认许事项。

八、关于寺观、庙社、庵堂、教堂及各宗教派传道事项。

九、关于名胜之保存事项。

第七条　警保司掌理左列事项：

一、关于行政警察事项。

二、关于高等警察事项。

三、关于图书出版及著作权事项。

第八条　卫生司掌理左列事项：

一、关于传染病、地方病之预防，及其关于公众卫生一切事项。

二、关于检疫停船事项。

三、关于医师、药剂师之资格，业务及药品之拘束事项。

四、关于以国费设立之医院及卫生会事项。

第九条　教育司掌理关于学务，设左之三科，分掌事务：

一、普通学务科掌理左列事项：

（一）关于学龄儿童事项。

（二）关于小学校、幼稚园事项。

（三）关于师范教育事项。

（四）关于中学校事项。

（五）关于通俗教育及教育会事项。

二、专门学务科掌理左列事项：

（一）关于大学及各种专门学校事项。

（二）关于实业教育事项。

（三）关于海外留学生事项。

（四）关于图书馆、博物馆事项。

（五）关于学术研究会事项。

三、编辑科掌理左列事项：

（一）关于教科用图书之编纂、校订及发行事项。

（二）关于教科用图书之检定及认许事项。

（三）关于教育上图书、仪器之保管事项。

第十条　工程司掌理左列事项：

一、关于本部直辖工程事项。

二、关于各省工程事项。

三、关于土地收用事项。

第十一条　农工商司掌理农工商业事务，设左之三科，分掌事务：

一、农事科掌理关于农林渔业及垦殖事项。

二、工事科掌理关于工业度量衡及意匠权特许事项。

三、商务科掌理关于商业事项。

第十二条　法务司掌筹备司法独立，兼管关于裁判所及监狱事务，设左之三科，分掌事务。

一、民事科掌理左列事项：

（一）关于裁判所之设废及管辖区域事项。

（二）关于民事及非讼事件事项。

（三）关于民事及非讼事件之裁判事项。

（四）关于户籍事项。

（五）关于公证事项。

二、刑事科掌理左列事项：

（一）关于刑事事项。

（二）关于刑事裁判及检查事务事项。

（三）关于刑之执行及赦免、复权事项。

（四）关于犯人引渡事项。

（五）关于辩护士事项。

三、监狱科掌理左列事项：

（一）关于监狱事项。

（二）关于假出狱及出狱人保护事项。

（三）关于犯人异同识别事项。

第五章　陆军部

第一条　陆军部总长掌理关于陆军军政事务，统辖陆军军人、军属，监督所辖各公署。

第二条　陆军部于通则所揭之外，特设副官长一人，副官　人，掌理总务厅事务。

第三条　总务厅长以副官长充之。

第四条　陆军部总务厅于通则所揭之外，兼管左列事项：

一、关于军令及机密差遣事项。

二、关于军事会议事项。

三、关于军事谍报事项。

四、关于部内守卫风纪及宪兵队事项。

五、关于军乐事项。

第五条　陆军部设左之三司：

军务司。

军需司。

军法司。

第六条　军务司设左之四科，分掌事务：

一、人事科掌理左列事项：

（一）关于陆军武官及文官之任免、补充事项。

（二）关于调制、编存各种表册，加考绩表、兵籍、战时名簿、文官名簿等事项。

（三）关于恩给事项。

（四）关于叙勋、褒奖、赏功事项。

（五）关于给假及结婚事项。

（六）关于废兵院及恤兵事项。

二、军事科掌理左列事务：

（一）关于陆军建制事项。

（二）关于平时战时编制、戒严、演习、检阅事项。

（三）关于礼式、服制事项。

（四）关于陆军留学生及陆军各学校事项。

（五）关于步、骑、炮、工、辎各科兵事项。

（六）关于征发事项。

三、军械科掌理左列事项：

（一）关于兵器之制式、支给、交换及检查诸事项。

（二）关于所辖制造局、火药库事项。

四、军医科掌理左列事项：

（一）关于陆军卫生及兽医各事项。

（二）关于陆军防疫及治病事项。

（三）关于卫生材料及药品事项。

（四）关于病院、休养室及军医学堂、兽医学堂事项。

（五）关于身体检查事项。

第七条　军需司设左之二科，分掌事务：

一、经理科掌理左列事项：

（一）关于被服、粮食、物品、官有财产之管理及建筑事项。

（二）关于废物处分事项。

二、主计科掌理左列事项：

（一）关于预算、决算事项。

（二）关于收入支出簿记及陆军金库事项。

（三）关于会计之监查事项。

（四）关于军需官之教育养成事项。

第八条　军法司掌理左列事项：

一、关于陆军军事司法及惩罚事项。

二、关于陆军监狱事项。

三、关于军事审判及监狱职员之人事及补充事项。

四、关于特赦及罪人引渡事项。

第九条　军法司职员兼掌陆军高等军法会议事务。

第十条　陆军部定员表列如左：

陆军部定员表

总长（大中将）	次长（少中将）	参事（文官）二人			录事 人 供事 人
		总务厅 长（少将）	副官（大校 人 中校 人 少校 人）秘书（大校 人）		
		军务司 长（少将）	军事科 人事科 军械科 军医科 长各一人（大校 一等医正）	科员 中少校 人 大尉 人 二三等医正 人	
		军需司 长（军需监）	经理科 主计科 长各一人（一等军需正）	科长 二三等军需正 人 一等军需长 人	
		军法司 长（文官）	科员（文官）一等 人 二等 人 三等 人		
	技师长 人	一等技师 人	二等技师 人	三等技师 人	

陆军军人阶级表

兵科／部别	简任官（将官·相当官）	荐任官·校官			尉官			司务长·工长	士官			兵		
（将官共通）	大将　中将　少将													
宪兵		宪兵大校	宪兵中校	宪兵少校	宪兵大尉	宪兵中尉	宪兵少尉	宪兵司务长	宪兵上士	宪兵中士	宪兵下士	宪兵上等兵		
步兵		步兵大校	步兵中校	步兵少校	步兵大尉	步兵中尉	步兵少尉	步兵司务长	步兵上士	步兵中士	步兵下士	步兵上等兵	步兵一等兵	步兵二等兵
骑兵		骑兵大校	骑兵中校	骑兵少校	骑兵大尉	骑兵中尉	骑兵少尉	骑兵司务长	骑兵上士	骑兵中士	骑兵下士	骑兵上等兵	骑兵一等兵	骑兵二等兵
炮兵		炮兵大校	炮兵中校	炮兵少校	炮兵大尉	炮兵中尉	炮兵少尉	炮兵司务长　炮兵工长	炮兵上士　炮兵鞍工上士　炮兵鎗工上士　炮兵木工上士　炮兵锻工上士	炮兵中士　炮兵鞍工中士　炮兵枪工中士　炮兵木工中士　炮兵锻工中士	炮兵下士　炮兵鞍工下士　炮兵枪工下士　炮兵木工下士　炮兵锻工下士	炮兵上等兵		炮兵二等兵
工兵		工兵大校	工兵中校	工兵少校	工兵大尉	工兵中尉	工兵少尉	工兵司务长　工兵工长	工兵上士	兵工中士	工兵下士	工兵上等兵	工兵一等兵	工兵二等兵
辎重兵		辎重兵大校	辎重兵中校	辎重兵少校	辎重兵大尉	辎重兵中尉	辎重兵少尉	辎重兵司务长	辎重兵上士	辎重兵中士	辎重兵下士	辎重兵上等兵	辎重兵一等兵	辎重兵二等兵
经理部	军需总监　军需监	一等军需正	二等军需正	三等军需正	一等军需	二等军需	三等军需	军需长　缝靴工兵长	军需长上士　缝靴工兵上士	军需长中士　缝靴工兵中士	军需长下士　缝靴工兵下士	上等缝工兵　上等靴工兵	一等缝工兵　一等靴工兵	二等缝工兵　二等靴工兵
卫生部	军医总监　军医监	一等军医正　一等药剂正	二等军医正　二等药剂正	三等军医正　三等药剂正	一等军医　一等药剂官	二等军医　二等药剂官	三等军医　三等药剂官	看护长	看护上士	看护中士	看护下士	上等看护兵	一等看护兵	二等看护兵
兽医部	兽医总监　兽医监	一等兽医正	二等兽医正	三等兽医正	一等兽医官	二等兽医官	三等兽医官	蹄铁工长	蹄铁工上士	蹄铁工中士	蹄铁工下士	上等蹄铁工兵	蹄铁工兵	蹄铁工兵
军乐部			一等军乐长	二等军乐长			一等军乐长　二等军乐长	军乐长	军乐上士	军乐中士	军乐下士	军乐兵		

第六章　海军部

第一条　海军部总长掌理关于海军军政事务，统辖海军军人、军属，监督所辖各公署。

第二条　海军部于通则所揭之外，特设副官长一人，副官　人，掌理总务厅事务。

总务厅长以副官长充之。

第三条　海军部总务厅于通则所揭之外，兼管左列事项：

一、关于军令及机密差遣事项。

二、关于军事会议事项。

三、关于军事谍报事项。

四、关于部内守卫风纪及军乐队事项。

第四条　海军部设左之五司：

军政司。

舰务〔政〕司。

军需司。

军法司。

海运司。

第五条　军政司设左之三科，分掌事务：

一、军事科掌理左列事项：

（一）关于舰队、军队之建制、编制事项。

（二）关于军纪、风纪事项。

（三）关于戒严、征发事项。

（四）关于军舰、军队之配备事项。

（五）关于礼节、旗章、服制及徽章事项。

（六）关于演习、检阅及观舰事项。

（七）关于住外海军武官、留学生、海军各学校及海兵训练事项。

（八）关于军港、炮台事项。

（九）关于海军病院及卫生材料事项。

（十）关于海底电线及无线电报事项。

二、人事科掌理左列事项：

（一）关于海军文官、武官之任免补充事项。

（二）关于海军文官、武官之履历、名册及考绩表、勤务报告事项。

（三）关于士卒之征募、进级、补充事项。

（四）关于海军聘雇外人事项。

（五）关于军人、军属之恩给、叙勋、记功、褒奖及赏与事项。

三、航务科掌理左列事项：

（一）关于测量江海港湾及空中事项。

（二）关于航海、航空图志及测量仪器事项。

（三）关于航海、航空之保安、布告、警戒及碇留事项。

（四）关于灯台、望楼事项。

第六条　舰政司设左之四科，分掌事务：

一、舰务科掌理左列事项：

（一）关于舰船之建造、修理、购买、舣装事项。

（二）关于海军工厂、船坞之设备及管理事项。

（三）关于舰船之调查、研究、检验事项。

（四）关于钢铁制炼事项。

二、兵器科掌理左列事项：

（一）关于兵器之制造、购买、修理事项。

（二）关于兵器之调查、研究、检验事项。

三、轮机科掌理左列事项：

（一）关于轮机之制造、修理、购买、配置事项。

（二）关于轮机之调查、研究、检验事项。

四、飞机科掌理左列事项：

（一）关于飞船、飞艇队之编制、配备事项。

（二）关于飞船、飞艇之制造、修理、购买事项。

（三）关于飞船，飞艇之调查、研究、训练、奖励事项。

第七条　军需司设左之二科，分掌事务：

一、经理科掌理左列事项：

（一）关于被服、粮食、物品、官有财产之管理及建筑事项。

（二）关于海军贮炭所事项。

（三）关于废船、废物处分事项。

二、主计科掌理左列事项：

（一）关于收入支出簿记及海军金库事项。

（二）关于预算决算事项。

（三）关于会计之监查事项。

（四）关于军需官之教育事项。

第八条　军法司掌理左列事项：

一、关于海军军事司法及惩罚事项。

二、关于海军监狱事项。

三、关于军事审判及监狱职员之人事及补充事项。

四、关于特赦及罪人引渡事项。

五、关于捕获审查事项。

第九条　军法司职员并掌海军高等军法会议事务。

第十条　海运司设左之二科，分掌事务：

一、海事科掌理左列事项：

（一）关于航路之保安、标识事项。

（二）关于海员审判所及海员惩戒事项。

（三）关于商港港规、港务信号及通报事项。

（四）关于海难船及漂流人物事项。

二、船务科掌理左列事项：

（一）关于船舶之检验及登记事项。

（二）关于海员之教育、试验、保护及奖励事项。

（三）关于水运交通事项。

（四）关于船舶及航业公司之监督事项。

第十一条　海军部定员表列如左：

海军部定员表

总长（大中将）	次长（中少将）	参事（文官）二人			持手人 录事人
		总务厅	长（少将）	副官（大校　人　中校　人　少校　人） 秘书（大校　人）	
		军政司	长（少将）	军事科 人事科 ｝长各一人 军械科 （大校） 军医科 ｝科员	中少校　人 中少监　人 中少军医监　人 大尉　人
		舰政司	长（少将）	舰务科 兵器科 ｝长各一人 轮械科 （大校 飞机科 大监）｝科员	中少校　人 中少监　人 大尉　人
		军需司	长（主监）	经理科 ｝长各一人 主计科 （军需 大监）｝科员	军需　人 中少监　人 大军需　人
		军法司	长（文官）	科员　（文官）｝	一等　人 二等　人 三等　人　供事人
		海运司	长（文官）	海事科 ｝长各一人 船务科 （文官）｝科员（文官）	一等　人 二等　人 三等　人
		技师长　人	一等技师　人	二等技师　人	三等技师　人

第七章　财政部

第一条　财政部总长综辖政府财务行政，管理关于会计、出纳、租税、国债、货币及银行事务。

第二条　财政部定员参事三人，司长四人，秘书　人，科长　人，科员　人。

第三条　财政部设左之四司：

主计司。

主税司。

理财司。

国债司。

第四条　主计司掌理左列事项：

一、关于总预算、决算事项。

二、关于特别会计之预算、决算事项。

三、关于支付预算事项。

四、关于主计簿记事项。

五、关于岁出入现计书之制作事项。

六、关于诸计算书之检查事项。

七、关于出纳官吏之监督及其身分〔份〕保证事项。

八、关于预备金支出事项。

九、关于金钱、物品、会计之统一事项。

十、关于地方岁计事项。

第五条　主税司掌理左列事项：

一、关于国税之赋课、征收事项。

二、关于税务之管理、监督事项。

三、关于民有土地类目变更事项。

四、关于土地清册事项。

五、关于本部税外诸收入事项。

第六条　主税司设左之二科，分掌事务：

一、直税科掌理左列事项：

（一）关于田赋、土地及矿税事项。

（二）关于营业税、当押饷及家屋税事项。

二、间税科掌理左列事项：

（一）关于厘金及一切之通过税事项。

（二）关于烟酒税及其消费税事项。

（三）关于印花税及其他行为税事项。

（四）关于杂税及其他税外诸收入事项。

第七条　理财司掌理左列事项：

一、关于资金运用事项。

二、关于国库之出纳、管理及出纳计算书事项。

三、关于国库簿记事项。

四、关于货币铸造事项。

五、关于金库之监督事项。

六、关于银行之监督事项。

七、关于纸币、银行券事项。

八、关于贮款、保管物及供托物事项。

九、关于金融事项。

第八条　国债司掌理关于国债事务。

第九条　国债司设左之二科，分掌事务：

一、内债科掌理左列事项：

关于内债之募集、偿还、整理及交付利息事项。

关于内国债簿记事项。

关于内国债计算书之制作事项。

关于义捐金及年金、恩赏之给与事项。

二、外债科掌理左列事项：

关于外债之募集、偿还、整理及利息偿款之交付事项。

关于外债簿记事项。

关于外债计算书之制作事项。

关于驻外财务官事项。

第十条　财政部总长基于必要，得派驻外财务官，经理本国在海外财务及募债事项。

第十一条　财政部总长基于必要，得设专任技师、技手，掌理关于技术事项。

第八章　关于财政交通事务补则

第一条　未改定颁布各种税法以前，除赌饷外，一切税目、税率征收方法及征收机关位置暂仍其旧。

第二条　关于关税、盐税事务未设专管机关以前，并归财政部主税司间税科掌理。

第三条　关税及盐税征收官吏，由财政部总长呈请任命。

第四条　关于邮政驿递事务，未设专管机关以前，并归内务部总务厅掌理。

第五条　邮政局职员由内务部总长呈请任命。

第六条　关于电政、铁路事项未立专部管理以前，暂设电政监督局、铁路监督局、隶属于陆军部。局内职员由陆军部总长呈请任命。

第七条　电政监督局组织如左：

一、电政监督局设左之职员，掌理关于官营之电报、电话、电灯事务：

局长一人　简任

技师长一人　简任

科长四人
技师　　人 ｝荐任
科员　　人

技手　　人
录事　　人 ｝委任
供事　　人

二、电政监督局设左之四科：

（甲）总务科掌理左列事项：

一、关于电报、电话、电灯总分局之业务事项。

二、关于总分局职员之进退功过事项。

三、关于文牍、报告、统计事项。

四、关于扩张计画事项。

五、关于电气取缔及电气测定器之检查事项。

六、关于电报学堂事项。

（乙）会计科掌理左列事项：

一、关于经费及收入之会计簿记事项。

二、关于总分局之会计监查事项。

三、关于改良维持费之预算事项。

（丙）营缮科掌理左列事项：

一、关于查勘、测量事项。

二、关于修缮、建设事项。

（丁）材料科掌理左列事项：

一、关于材料之购备事项。

二、关于材料之保管事项。

三、关于废料之处分事项。

第八条　铁路监督局组织如左：

一、铁路监督局设左之职员，掌理铁路运输事务：

（一）局长一人　简任

（二）技师长一人　简任

（三）科长四人

（四）技师　人　荐任

（五）科员　人

（六）技手　人

（七）录事　人　委任

（八）供事　人

二、铁路监督局设左之四科：

（甲）总务科掌理左列事项：

一、关于铁路业务检查事项。

二、关于运货规定事项。

三、关于各线运输联络事项。

四、关于路线扩张计画事项。

五、关于各局职员之进退功过事项。

六、关于文牍、报告、统计事项。

七、关于车辆、机关车之制造及制造工场事项。

八、关于铁路学堂事项。

（乙）会计科掌理左列事项：

一、关于经费及收入之会计簿记事项。

二、关于改良维持费之预算事项。

三、关于各局之会计监查事项。

（丙）建筑科掌理左列事项：

一、关于查勘、测绘事项。

二、关于建筑、修缮事项。

（丁）材料科掌理左列事项：

一、关于材料之购备事项。

二、关于材料之保管事项。

三、关于废料之处分事项。

第九章　行政会议

第一条　行政会议于大元帅监临之下行之。

第二条　行政会议以左之职员组织之：

各部总长。

法制处长。

各部次长。

关于军事并加参谋处长。

第三条　行政会议经熟议之后由大元帅裁决。

第四条　除大元帅特别付议事项外，左列事项应经行政会议：

一、法律及预算、决算案。

二、国际条约及国际关系重要事项。

三、官制、官规及关于法律施行之命令。

四、各部主管权限之争议。

五、主任不明事项。

六、关涉两部以上事项。

七、预算外之支出。

八、各部总长于主管事务之关于高等行政而认为关系重大之事项。

九、各省总督所提议关于各部主管之行政改革事项。

第十章　总督府组织

第一条　各省设总督一人，由大元帅特任。

第二条　总督受内务部总长之监督，统辖全省行政；于各部主管事物，并承各部总长之区处。

第三条　总督于委任范围内，统率省内驻屯陆海军，掌理管辖区域内之防备事务，维持全省安宁秩序。遇有必要用及兵力时，须将理由情况急报内务、陆军、海军部总长。

第四条　总督得以职权或依特别委任，发布总督府令；并得附以一年以下之惩役、禁锢，二百元以内之罚金处分。

第五条　总督于所辖官署之命令处分有认为违反法规、妨害公益或侵越权限者，得取消停止之。

第六条　总督指挥监督所部官吏：于高等官之功过进退，报经内务部总长；其关于高等税务官者，报经财政部总长呈请施行；其他得专行之。

第七条　总督关于行政上重大事项，得经主管各部总长提议于行政会议。

第八条　总督府设民政长官一人，为一等简任官，辅佐总督统理民政，监督所部各司署。

第九条　总督府设总督公厅及左之四司：

总务司。

内务司。

财务司。

法务司。

第十条　总督府置军务厅、管理总督府军务，其组织另定之。（见第□□□至□□□页）

第十一条　总督府置左之职员：

参事二人 ｝简任
司长四人

秘书二人
科长　人
省视学官　人 ｝简任
科员　人
通译　人

税务官　人
医官　人 ｝简荐任
技师　人

技手　人
录事　人 ｝委任
供事　人

第十二条　参事承总督、民政长官命，掌理审议立案事务。

第十三条　司长承总督、民政长官命，指挥监督司中各种事务。

第十四条　秘书承总督、民政长官命，掌理机要事务。

第十五条　科长承上官命，掌理主任事务，并指挥监督该科人员。

第十六条　省视学官承上官命，掌理学务考查。

第十七条　科员承上官命，掌理主任事务。

第十八条　翻译官承上官命，从事翻译及通译。

第十九条　税务官承总督、民政长官命，掌理各局各种税局事务。

第二十条　医官承总督、民政长官命，掌理官医院及病人疗冶、医术研究事务。

第廿一条　技师承总督、民政长官命，掌理关于专门技术事务。

第廿二条　技手承上官命，从事关于技术事务。

第廿三条　录事、供事承上官命，从事誊录、庶务。

第十一章　总督府事务分掌规程

第一条　总督府事务由总督、民政长官指挥总督公厅总务、内务、财务、法务四司分掌之。

第二条　总督公厅设秘书室、参事室。

第三条　秘书室掌左之事务：

一、关于机密之文书及电报事项。

二、关于总督特命之机密事项。

第四条　参事室掌理总督权限内之单行法令及条约、契约之审议立案事项。

第五条　总务司设外事科、人事科、文书科、经理科四科。

第六条　外事科掌左之事务：

一、关于条约及协定之事项。

二、关于领事馆及外国人事项。

三、关于外交上仪式事项。

四、关于海外移民事项。

五、关于国境事项。

第七条　人事科掌左之事务：

一、关于官吏及佣员之进退及身份资格之检查事项。

二、关于褒赏、叙勋事项。

第八条　文书科掌左之事项：

一、关于文书之接受、发送、编纂、保存事项。

二、关于总督、民政长官官印及府印之保管事项。

三、关于官报事项。

四、关于统计及报告事项。

五、关于不属他科事项。

第九条　经理科掌左之事项：

一、关于本府经费之出纳、会计事项。

二、关于会计之监查事项。

三、关于府中之设备、修缮、洒扫事项。

四、关于府中仆役之取缔事项。

第十条　内务司设庶务科、地方科、教育科、实业科四科。

第十一条　庶务科掌左之事项：

一、关于内务司内文书之接受及发送事项。

二、关于统计及报告材料搜集事项。

三、关于本司内不属他科事项。

第十二条　地方科分设民政股、土木股。

民政股掌左之事项：

一、关于各府县行政之监督事项。

二、关于兵事事项。

三、关于民籍人口事项。

四、关于慈善救恤事项。

五、关于一省公共团体事项。

六、关于宗教享祀事项。

七、关于官公立医院事项。

土木股掌左之事项：

一、关于道路、河川、港湾、桥梁、堤防、水利之修筑事项。

二、关于水面填筑及使用事项。

三、关于直辖土木工事及地方土木工事之监督事项。

四、关于土地收用事项。

五、关于上水及下水工事事项。

六、关于官有建筑物之营缮事项。

第十三条　教育科掌左之事务：

一、关于国立各种学校图书馆之直接经营事项。

二、关于公私立学校图书馆、书报社之监督事项。

三、关于教育基本财产之整理维持事项。

四、关于义务教育及学龄儿童就学事项。

五、关于教员资格事项。

六、关于教员生徒之身体健康检查事项。

七、关于教育演说会演说员之资格事项。

八、关于其他教育奖励诸事项。

第十四条　实业科设农务股、矿务股、工商股。

农务股掌左之事项：

一、关于农林山野事项。

二、关于蚕桑及制丝事项。

三、关于畜产事项。

四、关于灌溉及耕地整理事项。

五、关于农事试验场、模范场及农林学校事项。

六、关于渔业水产事项。

矿务股掌左之事项：

一、关于官营矿业事项。

二、关于矿产调查报告事项。

三、关于矿质化验事项。

四、关于营矿许可事项。

工商股掌左之事项：

一、关于商标登录事项。

二、关于意匠权特许及专利请求事项。

三、关于官设劝工场及劝业展览会事项。

四、关于工业传习所事项。

五、关于其他工商业之奖励、保护诸事项。

第十五条　财务司设庶务科、主税科、主计科。

第十六条　庶务科掌左之事务：

一、关于财务司内之文书接受及发送事项。

二、关于统计及报告材料搜集事项。

三、关于本司内不属他科事项。

第十七条　主税科设田赋股、厘金股、税捐股，分掌左之事项：

一、关于国税及其他税外诸收入事项。

二、关于收税机关之设置、变更、废止事项。

三、关于国税滞纳处分事项。

四、关于财源调查事项。

五、关于府县税及其征收方法之认许事项。

第十八条　主计科设预算决算股及理财股。

预算决算股掌左之事务：

一、关于概算、预算、决算之事项。

二、关于预算科目设置事项。

三、关于岁出入报告事项。

四、关于主计簿记事项。

五、关于会计法规事项。

六、关于预备金支出及预算流用事项。

七、关于出纳官吏之监督及保证事项。

理财股掌左之事项：

一、关于地方债及借入金事项。

二、关于基金运用事项。

三、关于贷附金及利息事项。

四、关于官有财产之整理、处分事项。

五、关于保管物及供托物事项。

六、关于货币及兑换券事项。

七、关于银行及金融机关事项。

八、关于地方财务监督事项。

第十九条　法务司设庶务科、民事科、刑事科。

第二十条　法务司庶务科掌左之事项：

一、关于法务司文书之接收及发送事项。

二、关于统计及报告材料搜集事项。

三、关于辩护士资格及其取缔事项。

四、关于监狱之设置、废止及其经营事项。

五、关于审判厅之设废维持及其管辖区域事项。

六、关于司法内不属他科事项。

第廿一条　民事科掌各种登记户籍及其他民事非讼事件。

第廿二条　刑事科掌刑事检查入狱及出狱人保护事项。

第十二章　总督府军务厅组织

第一条　总督府军务厅设参谋处、副官处及左之三科：

军法科。

军需科。

军医科。

第二条　总督府军务厅职员如左：

参谋长一人　少将

副官长一人　大校

参谋　人　校官

副官　人　校官

科长三人 $\begin{cases} 荐任文官　人 \\ 一等医正　人　一等军需正　人 \end{cases}$

科员 $\begin{cases} 荐任文官　人 \\ 二等二三级三等一级武官　人 \end{cases}$

录事供事　人　委任文官

第三条　参谋长辅佐总督参画军机要务。

第四条　参谋官承参谋长命参画军务。

第五条　副官长承总督命，掌理关于陆军人事、谍报及军令传达、内务风纪事项。

副官承副官长命，分理上述事项。

第六条　沿海、沿江省分得添设副官一人，以海军校官充当。

第七条　科长承总督命，指挥监督科中各事务。

第八条　科员承上官命，掌理主任事务。

第九条　录事、供事承上官命，从事誊录、庶务。

第十三章　警察总署组织（中央警察适用之）

第一条　各省省城置警察总署，其下置警察署、警察分署，其管辖区由总督定之。

第二条　警察总署置左之职员：

警察总监一人　简任

警务长　人　荐任

警察医长一人　荐任

技　师　人　荐任

警务官　人
警察医　人
巡长　人　｝委任
技手　人
录事供事　人

第三条　警察总监承总督、民政长官命，掌理省城警察、卫生事务，并监督各府县警政。

第四条　警察总监对于所管行政事务，得以职权发布命令，或为必要之处分。

第五条　警察总署设总务、第一、第二、第三四科，分掌事务。

第六条　总务科掌理左列事项：

一、关于官吏之进退功过身份事项。

二、关于掌印事项。

三、关于文书之收发、誊录、编存事项。

四、关于统计、报告事项。

五、关于高等警察事项。

六、关于警察学堂、巡警教练所事项。

七、关于会计、庶务事项。

八、关于武器之分配、保存事项。

九、关于不属他科事项。

第七条　第一科掌理左列事项：

一、关于警政事项。

二、关于刑事事项。

第八条　第二科掌理左列事项：

一、关于建筑、风俗、营业、交通等警察事项。

二、关于危险物检查事项。

第九条　第三科掌理关于卫生警察及卫生事项。

第十条　各科置科长一人，以警务长充之；科员　人，以警务官充之；但第三科科长、科员，以警察医长、警察医充之。

第十一条　第一科设监察官十人，以警务长充之，承上官指挥，监查报告各地方警察事务之实况。

第十二条　警察署长以警务长充之，警察分署长以警务官充之。

警察署长、分署长承上官指挥，监督部下官吏掌理该署主管事务。

第十三条　警务官承上官命，分掌各科警察事务，并指挥监督部下之巡长、巡查。

第十四条　警察医承上官命，掌理卫生警察及卫生事务。

第十五条　技师承上官命，指挥监督技手掌理关于技术事务。

第十六条　技手承上官命，从事技术事务。

第十七条　巡长承上官命，从事警察及卫生事务，并指挥监督部下巡警。

第十八条　录事、供事承上官命，从事誊录、庶务。

第十四章　府知事署组织

第一条　府知事署以左之职员组织之：

府知事　一人　简任

科　　长　人 ⎫
科　　员　人 ⎪
警 务 长　人 ⎬ 荐任
秘　　书　人 ⎪
技　　师　人 ⎪
府视学官　人 ⎭

警务官　人 ⎫
巡　长　人 ⎬ 委任
技　手　人 ⎮
录事供事　人 ⎭

第二条　府知事承总督、民政长官命，管辖境内民政事务。

第三条　府知事所辖区域，别以法令定之。

第四条　府知事于法律命令或由总督委任之事项，得在所辖境内发布府知事令；并得附以三月以内之惩役、禁锢，五十圆以内之罚金处分。

第五条　府知事于县知事所发县知事令及处分有认为违法越权或损害公益者，得取消停止之。

第六条　府知事为兴办府城警察、警察游击队、教育、治水、交通、垦殖、济贫事业，得在所辖境内征收府地方税。

其税目、税率及征收方法、时期，须呈候总督裁决。

第七条　府知事设警察游击队，分布各县要地，维持安宁秩序。

警察游击队之编制及每府队数之分配，由警察总监定之。

第八条　府知事遇有必要，得要求最近驻屯陆军长官出兵；但须急即呈报总督。

第九条　府知事署设左之五科，分掌事务：

一、总务科掌理左列事项：

关于机察事项。

关于掌印事项。

关于官吏之进退功过身份事项。

关于文书之收发、誊录、编存事项。

关于统计、报告事项。

关于府署中庶务及其他不属于他科事项。

二、内务科掌理左列事项：

关于地方自治基础之调查、整备事项。

关于征兵、征发事项。

关于土地收用事项。

关于道路、治水事项。

关于救济、恤贫、慈善事项。

关于矿山之调查报告事项。

关于农林垦殖事项。

关于庙宇、寺观、教堂及各宗教派事项。

关于名胜保存事项。

关于一府公益社团、财团之认许事项。

三、财务科掌理左列事项：

关于国税事项。

关于一府之总预算、决算事项。

关于府地方税之征收及税外收入事项。

关于府金库事项。

关于国费委任交付事项。

关于属于国费之会计事项。

关于府署经费及属于地方费之会计事项。

关于税源之调查事项。

关于官有财产之管理事项。

关于物品之出纳、保管事项。

关于会计监查事项。

四、学务科掌理左列事项：

关于各县学务之监督事项。

关于寻常师范学堂、中学堂、体育学堂、体育会、模范幼稚园、小学及书报社之经营、补助、奖励事项。

关于教育会事项。

关于各学堂职员事项。

关于教员资格检定事项。

关于学事统计事项。

关于教育基本财产事项。

五、警务科掌理左列事项：

关于府城之警保、卫生事项（首府免除此项）。

关于游击队之经理、分布、调遣事项。

关于各县警察卫生行政之监督事项。

第十条　科长承府知事命，指挥监督科员处理该科事务。

警务科长以警务长充之。

第十一条　警务科长设监察官　人，以警务官充之，监查报告警政之实况。

第十二条　科员承上官命，掌理主任事务。

警务科员以警务官、警察医、巡长充之。

第十三条　秘书承府知事命，掌理关于机密及知事特命事务。

第十四条　技师承府知事命，指挥技手掌理关于技术事务。

第十五条　府视学官承府知事命，掌理学事考查。

第十六条　技手承上官命，从事技术。

第十七条　录事、供事承上官命，从事誊录、庶务。

第十八条　警察游击队官统属阶级，依警察总署所定。

第十五章　县知事署组织

第一条　县知事署以左之职员组织之：

县知事　荐任

科　　长 ⎫
警务官 ⎪
视学官 ⎬委任
科　　员 ⎪
巡　　长 ⎪
录事供事 ⎭

第二条　县知事受府知事监督，管辖全县行政事务。

第三条　县知事于法律命令或府知事委任之事项，得在所辖境内发布县知事令；并得附以十日以内之惩役、禁锢，十元以内之罚金处分。

第四条　县知事为办理警察、教育、道路、救贫及垦殖要政，得在所辖境内征收县地方税。

其税目、税率征收方法、时期，须呈候府知事认可。

第五条　县知事于所辖境内遇有匪警，得调遣指挥最近驻屯警察游击队捕剿；倘有必要，并得急报最近驻屯陆军长官派兵援助。

但用及陆军时，须即分报总督、府知事。

第六条　县知事署置第一、第二、第三、第四四科，分掌事务。

第一科所掌事务如左：

一、管守官印、县印。

二、收发文书及其分配。

三、统计记录及编存案卷、书类。

四、誊写文书。

五、公布报告。

六、户籍册之调制、保存。

七、出征及战死军人后嗣家族之调查及扶助。

八、一县慈善事业及公益社团、财团之认可。

九、灾民之救济、赈恤。

十、关于豫备陆海军演习、征募兵丁、征发人物或召集退伍军人事项。

十一、关于教堂、社庙、寺观之事项及地方名胜之保存。

十二、修筑道路、沟渠，营缮官有建物及其他关于工程事项。

十三、测量田亩、整理耕地、土地及关于水利事项。

十四、关于垦荒及农林工商事项。

十五、关于驿递事项。

十六、关于不属他科事项。

第二科所掌事务如左：

一、关于全县岁出入预算、决算事项。

二、关于国税及国税以外国库诸收入事项。

三、关于县税及其征收方法、滞纳处分事项。

四、关于县经济中之财产管理事项。

五、关于县金库之出纳、整理、报告事项。

六、关于国费之委任交付事项。

七、关于县所收得国家行政经费及县税县经济之会计、出纳事项。

八、金银物品之保管。

九、关于邮费、电送金及买卖物品诸事项。

十、关于厅舍之管理、扫除、设备事项。

十一、关于仆役、人夫之雇佣进退事项。

第三科所掌事务如左：

一、关于县立、公私立各小学校、幼稚园及图书馆、书报社之经营、奖励事项。

二、关于教育会、讲习会及学术研究会事项。

三、关于学校教员及教育演说会、演说员资格检定事项。

四、关于学校之卫生状态及授业时限事项。

五、关于学艺之奖励、赏与及学校职员进退事项。

六、关于县立幼稚园、书报社经济事项。

七、关于学龄儿童强迫就学事项。

八、关于教员、生徒身体健康之检查事项。

九、关于学校统计事项。

十、关于学事考查事项。

十一、关于教育基金之募集，教育基本财产之设置、维持、整理事项。

十二、关于与学校教育、社会教育有直接关系诸事项。

第四科所掌事务如左：

一、关于警察区划、警察配置及其纪律实行之监督。

二、关于警察之进退赏罚。

三、关于警察之教练及教练所事项。

四、关于密侦事项。

五、关于违警罪处分事项。

六、关于捕盗事项。

七、关于警卫事项。

八、关于防范狂人、扑杀狂犬、野犬事项。

九、关于编列户号、调查人口及出生、死亡之登记事项。

十、关于铺店、民居移转、迁徙及人民出入往来之取缔、调查事项。

十一、关于上下水道及街道清洁、扫除事项。

十二、关于传染病豫防事项。

十三、关于剧场、酒楼、医院、工场之风纪及卫生事项。

十四、关于新闻纸及出版物取缔事项。

十五、关于娼妓及〈秘〉密卖淫之取缔事项。

十六、关于检查药品及医师、产婆资格事项。

十七、关于凶器或危险物之取缔及其贮藏、执持之许可事项。

十八、关于狩猎之认可及猎区之限定事项。

十九、关于遗失物、埋藏物发见事项。

二十、关于执行司法官厅命令事项。

二一、关于其他保安事项。

第七条　科长承县知事命，指挥监督科员处理该科事务。

第四科科长以警务官充之。

第八条　科员承上官命，掌理主任事务。

第四科科员以警务官、警察医、巡长充之。

第九条　视学官承上官命，掌理学事考查。

第十条　县知事于所辖境内得划分别区，设置警察分署，其署长以巡长充之。

第十一条　县知事得以县地方费设技手，技手掌理关于技术事项。

第十二条　巡长从事警察卫生事务，并指挥监督所部巡警。

第十三条　录事、供事从事誊录、庶务。

总督以下职员官等表

特任	简任一等	简任二等	荐任三等	同四等	同五等	同六等	同七等	同八等	同九等	委任一等	同二等	同三等	同四等
总督	民政长官	参事司长 警察总监 府知事 技师长 医院长	科长 秘书 省视学 县知事 一等技师	总督府一等科员 府知事署科长 二等技师	总督府二等科员 府知事秘书 府知事署一等科员 警务长 警察医长	总督府三等科员 府知事署二等科员 通译	府知事署三等科员			警察医县署科长 警务官员 县视学	一等技手 县署科员	二等技手 录事	三等技手 巡长 供长
	高等文官									普通文官			

第十六章　公署办事通则（各公署适用）

第一条　凡文书到署时，由收发主任收受、开拆、编列号数，随记收受年月日时于书面或其空白处，并撮记事由及其号数收受年月日时于收受簿上，送经长官阅毕盖章，然后转送该管科长。但逢寻常例行及轻易事项，径送该管科长盖章收受。

第二条　收发主任所阅文书判明应递某科主任，即盖某科章记于上。如有关系二科或二科以上者，应并盖该数科章记。如有职掌不明之印，应送本科科长判定。

第三条　收发主任应明文书，分别轻重，加盖"重要"或"寻常"二字章记于书面或空白处，照第一条规定办理。其须登录官报及公布者，亦应盖"登报"或"公布"章记。

第四条　遇有密电、密函或亲展文书于封面一望而知者，收受主任于收受时另编号数，并记收受年月日时于特别文书收受簿，即送长官盖章收阅。其不关于公事之私函，应送封面明记之收受人，收发主任均不得擅拆。

第五条　遇有立待处分要件或送书人立候覆答者，除照前条办理外，应盖"立待处分"章记于上。

第六条　公文书中附有金银、物品者，应并收金银数目、物品种类、件数附记收受簿上，先送主管科员盖章收领后，再将文书转送主管他科办理。其有金品而无文书者，照前文办理。

第七条　遇有方式不合或误送之文书，应于封面记明事由发还。如系本人亲递之件，即由详细说明，俾勿误会。

第八条　凡送发文书，当案日登记发送簿上。其须经邮局或保险者，应将文书并簿送经出纳或会计主任加贴邮票或支给邮费，电报亦同。但文书与金品并送之件，应经关系科长监视封发。邮局、电局或前途收条，应由收发主任汇存，以昭慎重。

第九条　除关于紧急重要事项及立待处分事项外，每日向外发送文书，应在下午退署之前。其分送各科文书，应在辰刻开始办公之时。

第十条　凡向外发送公文，其须秘密者，应盖一"秘"字印章。须亲展者，应书明"亲展"二字于封面。须速达或保险者亦然。

第十一条　各科长由收发主任领受文件时，应即盖章于收受簿上。检阅文件既毕，除应自行处理事项外，即交主任科员处理，不得搁置逾日。

第十二条　各科员收领主任文件后，即以稿纸作一草案署名盖章，送经科长审定转呈长官裁决。

第十三条　遇有关涉数司、数课〔科〕文件，应由关系至大之科员主稿立案，送经各该关系科长审定转呈长官裁决。

第十四条　主任科员须以净稿送科长转呈长官。如科长或长官有所改窜，须于改窜处盖章，并注明添注涂改字数，以重公务。

第十五条　凡经长官盖章判行之件，除关于专门技术之图表外，即由收发处誊真主任誊真校对后，再由收发封发，并将文件与稿本列号分类编存。

第十六条　凡文件列有算式数字者，誊真后应即送主稿科员校对无误，然后封发。

第十七条　凡关于机密要务，应由长官指定科长或科员起草、誊真、校对、钤封后，始交收发主任。其稿本别作密件编号分数存置长官办公密室。

第十八条　除关于紧急要务及立待处分之件须即办理外，凡到文限于三日内办完。如主任科员以公务过多不及清理，应面申理由，请予宽限，或求指派他科人员帮办。

第十九条　凡办完文件，应由主任科员盖一办完章记于上。

第二十条　收发主任每星期一日应将收发簿上收发文件作一分日统计表，注明已办完、未办完，经该管科长转呈长官察核。

第廿一条　凡文件非得长官许可，不得携出署外。非本员处理之件，不得随意取阅。办事处所不得游步纵谈，致妨碍办公。

第廿二条　各员于退署之时，应将文件及管理各物收藏定所，如有散失，由该管理人员负责。

第廿三条　凡奉委出差之员，由满期之日起算，限三日内复命，书候长官裁决。

第廿四条　吏员于主任事务，负有绝对谨慎责任。

第廿五条　吏员于辞职或转任后，仍负任内一切责任。

第廿六条　办公以早晨八时始至十二时止，下午自一时始至五时止。

第廿七条　各员到署，须亲自盖印于考勤表本名之上。

第廿八条　各署设考勤表，每日照式填写一纸，过定时三十分即由收发主任收缴长官汇册存查。每月初日考核，其过定时到署逾三次者科罚，科罚过三次者惩戒。

第廿九条　凡欲于定时前到署者，须得长官许可。

第三十条　有因事故须请假时，应于是日上午以内呈明理由，非有大故不得逾二日。其请病假过三日者，须于呈内附加医师诊断书。

第三一条　遇有要务急须处理时，虽在休假日期不拘时限，应听长官指令到署服务。

第三二条　各司及其他局、所、县、厅、独立、分立各机关应留直宿员，管理退署时间后一切事务及到署文电。遇有立待处分要件，应即送呈长官听候区处。

第三三条　遇有非常警变，所有吏员不拘晓夜，当即到署齐集，受长官指挥，不许规避。

第三四条　凡服公务人员于到任日，须即将履历具呈长官，并将住所详细开交收发主任，如有迁徙，应于迁徙之翌日开报。

第三五条　吏员交代时，须将管内一切公文、簿据、物品及关于公事一切记录一一移交清楚，不得隐匿销毁。

第十七章　陆军司令部通则

第一条　各省设司令长官一人，统辖全省军务，筹画革命进行，直隶于总理。关于军政、军令，受军事部之区处。

第二条　一省之中分若干区，各区设司令官一人，隶于司令长官，综理所管区内之军务。

第三条　司令长官部置左之幕僚：

参谋长　一人

参　谋　　人

副官长　一人

副　官　　人

右定人员外，遇必要时得增置军需、军医等官。

第四条　参谋长为幕僚长，辅佐司令长官，调查参画关于省城巨镇要地攻取之机务。司令长官不在现地时，得代行司令长官之职务。

第五条　副官长承司令长官命，办理机要及庶务。

第六条　参谋、副官承上官命，服行担任之职务。

第七条　各区司令部之组织，照第三条规定，但官等不同。

第八条　中华革命军成功之日，司令长官部之组织由大元帅委任或命令改照总督府组织施行。

第十八章　警备队职务规程

第一条　警备队司令长、队长，归司令长官或司令官直辖。

第二条　警备队于地方之适中地点设警备队司令部本部。

第三条　各城门或要隘，应派官长率领兵士前往把守；其兵士之多寡，视地点之轻重而定。如于各城门要隘之外有紧要地点时，应由该守卫长酌派兵卒前往守卫。

第四条　通过城门或要隘者，除将校及将校相当官、传令官以外，须有口号或验有路照，始许通过。

第五条　警备队司令部本部宜酌量情形，随时派遣官长一名，率兵士若干巡行警戒线以内或警戒线以外（其距离在警戒线外五百密达以内），任监视守卫兵之勤惰，军人、军属之军纪、风纪及地方之动静。

第六条　凡水陆各隘口、各关卡、码头、渡头等处，每处应派官长一名为稽查长，率领兵士若干前往把守，担任稽查事宜。其应办之事如左：

一、各隘口、关卡、码头、渡头，凡出口者，须有司令部给发之执照。

二、出口者不得携带现银，如查有现银，概行充公。

三、出口者不得携带行李至三十斤。

四、出口者所携行李，不得装载米、谷、油、盐、糖及菜蔬等项货物，如查有此项物件，一概充公。

五、无论何人非因公事及有一定住居职业者，不许入口。

六、无论何人入口，均须搜查行李，如形迹可疑，并得搜查身体。

七、稽查队执务，须平心静气，不得威吓、侮辱人民。

第七条　细微之事，警备队得处理之；重要之事，当报告于司令部。

第八条　警备队派出之守卫兵交番时间，由警备队司令长临时规定。但交代后须将守卫期中之记事报告司令长汇呈司令部。

第九条　警备队司令长或队长关于维持秩序，取缔军人、军属诸事，得与宪兵队协商办理。

第十九章　宪兵〈队〉职务规程

一、分区巡行街道，并张贴告示。

二、严禁居民出入城门要隘。

三、严禁军官、军士出入店户、民家。

四、命居民严迥〔扃〕大门，不许出入来往，以绝盗匪。

五、严饬居民将所藏军火、弹药、凶器（长刀）直接缴送司令部，其重大者，报告司令部。

六、体查情形发给居民路照，以便出入城门要隘。但领路照须申明正当理由，并觅保证。

七、查察居民因战事伤亡及损害程度，逐户踏勘，录入日记报告司令部。

八、查察绝粮民家，以便给与相当救济。

九、查察居民被害是否出自本军所为，以便冤〔究〕办。

十、严禁非有官长率领或服特别勤务之士兵携带枪械、子弹游行街市，并不淮〔准〕无故放枪。

十一、严禁军队内军佐、人夫携带军器（马夫、火夫、杂役总称人夫）。

十二、严禁路上摆设路店、聚众赌博、售卖据〔掳〕获物品。

十三、严禁开设烟局、烟馆，禁军人、军属购买洋烟。

十四、严禁军人、军属滋闹娼寮、戏馆及酗酒滋事。

十五、严禁军人、军属强买、强卖。

十六、严禁军人结伴斗殴。

十七、督率卫生队移去尸体及救护病伤。

十八、宪兵司令或队长为维持秩序，得向守备队司令部本部商拨军队协照〔助〕。

十九、宪兵队执务须平心静气，不得威吓、侮辱居民。

第二十章　海军总司令部条例

第一条　海军总司令由大元帅委任，直隶于大元帅，统率全军舰船，总理队务。

关于军政者，受海军部长之指挥。

第二条　海军总司令部设于全军舰队之旗舰。

第三条　海军总司令部设幕僚如左：

参谋长。

参谋。

副官。

轮机长。

司计长。

本条之外于必要时，得设全军舰队附、海军军官、军佐、检士、海军翻译官及海员、雇员。

第四条　参谋长承总司令命，掌理幕僚事务，整理队务。

第五条　参谋承参谋长命处理事务。

第六条　副官承参谋长命，掌理人事及庶务。

第七条　轮机长承总司令命，掌理全军舰队之轮机、船体及兵器，监视各舰船轮机长之勤务。

第八条　司计长承总司令命，掌理军需、会计事务。

第九条　全军舰队附、海军军官、军佐承总司令命处理事务。

第十条　检士承总司令命，掌理军事司法及惩罚事务。

第十一条　海军翻译官、海军〔员〕、雇员承总司令命处理事务。

第二十一章　海军司令部条例

第一条　海军司令承总司令命，指挥舰队之一部。

第二条　海军司令部设于该指挥舰队之旗舰。

第三条　海军司令部设参谋。

第四条　第三条外于必要时，得设舰队附、海军军官、军佐及海军翻译。

第五条　参谋承司令命处理队务。

第六条　司令旗舰之航行长、轮机长、军医长、司计长承司令命参与队务。

第七条 舰队附、海军军官、军佐承司令命处理队务。

第八条 海军翻译承司令命处理事务。

第九条 第三条、第四条之职员定额不得过五人。

本制令自公布日施行。

第二十二章 海军要塞司令部条例

第一条 海军要塞司令部设于沿江、沿海各要塞，称某地海军要塞司令部。

第二条 海军要塞司令部隶属于该海军区要港部司令长，掌要塞之防御及炮台事宜。

第三条 海军要塞司令部设幕僚如左：

参谋。

军医官。

第四条 参谋承司令命处理部务。

第五条 军医官承司令命，掌医务、卫生事项。

第六条 除前项外，应于必要得添设海军军官。

第七条 海军军官承长官命各服部务。

第二十三章 要港部条例

第一条 要港部设于各要港，称某地要港部。

第二条 要港部掌要港之防御及其区域内海岸、海面事警备，并为军需品储给之所。

第三条 要港部于必要时，得设驱逐队、艇队、布设队及航空队。

第四条 要港部于必要时，得设造船厂、兵器厂、修理工厂、需品库、贮炭库、溜水池、航空队库、无线电报所、海军望楼、海军陆战队、海兵团及海军医院。

第五条 要港部设司令，由大元帅委任，直隶于大元帅，统率部下，总理部务，监督所属各部署。

司令承海军部长命兼掌军政。

第六条　要港部设幕僚如左：

参谋长。

参谋。

副官。

轮机长。

军医长。

司计长。

司法长。

前项之外于必要时，得设港务长、工厂长、轮机官、军医官、司计官。

第七条　参谋长辅佐司令，掌理幕僚，整理部务。

第八条　参谋承参谋长命处理事务。

第九条　副官承参谋长命，掌理人事及庶务。

第十条　港务长承司令命，统辖所属船舶，掌理要港警卫及关于海运、海标、救难、防火等事务。

第十一条　轮机长承司令命，掌理轮机、船体、兵器及关于轮机官之勤务事。

第十二条　工厂长承司令〈命〉，掌轮机、船体及兵器修理事。

第十三条　轮机官承轮机长命处理事务。

第十四条　军医长承司令命，掌理医务、卫生。

第十五条　军医官承军医长命处理事务。

第十六条　司计长承司令命，掌理会计、给与及关于工业用品事务。

第十七条　司计官承司计长命处理事务。

附则：

塘沽造船厂及其附属公署、海军用地归并秦皇岛要港部管辖。

本令自公布日施行。

第二十四章　海军区域令

第一条　民国沿海分为五区，其区画如左：

第一海军区　自盛京省鸭绿江起经直隶省而至山东省黄河等之沿海一带。

第二海军区　自山东省黄河起而至江苏省淮河等之沿海一带。

第三海军区　自江苏省淮河起而至浙江省瓯江等之沿海一带。

第四海军区　自浙江省瓯江起经福建省而至广东省韩江等之沿海一带。

第五海军区　自广东省韩江起而至广东省中越国界等之沿海一带。

第二条　各海军区内设要港如左：

第一海军区要港　设于直隶省秦皇岛。

第二海军区要港　设于山东省烟台。

第三海军区要港　设于江苏省上海。

第四海军区要港　设于福建省马尾。

第五海军区要港　设于广东省黄埔。

第三条　各海军区之防御、警备，由该要港之要港部镇守之。

第四条　本令自公布日施行。

第二十五章　本初子午线经度及标准时条例

第一条　经过英国绿威①天文台子午仪中心之子午线②，定为经度之本线〔初〕子午线。

第二条　经度由本初子午线起算，至东西各一百八十度，东经为正，西经为负。

第三条　民国标准时定为左之三部：

一、以东经九十度之正中时，定为民国西部标准时。

二、以东经一百五度之正中时，定为民国中部标准时。

三、以东经一百二十度之正中时，定为民国东部标准时。

第四条　本制令自民国　　年　　月　　日施行。

---

　①　绿威（Greenwich），今译格林威治或格林尼治，位于伦敦东南，是英国皇家天文台（British Imperial Family Astronomical Observatory）所在地，故又俗称该台为格林威治天文台。该台今已迁址他处。

　②　子午线（meridian），为测量地球表面距离而制定的连接两极之线；本初子午线（the prime meridian），又称零度经线，即东西经度起算之线，一八八四年国际经度会议决定以通过格林威治子午仪中心的经线为本初子午线（作为世界时区的起点）。

第三编　服制、勋记

第一　陆军服制条例

第一条　本条例称为军人者，指宪兵、步兵、骑兵、炮兵、工兵、辎重兵之官长、士兵而言；称为军佐者，指军医、兽医、军需、军乐之官长、士兵而言。

第二条　革命军军人、军佐各依其官级服相当之制服。

第三条　革命军军人、军佐各科之色别如左：

军人之部：

宪兵科　白色

步兵科　红色

骑兵科　绿色

炮兵科　黄色

工兵科　黑色

辎重兵科　紫色

军佐之部：

军需科　绀色

军医科　蓝色

兽医科　青色

军乐科　绯色

军法科　灰色

第四条　革命军军人、军佐之军帽、军衣、军裤，均用土黄色呢。军帽上缘、军衣袖缝、军裤裤缝均嵌红色细呢条，是为定式制服。

第五条　革命军之帽章，以十二角日章为定式。但军官用金色，军佐用银色。

第六条　革命军军人之肩章，用长方形与肩势成直角，其定式如左：

大将　全金，上嵌十二角日章之金色小花三颗。

中将　全金，上嵌十二角日章之金色小花二颗。

少将　全金，上嵌十二角日章之金色小花一颗。

大校　以本科之色之呢为质，四围缠以金瓣，中嵌金瓣二条，再中嵌十二角日章之金色小花三颗。

中校　以本科之色之呢为质，四围缠以金瓣，中嵌金瓣二条，再中嵌十二角日章之金色小花二颗。

少校　以本科之色之呢为质，四围缠以金瓣，中嵌金瓣二条，再中嵌十二角日章之金色小花一颗。

大尉　以本科之色之呢为质，四围缠以金瓣，中嵌金瓣一条，再中嵌十二角日章之金色小花三颗。

中尉　以本科之色之呢为质，四围缠以金瓣，中嵌金瓣一条，再中嵌十二角日章之金色小花二颗。

少尉　以本科之色之呢为质，四围缠以金瓣，中嵌金瓣一条，再中嵌十二角日章之金色小花一颗。

司务长　以本科之色之呢为质，四围缠以金瓣，中嵌金瓣一条。

上士　以本科之色之呢为质，中嵌金瓣一条，上嵌十二角日章之金色小花三颗。

中士　以本科之色之呢为质，中嵌金瓣一条，上嵌十二角日章之金色小花二颗。

下士　以本科之色之呢为质，中嵌金瓣一条，上嵌十二角日章之金色小花一颗。

上等兵　以本科之色之呢为质，上嵌十二角口章之金色小花三颗。

一等兵　以本科之色之呢为质，上嵌十二角口章之金色小花二颗。

二等兵　以本科之色之呢为质，上嵌十二角日章之金色小花一颗。

但军佐之肩章不用金色，用银色，余同。

第七条　革命军军人、军佐之钮扣，上嵌十二角日章纹。但军人用金色，军佐用银色。

第八条　革命军军人、军佐之领章，其式如◁，将官用全金，校官以下各用其本科之定色呢制，上嵌其所属团号或独立营号之金色数字。但军佐官与将官相当官，用金银，与校官相当官以下用银色数字，余同。

第二　授勋章程

第一条　授勋之权属于大元帅。

第二条　勋记分为六种：

一、大勋章。

二、勋章。

三、大功章。

四、有功章。

五、旌章。

六、旌状。

第三条　前条第一、第二、第三、第四之四种勋记，皆附给年金。

第四条　勋记之等级、种类及年金额、受勋者之称号、勋章质地如下表：

勋记等级表

	章　等	称　号	年　金	章　质
勋位	大勋章	大勋位	年金三千元	金
勋章	天日红色三宝章	勋一等	年金一千八百元	金
	天日蓝色三宝章	勋二等	年金一千七百元	金
	天日白色三宝章	勋三等	年金一千六百元	金
	天日红色双宝章	勋四等	年金一千五百元	金
	天日蓝色双宝章	勋五等	年金一千四百元	金
	天日白色双宝章	勋六等	年金一千三百元	金
	天日红色单宝章	勋七等	年金一千二百元	金
	天日蓝色单宝章	勋八等	年金一千一百元	金
	天日白色单宝章	勋九等	年金一千元	银
	章　等	称　号	年　金	章　质
大功章	功章同	功九级	年金九百元	银
		功八级	年金八百五十元	银
		功七级	年金八百元	银
		功六级	年金七百五十元	银
		功五级	年金七百元	银
		功四级	年金六百五十元	银
		功三级	年金六百元	银
		功二级	年金五百五十元	银
		功一级	年金五百元	银

（续表）

		功九次		铜
有功章	章同	功八次		铜
		功七次		铜
		功六次		铜
		功五次		铜
		功四次		铜
		功三次		铜
		功二次		铜
		功一次		铜
旌章	三色绶金旌章			金
	红色绶金旌章			金
	蓝色绶金旌章			金
	白色绶金旌章			银
旌状	旌状			

第五条　大勋位授与于协赞会大会中，大元帅亲授之。

第六条　下列各勋记由大元帅亲授：

一、勋一等至勋九等。

二、三色绶金旌章。

第七条　下列各勋记由各该司令长官、总督或总长以大元帅之名授之：

一、功一级至功九级。

二、功一次至功九次。

三、红色绶金旌章、蓝色绶金旌章、白色绶金旌章。

四、旌状。

第八条　稽勋事务由稽勋局调查呈报大元帅核夺。

第九条　各该所属长官对于其部下之有勋功者，应移送稽勋局。

第十条　授给勋记之法分为二项：

一、对于继续逐渐建立功勋者，照第四条所定勋记等级递级授勋。

二、对于特别建立伟功殊勋者，不依等次特别授勋。

第十一条　勋章形式大小，另以图案定之。

第十二条　有左列功绩者，授以有功章：

一、歼杀敌人，其功昭著者。

二、俘获敌军者。

三、夺获敌军粮食、器械、马匹者。

四、探报敌情冒险得实者。

第十三条　有左列功绩者，授以大功章：

一、率先起义者。

二、攻克城镇及要隘者。

三、大破敌军者。

四、杀敌军统领或俘获者。

五、降服城镇及降服敌军者。

六、防守城镇及要隘力却敌人者。

七、以军舰反正来归者。

本条各项，酌其情形，定记功次数。

第十四条　有左列功绩者，授以勋章：

一、统筹全局、收效远大者。

二、参赞军国大事、动协机宜者。

三、毁家破产，以助军资者。

第十五条　有尊定国基、宣扬国威之伟勋者，授大勋章。

第十六条　有下列之特行者授旌状：

一、以文字演说，补助革命进行者。

二、始终竭诚奉公者。

第十七条　有下列各项之特行者授旌章：

甲、整顿地方农、工、商、学各项善后事业卓有成效者，授白绶银旌章。

乙、办理城镇乡之善后事宜著有成效者，授蓝绶金旌章。

丙、办理府县之善后事宜著有成效者，授红绶金旌章。

丁、办理省善后事宜著有成效者，授三色绶金旌章。

第十八条　关于捐助军饷之办法，另以详章规定之。

第十九条　本章程各条未列举之勋功，得比照各条列举者授勋。

第四编　军律、军法

第一　军　律

第一章　总　则

第一条　凡陆军军人、军属及现服陆军勤务之海军军人以及其他人员等犯罪，均适用本律。

第二条　凡因服从上官命令致犯本律所定之罪者不论。

第三条　未遂罪除各本条专定必罚者外得减轻。

第四条　本律所规定犯罪者之处分方法，适用军法执行条例之规定。

第二章　罪

第五条　结党叛乱或谋叛者，照以下规定处刑：

一、首魁及参与谋议指挥群众者处死刑。

二、附和随行者处十年以下之惩役。

本条未遂罪罚之。

第六条　犯以下所列各罪者处死刑：

一、反抗长官及违背命令者。

二、临阵退缩者。

三、泄漏军情者。

四、私逃者。

五、以军队及军用地方、物品、建筑物、器械等交付敌人，或以利敌为目的毁坏之者。

六、为敌人之间谍或援助之者。

七、假传命令、假作报告通报者。

八、造谣惑众者。

九、捏报名额、虚领饷项或刻扣军饷者。

十、檀〔擅〕离守地致所守地方被陷于敌者。

十一、公然以文字演说等批评上官之人物或行为者。

十二、有可尽之力不尽、委其军队守地于敌者。

十三、贩卖人口或掳人勒赎者。

十四、杀害良民及无故焚毁良民住宅者。

十五、抢掠民财及强占或强奸妇女者。

十六、寻仇报复、捏词诬陷者。

十七、擅用私刑、擅捕良民者。

十八、收受贿赂、勒索资财者。

十九、结伴持械互斗者。

二十、杀害外国人、焚毁教堂者。

以上十五、十八、二十三项之未遂罪，得减轻之；第十九项之罪其为从者得减轻之。

第七条　私行通过哨所及不服从哨兵盘诘强通过哨所者，照以下所定处刑：

一、在敌前时处死刑。

二、非在敌前时处三年以上之惩役。

本条未遂罪罚之。

第八条　烧毁或毁弃兵器、粮服者照以下所定处刑：

一、在敌前时处死刑。

二、非在敌前时处十年以下之惩役。

第九条　损毁军用之铁道、道路、电线、电话以及水陆交通等军用物者，照前条例分别处刑。

第十条　第八、第九二条之行为以制敌为目的之命令行为不为罪。

第十一条　犯以下各项之罪者，处十年以下之惩役：

一、卤获敌军军资、军械、物品藏匿不报私行售卖者。

二、吸食鸦片烟或开设、包庇开设鸦片烟局者。

三、赌博或开设、包庇者。

四、斗欧〔殴〕杀伤者。

五、遣〔遗〕失或浪费军械、弹药者。

第十二条　犯以下各项之罪者，处三年以下之禁锢：

一、私入良民家宅者。

二、纵酒行凶滋事者。

三、滋闹娼寮、戏馆者。

四、强买强卖者。

第三章　附　　则

第十三条　凡非军人、军属犯本律所定之罪者亦适用之。

第二　军法执行条例

第一章　总　　则

第一条　凡军人、军属及戒严地一般人民所犯之罪，皆遵本条例所定处分之。

第二条　将官及相当之军属犯罪，由军法会议审判之；校官、尉官、下士卒军属犯罪，由军法局特别法庭审判之；戒严地一般人民所犯之罪，由军法局之普通法庭审判之。

第三条　军法会议以大元帅命令委任将官于相当地点组织之。

第四条　军法局由总督及司令长官组织之。但司令官于克复地方时得便宜组织之。

第五条　在戒严地内其所管之长官得执行军律及戒严地刑罚法。

第六条　对于敌前犯罪者，所管长官得临时执行军律及戒严地刑罚法。

第七条　军法会议及军法局所适用之法律如下：

一、军律。

二、戒严地刑罚法。

三、军律及戒严地刑罚法所未规定之事件，从旧刑律。

四、附带发生之私诉事件，从习惯。

第二章　军法会议

第八条　军法会议之组织如下表：

阶级	判官长	判官	被告人
第一级	大将一人	大将二人 中将二人	大将及其相当官
第二级	大将一人	大将一人 中将三人	中将及其相当官
第三级	中将一人	中将二人 少将二人	少将及其相当官

第九条　军法会议之附属职员如下表：

检查官长　一人

检查官　　二人

录事　　　三人

第十条　检查官长、检查官由大元帅委任之。

第十一条　军法会议之判决，大元帅宣告，陆军部总长执行之。

第十二条　在临战合围地内判官得减少之。

第三章　军法局之组织

第十三条　军法局法庭分为二部：戒严地一般人民所犯罪，由普通法庭审判；下士卒、校官、尉官及相当官之军属所犯罪，由特别法庭审判。

第十四条　普通法庭之判官长、判官，由总督、司令长官委任熟习法律之文官任之；特别法庭委所部之军官临时任之。其组织如下表：

法庭别	判官长	判官	被告人
普通法庭	文官一人	文官二人	戒严地之一般人民
特别法庭第一级	少将一人	少将一人 大中校一人 普通法庭判官二人	大中少校及其相当官
特别法庭第二级	大校一人	中少校二人 普通法庭判官二人	大中少尉及其相当官
特别法庭第三级	大尉一人	普通法庭判官二人	下士卒

第十五条　军法局法庭之判决由判事长宣告，总督、司令长官或司令官发执行命令。

第十六条　军法局附属之职员如下：

检查官长　一人

书记官长　一人

录　　事　二人

庶　　务　一人

第十七条　在临战合围地内判官得减少二人。

第四章　检举及利决布告

第十八条　下列各员有检举犯罪者之权：

一、宪兵、将校及下士。

二、司令长官及司令官之副官。

三、警备队司令官及队长。

第十九条　各该管长官对于其所部，均有检举犯罪之权。

第二十条　拘捕及拘留被告人之令状，由军法会议及军法局之检查官长发之。

第二十一条　无论何人因军人犯罪受损害者，可即时赴被害人或被告人所属地之检查官及被告人所属之长官处呈控。

第二十二条　于判决后，判事长应将犯罪罪状详细开列公布。

第二十三条　执行死刑之监督官，以军法会议及军法局之检查官任之。

第五章　行　刑

第二十四条　执行军人之死刑用枪毙；执行军人以外人民之死刑用绞。

第二十五条　执行死刑时，按犯罪者酒量给与剧烈之酒，使其饮至昏醉后，始行执刑，并须将犯罪者头面掩蔽。

第二十六条　执行死刑须在狱中或法庭内执刑，除刑场监督官、监督长及行刑人外，不许他人旁观。

第二十七条　妊妇受死刑宣告者，须待至分娩后执行之。

第二十八条　惩役、禁锢等刑之计算，适用旧刑事诉讼律规定。

第二十九条　除防止犯罪者之逃亡所用下列之戒具外，不得用其他刑具及方法：

一、拘绳。

二、铁练。

三、足镣。

四、手镣。

第六章　附　则

第三十条　关于各该司令长官所部军官之犯罪，其特别法庭之判士长、判士由各司令长官临时委任之。

第三　戒严地刑罚及条文

（职○○○名）为布告事：照得大军克复地方，首宜维持秩序；但当此军政时代，各处一律戒严，所有时行政、司法各官衙及各项法律均暂行停止。为此制定戒严地刑罚法八条颁布，各处即日施行。凡军民人等，须知违犯本法，决不姑容，各宜凛遵，勿罹刑戮。特此布告。

计开：

第一条　戒严地方之民有犯以下各罪者，处以死刑：

一、毁坏电线、电话、铁路、造船厂、军堡垒、隘口、军器、弹药、其余军用物品，及毁坏有关军事之道路、桥梁、森林、家屋、船舶、火车、水管（自来水管），或放火烧毁之者。

二、诱引、帮助窝藏奸细，或放走俘虏、劫夺囚犯者。

三、将军队、军舰舰队、军用船舶之动静或军需品囤积之所密报敌人或指引敌军者。

四、充当本军军队、军舰舰队、军用船舶之向导而为假伪之指导者。

五、结党图谋反抗，对于军队、军舰舰队、军用船舶为反抗之所为者。

六、以文字或演说、集会、结社、造谣生事表示反对革命之宗旨者。

（按此条规定而后，报律、集会律当然无效。）

七、聚众喧哗鼓噪，妨害军队、军舰舰队所在之静肃者。

八、以各种之法变坏井水、河水、自来水、山水等饮用之水，图害公众之健康者。

九、贩卖鸦片烟及烟具于本军军人及从军者或开设烟局者。

十、开设赌局、售卖赌具者。

十一、劫掠财物者。

十二、强奸妇女或强占妇女者。

十三、掳人勒赎、勒收行水者。

十四、放火者。

十五、械斗者。

十六、擅行招兵者。

十七、秘密结会拜盟者。

十八、私行收买、贩运军火者。

十九、伪称文武职员者。

二十、伪造公文、印信者。

二十一、伪造货币、纸币、债券者。

第二条　犯前条各项之罪者，不论正犯、从犯、教唆犯及已遂、未遂、豫备、阴谋，因其情形，或科本刑，或减等处分。

第三条　除前条各项之规定外，犯其他之罪者，仍适用刑律各条及违警律各条之规定。

第四条　犯本法之罪者，悉由军法局审判处罚之。除军法局外，不论何种机关不得行之。

第五条　犯本法之罪，除大元帅外，无论何人不得赦免之。

第六条　犯本法之罪者，并适用刑律剥夺公权、停止公权之规定。

第七条　军法审判各项犯罪时，不得用刑讯。

第八条　军法局之审判，不适用刑事诉讼法上律师辩护之规定，但被告人得请求传问证人及呈递辩诉状。

第五编　因粮、征发及其他则例

第一　因粮局组织

第一条　因粮局由司令长官于攻克地方时委任左之职员组织之：

局长　一人

科长　六人

科员　若干人

供事　若干人

第二条　因粮局设左之六科：

第一科，管理征发事务。

第二科，管理收买及充公事务。

第三科，管理货币及兑换事务。

第四科，管理捐输事务。

第五科，管理会计事务。

第六科，管理保管事务。

第三条　因粮局长监督指挥所属科长科员办理因粮事务，对于司令长官负完全责任。

第四条　因粮局执行事务，应在征发令范围之内。

第五条　因粮局成立之后，经办事务即由司令长官呈报大本营陆军部、财政部，俟总督府组织成立，即行裁并财务司清理。

第六条　因粮局分科办事规则由局长委员编定之，呈司令长官核准施行。

第二　征发令

第一条　战时事变之际，特别赋课征发区内物件，以充海陆军需，谓之征发。

第二条　征发乃以征发书行之，凡海陆军总长、各省总督、海陆军司令长官、司令官、司令、舰长等皆有批发征发书之权。

第三条　以征发军需之多寡，定征发区域之广狭。征发书只限于散发区内行之。

第四条　征发书可付与该区之知事或乡长、会长、社长、店东、屋主。受此征发书者，要于限定期间内遵照办理。

第五条　凡存匿征发物件及托故不应者，得以充公，并依律究办。

第六条　收到征发物件，应给以受讫证票。

第七条　征发物品之种类如左：

一、米、谷、麦、面、面粉、豆、饼类、油、盐、茶、蔬菜等食用品类。

二、被服、靴帽、布帛、药品及一切应用器具。

三、马、牛、羊、豚、鸡等家畜类。

四、夫役。

五、病院、厕园、仓库、祠宇、学堂、寺庙及一切公私家屋类。

六、饮水、薪炭。

七、铁道、汽车、船舶、车辆及一切石木皮革金铁诸材料。

第八条　交还征发物件时，如有损失，即由屋〔物〕主当场申明，即誊注于受讫证书上；非当场申明者无效。

第九条　征发之赔偿，如不能即时发给，迟延至六个月以上者，以满六个月之期为始，按月息四厘照算归还。

第十条　征发物消耗及损失之赔偿，其价格皆以当时原价为准。若原价无从标定，则以评价委员公决之。评价之委员额数，以事务之繁简定之。至于选择委员，官民各半，要皆与斯时斯地之征发无利害关连者为得当。

第十一条　征发夫役之工食，每日以百文为准。

第十二条　发给征发之偿金，由批发征发书之海陆军官通知知事或本人，按照所定履行。

第十三条　第七条第一项、二项、三项之征发，以商贾为先，不足者乃由民家凑集。

第十四条　凡征发物件，不得尽数征发，要以适当为准。

第十五条　征发官吏如有滥用权限欺压商民，违犯本章规定者，以军律处治之。

附书式：

（说明）征发书与受讫证之单，简如下式。其征发物件须以次排列，一一著明；但有应用一种严密书式者，得由因粮局制定呈交征发陆海军官执行。

征发书式（征发书里面征发令撮要印刷）

		○	○
存根		征发书　第　　号 一、 一、 一、 　被征发者住所、职业、姓名 　年　月　日	
		第…………号	
征发书		征发书　第　　号 一、 一、 一、 　右列共　项物件务必赶于　月　日备齐送到某处，不得迟延缺漏，切切。此达 某地某君 　年　月　日　　　　　　　　　　　官　　名　印	

受讫证式

		○	○
存根		受讫证　第　　号 一、 一、 一、 　右记各件均已收讫，除发给某地某君受讫证外，合此存根 　年　月　日	
		第……印……号	
受讫证票		受讫证　第　　号 一、 一、 一、 　前由 某地某君收到右列各件无误，理合给证并希查照。 　年　月　日　　　　　　　　　　　官　　名　印	

第三　委任通则

第一条　各省司令长官由军事部呈案总理委任。

第二条　司令官由该省司令长官申报军事部核请总理委任。

第三条　司令长官部之参谋长、副官长由司令长官申报军事部核请总理委任。

第四条　司令部之参谋长、副官长由司令官呈请司令长官申报军事部核请总理委任。

第五条　司令长官部之参谋、副官由司令长官申请军事部委任。

第六条　司令部之参谋、副官由司令官申报司令长官核请军事部委任。

第七条　司令长官部及司令部之参谋长、副官长遇有特别情形时，军事部得径请总理委任之。

第八条　司令长官部、司令部之参谋、副官遇有特别情形时，军事部得径行委任之。

第九条　司令长官、司令官对于所属遇有特别情形时，委员充任；但须遵照第二条至第六条之规定办理。

第四　印章条例

第一条　印章定左之五种：

大元帅印章。

特任官印章。

简任官印章。

荐任官印章。

委任官印章。

第二条　大元帅印章长宽各八珊知米达①，质用金。

第三条　特任官印章长宽各七珊知米达五，质用铜。

第四条　简任官印章长宽各六珊知米达，质用铜。

---

①　珊知米达（centimeter），今译厘米，即公分。

第五条 荐任官印章长宽各五珊知米达五，质用铜。

第六条 委任官印章长宽各五珊知米达，质用铜。

第七条 凡印章之边宽等印宽之十分一。

第八条 凡印文用篆书，称曰何何之印。

第九条 凡印色用朱色，与印质永无化学之变蚀者。

第十条 凡印章由大元帅铸定颁给。

第六编 文 告

中华革命军大元帅檄

袁贼苦吾国民久矣，世界自有共和国以来，殆未有此万恶之政府危亡祸乱至于此极者也。清之末造，贼实媚之，以杀吾国人。及其亡而拥兵徼利，至乃要窃总统以和。军府不忍战争之绵延，以为贼本汉族，人情必恩宗国，而总统复非帝王万世之比，俯与迁就，冀其自新；亦以民国初立，旧污未殄，首行揖让，风示天下，树之楷模。孰意贼性凶顽，谲诈成习，背誓乱常，妄希非分，假中央集权之名，行奸雄窃国之实，骄兵悍将，骚扰于间阎，宵小金壬，比周于左右，甚乃贿收报馆，赂遗议员，清议消沉，监督溺职，而嗾杀元勋，滥借外债之祸作矣。

赣、宁酿变，皖、沪、闽、粤、湘、蜀继之，义师败衄，贼焰愈张，自是以还，几于不国。贼兵所至，焚掠为墟，幼女贞媪，供其淫媟。犹复恣意株连，籍没罔恤，偶涉嫌疑，遽膏锋刃。人民丧其乐生之心，而贼于此时方论功行赏，以庆太平，盖自以为帝业之成，而天下莫予毒矣。卒以非法攘攫正式总统，而祭天祀孔，议及冕旒，司马之心，路人皆见。又其甚者，改毁约法，解除国会，停罢自治，裁并司法，生杀由己，予夺唯私。侦谍密布于交衢，盗匪纵横于邑鄙，头会箕敛，欲壑靡穷，朋坐族诛，淫刑以逞。矿产鬻而国财空，民党戮而元气尽。军府艰难缔造之共和，以是坏灭无余，而贼恶盈矣。殉国烈士，饮恨于九原，首义勋贤，投荒于海外，而觎国者，遂以为自由幸福非吾中华国民所应享，此真天下之大耻奇辱也。而吾国民亦偷生视息，莫之敢指，驯此以往，亡国灭种，匪伊异人，国交之危，其见端耳。袁贼妄称天威神武之日，即吾民降作奴隶牛马之时，此仁人志士所为仰天椎心，虽肝胆涂疆场，膏血润原野而不辞也。

军府痛宗国之陆沉，愤独夫之肆虐，爰率义旅，誓殄元凶，再奠新邦，期与吾国民更始。中原豪俊望斾来归，草泽英贤闻风斯起，诸袁将吏士卒反正及降者，不次擢赏，勿有所问。若其弃顺效逆，执迷不复，大兵既至，诛罚必申，虽欲悔之，晚无及也！

布告天下，咸使闻知，檄到如律令。

孙文（印）

中华民国　　年　　月　　日

（说明）檄文后应由大元帅亲自署名、盖印；但在革命军举义之时，大元帅不在任地，司令长官得代用印宣布。

安民布告

（职○○○名）为布告事：照得袁世凯假托共和，实行专制，以致四海之内，民不聊生，本○○○○○现奉大元帅令，督率大军前来，诛彼凶残，扫除虐政，对于地方治安，有完全保护之责任，凡我人民，各宜安分守业，毋得听信谣言，自相惊扰。其将弁兵勇人等如能携械来营缴投，决不诛戮；倘敢阳奉阴违，串通敌军，损坏桥梁、电线，障塞道路、沟渠，烧毁营房、公所，藏匿军械、火药，庇护逃勇、奸细，以及造谣生事等不法行为，一经查出，或被告发，必从严惩办。如或本军有不法人等扰害居民，仰即扭送军前，或指名呈控，自必从严按照军律治罪，以肃军纪。为此布告，一切人民，须知本军纪律严明，所至之处，秋毫无犯，其各仰体此意，凛遵毋违。特此布告。

中华民国　　年　　月　　日　　　　　　○○○（姓名）

四言安民告示

（职○○○名）布告：

我军起义	救国救民	宗旨正大	举动文明	所至之处	鸡犬无惊
诚恐大众	恐惧不宁	为此布告	尔等居民	各安生业	毋许纷纭
其余兵弁	缴械营门	概免诛戮	一视同仁	如敢故违	串通敌军

或碍交通　或毁军营　或藏奸细　或匿逃兵　一经查出　定予严惩

如或本军　在外横行　指名呈控　按律处刑　特此布告　各宜凛遵

中华民国　　年　　月　　日　　　　　○○○（姓名）

保护公共建筑古迹名胜告示

（职○○○名）为布告事：照得公共建筑、古迹、名胜，均为地方公益之物，或系人民信仰所关，理宜保护，以重公德。凡军人等毋得乘机毁折〔拆〕损坏；如敢故违，一经查出，定予严办，其各遵守毋违。特此布告。

布　告

（职○○○名）为布告军律事：照得本军纪律严明，倘有不法行为，立即按律治罪。兹特将军律刊贴各处，居民人等遇有显犯军律之不法将卒，仰即指名呈控，或扭送军门可也。特此布告。

计开：

一、不听号令者枪毙。

二、临阵退缩者枪毙。

三、泄漏军情者枪毙。

四、私逃者枪毙。

五、反奸者枪毙。

六、枪〔抢〕掠者枪毙。

七、焚杀良民者枪毙。

八、强奸或强占妇女者枪毙。

九、收受贿赂、勒索资财者枪毙。

十、寻仇报复、捏词诬陷者枪毙。

十一、擅用私刑、擅捕良民者枪毙。

十二、结伴持械互斗者枪毙。

十三、捏报名额、虚领饷项者枪毙。

十四、杀害外国人、焚折〔拆〕教堂、学校、医院者枪毙。

十五、造谣者枪毙。

十六、贩卖人口或掳人勒赎者枪毙。

十七、强买强卖者禁锢。

十八、斗殴杀伤者禁锢。

十九、遗失或浪费军械弹药者禁锢。

二十、卤获敌军军资、军械、物品藏匿不报私行售卖者禁锢。

二一、私入良民家宅者禁锢。

二二、赌博或开设、包庇者禁锢。

二三、吸食鸦片烟或开设、包庇鸦片烟局者禁锢。

二四、纵酒行凶滋事者禁锢。

二五、滋闹娼寮、戏馆者禁锢。

中华民国　　年　月　日　　　　　　　　　　　　○○○（印）

据《中华革命党革命方略》，载胡汉民编：《总理全集》第一集，上海，民智书局一九三〇年二月初版①

附另一版本

《中华革命党革命方略》军政篇

目　次

第一　军政篇

---

① 台北、中国国民党文化传播委员会党史馆藏有《革命方略》一书（六十四开，精装铅印本），其内容与此相同，仅个别文字有异。而东京、日本外务省外交史料馆所藏档案中的《革命方略》抄件，其内容文字则多有不同，似属初期版本。

第二章　组织

　　第一节　革命军之组织

　　第二节　革命军之旗帜

　　第三节　革命军之服装

　　第四节　革命军之勋记

　　第五节　革命军之饷项

　　第六节　革命军之赏恤

　　第七节　革命军之文式

第三章　举义

　　第一节　举义前之要务

　　第二节　举义后之要务

　　　　第一款①　略地要务

　　　　　　第一项　攻取

　　　　　　第二项　响应

　　　　　　第三项　反正

　　　　　　附　因粮要务②

第一篇　军　政

第一章　总　纲

第一节　革命军之宗旨

第一条　凡革命党人均须同心协力，矢忠矢信，实行以下六项之宗旨：

一、推翻专制政府。

二、建设完全民国。

三、扫除官僚恶习。

---

① 下无连续编号。

② 正文缺。

四、确定民权宪法。

五、启发人民生业。

六、巩固国家主权。

第二节　革命军之职责

第二条　凡革命党人于实行前条六项宗旨以外，须以下列四项为职责：

一、服从命令。

二、尽忠职守。

三、严守秘密。

四、誓共生死。

第三条　以上四项职责，无论于何时何地何事，均须恪守之。

注意要点：服从命令一项，服从之外，须牺牲一己之自由权利，任从驱使。尽忠职守一项，尽忠之外，须谨慎廉洁、正直质朴、制情节欲。严守秘密以外，须沉静缄默、不苟言笑、不尚谩骂。誓共生死一项，共生死以外，须仗义疏财、同甘共苦。

注意要点：第三条无论何时何地何事均须恪守之规定，指无论平时战时，无论在内在外，无论公务私事，均须恪守职责。缘吾辈革命党人非从处处谨言慎行，不足与共天下事，而为国家社会之矜式，故特定为专条，愿与我同志共勉之。

第二章　组　织

第一节　革命军之组织

第四条　革命军设大元帅一人，统率全国各总司令、司令（不隶总司令者），掌全国陆海军事宜，大元帅驻节之处称大元帅府。

第五条　革命军于各省或重要之处设总司令，隶大元帅管辖，专司统率所属各司令，掌全省全军事宜，称某省或某军总司令部。

第六条　革命军于各起义地方设司令，隶各省或各军总司令管辖，专司统率指挥所部各军队，其司令部称某城某镇某乡司令部。

第七条　各总司令由大元帅委任，司令由总司令请任，但不叛总司令管辖之司令由大元帅委任。

第八条　革命军总司令、司令之关防印信，由大元帅规定式样制就颁发，其未奉颁发者须遵式刊制，呈请大元帅核准启用。

第九条　各总司令、司令不得自立其他称号。

第十条　大元帅府及总司令部、司令部组织，别设专章定之。

第十一条　革命军之海陆军军制，别以专章定之。

第二节　革命军之旗帜

第十二条　革命军宗旨在建设民国，其旗帜仍仿民主国三色旗之惯例，以红蓝白三色为旗帜之定色。

第十三条　革命军之旗帜应以红色为地，旁以青天白日为饰。其图如左。①

第十四条　革命军旗帜应作长方横幅，其角上青天白日必须占全旗四分之一，不得过大过小。

第三节　革命军之服装

第十五条　革命军服装，其帽章、肩章、袖章、领章、钮扣，照十七条之规定为正式制服。但临时不及设备，得由总司令、司令采择其中一种为临时标帜。

第十六条　革命军军官、军佐依其所部编制之等级，服相当之制服。

第十七条　革命军动员兵种之区分，照南京陆军部所定陆军服制之规定。

第十八条　革命军之帽章以十二角日章为定式，大如二角银币，其肩章、领章、钮扣所嵌之花亦同，其图如左。②

第四节　革命军之勋记

第十九条　革命军之勋记分为四种：

一、有功章奖，以赏寻常有功者，为第四种。

------

①　图略。

②　图略。

二、大功章，此以赏建立大功者，为第三种。

三、勋章奖，以赏建立殊勋者，为第二种。

四、大勋位奖，以赏勋劳最大最多者，为第一种。

第廿条　革命军授给勋记之法分为二：

一、递级授勋法，此乃依得功次数而递升之法，每得一有功章，为功一次，得至十次，晋授功一级，授大功章；得大功十级，晋授勋一等，授勋章；递级授勋以至勋一等为限。

二、不次授勋法，此乃对于骤建大功、骤建殊勋或勋劳最大不可计量者特别授勋之法。

第廿一条　凡勋记非大元帅不得授之，但未授勋以前，得由各该上级长官立册记名候赏，称记名功几次、记名功几级，或记名勋几等。

第廿二条　革命军之有功章质用银，中间青天白日。大功章质用金，中间青天白日。勋章质用金，中间蓝色宝石，内含白色宝石。大勋位章质用金，中间红色宝石，内含蓝色宝石，蓝宝石内更含白宝石。

第廿三条　有功章周广一寸，大功章周广一寸半，勋章周广二寸，大勋位章周广三寸。

第廿四条　勋记之绶用红、蓝、白三色，勋位加级，大绶亦用红、蓝、白三色图式，则绘专图说明之。

第五节　革命军之饷项

第廿五条　革命军饷项照南京陆军部所定饷章发给，但大元帅府各总司令、司令之司令部所需饷项，别设专章定之。

第六节　革命军之赏恤

第廿六条　凡革命军人有左列功绩者授以有功章：

一、歼杀敌人其功昭著者：

（一）① 杀敌军排长者记功二次。（二）杀敌军连长者记功三次。（三）杀敌军副营长者记功四次。（四）杀敌军营长者记功五次。

二、俘获敌军者：

（一）俘获敌军排长者记功二次。（二）俘获敌军连长者记功三次。（三）俘获敌军副营长者记功四次。（四）俘获敌军营长者记功五次。

三、夺获敌军粮食、器械、马匹者：

（一）夺获各种子弹每百记功一次。（二）夺获各式手枪每把记功一次。（三）夺获村田或单响、九响毛瑟枪者记功二次。（四）夺获薄壳、十响、无烟枪或马枪者记功三次。（五）夺获七咪厘九、六咪厘八无烟枪者记功四次。（六）夺获机关枪或劈山炮每尊者记功五次。（七）夺获退管快炮者每尊记功六次。

以上各种器械如系拾获者减半论功。

四、探报敌情冒险得实者。

五、交战出力勇冠其侪者。

六、救援本军将士出险者。

七、以城镇乡村反正来归者。

八、以城镇乡村之军队反正来归者（限于有枪械者）。

第廿七条　凡革命军人有左列功绩者，授以大功章：

一、率先起义者。

二、攻克城镇乡村及要隘者。

三、大破敌军者。

四、杀敌军统领或俘获者。（其杀敌军总司令及统帅或俘获者记大功二次。）

五、降服城镇乡村及降服敌军者。

六、防守城镇乡村及要隘力却敌人者。

七、以军舰及其他军用船舶反正来归者。

第廿八条　凡革命军人②有左列功绩者，授以勋章：

一、统筹全局收效远大者。

---

① 本条编号凡加括号者，均由编者所加，以免错乱混淆。

② 原文"人"字下衍"者"字。

二、参赞军国大事，动协机宜者。

三、以军舰及其他军用船舶反正来归后克敌致果者。

四、毁家破产以助军费者。

第廿九条　凡丰功伟业在前数等功绩以上不可计量者，授大勋位。

第三十条　凡授大勋位者，每年给俸三千元；授勋章者，年给俸一千元；勋至二等以上，每加百元；授大功章者，年给俸五百元；功至二级以上，每加五十元；授有功章者，年给俸五十元；功至二次以上，每加五元。

第三十一条　凡非军功而有劳绩者，另设旌章授与之，其等级如左：

一、三色绶金旌章。

二、红色绶金旌章。

三、蓝色绶金旌章。

四、白色绶银旌章。

五、旌状。

第三十二条　凡不顾身命，为国效力，几濒于死者，授三色绶金旌章。

第三十三条　凡为国效力，受敌之裁判处罚者，授红色绶金旌章。

第三十四条　凡为国事奔走，成绩卓著者，授蓝色绶金旌章。

第三十五条　凡为国事，公然以文字演说鼓吹者，授白色绶银旌章。

第三十六条　凡为国效力，虽无大功，始终竭诚奉公者，授旌状。

第三十七条　凡自愿捐助资财物品者，除照价格发给凭单、候定期偿还及计息给与外，并依价格授给旌章，其等级如左：

一、凡捐助拾元以上者，授旌状。

二、凡捐助百元以上者，授白绶银旌章。

三、凡捐助千元以上者，授蓝绶金旌章。

四、凡捐助万元以上者，授红绶金旌章。

五、凡捐助拾万元以上者，授三色绶金旌章。

第三十八条　以上各等旌章花样，俱中镌日章，一面镌日章，一面镌大元帅真影，及受勋者姓名。

第三十九条　以上所定各种勋记样式，无论何种团体或个人，均不得仿造，以免淆混。

第四十条　以上勋记之绥，专用红蓝白三种颜色，系以表明国徽，无论何种团体或个人所造各种徽章牌记，其绥均不得用此三种颜色，以免淆混，惟用紫绿黄灰等色者不禁。

第四十一条　各总司令、司令对于所部军人射击、瞄准、测探、通信及其他公务有微劳者，得给与褒章徽章，其曾隶革命军者，得给从义纪念章，但此等章记俱不得加红蓝白色绥，并不得用金银制造，以示区别。

第四十二条　凡革命军人因公受伤以致残废不能任职者，照本人现俸赏给终身，如本人受伤以外，另有以上第三十四条以下之功绩者，另给勋记。

第四十三条　凡革命军人阵亡者，无论将校兵士，均照本人生前俸额给养遗族，祖父母、父母及寡妇终身，子女养至二十岁，其余家族酌量情节给养。

第四十四条　凡革命军人以外为国效力或因公致残废者，就其人之品位及从事职务之大小，比照军人品级给养终身。

第四十五条　凡革命军人以外为国效力因公死亡者，就其本品位及从事职务之大小，比照军人遗族给养法给养。

第七节　革命军之文式

第四十六条　革命军军用公文程式，应适用中华民国元年公布之中华民国公文程式。

第三章　举　义

第一节　举义〈前〉之要务

第四十七条　革命军于向某处举义以前，总司令或司令必要暗密预为调查者：

一、调查该处公署、府库、银行、造币局厂、电报、电话、无线电、铁路、船舶、船坞，其他各种官业所在，以便占领。

二、调查该处军营、炮台、要塞、军械局库、弹药局库、制造局厂，其他各要隘所在及形势，以便攻取、占领、防守。

三、调查该处码头、关卡、渡船、航船（民船）停泊地点所在，以便稽查出入。

注意：以上三项要务，调查确实以后，须绘成地图，分给委派各员随身携带。

四、调查公共会所、寺观、祠宇，何处地方宽阔、交通便利，以便借办军务，借屯军队。

五、调查外国人住户、店铺、教堂、学校、医院所在，以便保护。

六、调查该处物产，何项最多，何项缺乏；调查代表商界之商会、行帮、大商巨贾住居所在；调查屯积米谷货物之仓库所在，以便就地因粮。

七、调查该处所有轿及车辆、人夫、马匹、货车总数多寡，以便行车征用。

八、调查该处医院、医馆、医生、看护人、赤十字会、救伤队慈善施设所在，以便委托救护卫生。

第四十八条　革命军于举义以前总司令、司令必须准备者：

一、响应或内应之暗号。

二、各动员间应答之口号。

三、各动员辨认之标帜（肩章、臂章、袖章之一二种）。

四、大小旗帜。

五、安民告示。

兹将安民告示款式附录于左：

> 职名　　姓名　　为布告事：照得本司令现奉大元帅命令，督率大军前来，专为讨伐袁世凯假托共和实行专制之罪，非以扰害地方人民为事。如果不抗我军，定必加意保护，各宜安分守业，毋庸恐惧逃匿。其将弁兵勇人等，如能携同军械来营缴投，决不诛戮，以重人道。倘敢阳奉阴违，或串同敌军为乱，损坏桥梁电线，障塞道路沟渠，烧毁军需兵房，隐藏军械火药，庇护逃勇奸细，一经查出或被告发，从严究办。如或本军有不法人等扰害居民，仰即扭送军前，或指名禀控，自必从严惩办，以肃军纪为要。布告一切居民，须知本军纪律素严，所至之处秋毫无犯，其各知悉，凛遵无违。特此布告。
>
> 中华民国　　年　　月　　日

又四言安民告示：

司令部示

我军起义	救国救民	宗旨正大	举动文明	所至之处	鸡犬无惊	诚恐大众
恐惧不宁	为此晓谕	尔等居民	各安生业	毋许纷纭	其余兵弁	缴械营门
概免诛戮	一视同仁	如敢故违	串同敌军	或碍交通	或毁军营	或藏奸细
或匿逃兵	一经查出	定予严惩	如或本军	在外横行	指名禀控	按律处刑
特此布告	各宜凛遵					
中华民国	年	月	日			

六、对于所部军队申明军律，并将军律条文刊成告示，以便所过张贴。

兹将布告军律告示附录于下：

职名　　姓名　　为布告军律事：照得本军约束将卒，纪律最严，倘有不法行为，立即按律重办。诚恐仍有不法军人在外滋事，鱼肉良民，特将军律刊贴各处，俾触目惊心。尔等居民倘遇有显犯军律者，仰即指名呈控或扭送军门可也。特此布告。

　　计开：

一、不听号令者枪毙。

二、反奸者枪毙。

三、降敌被获者枪毙。

四、私通军情于敌者枪毙。

五、泄漏军情者枪毙。

六、临城〔阵〕退缩者枪毙。

七、临城〔阵〕逃溃者枪毙。

八、造谣者枪毙。

九、私逃者枪毙。

十、抢掠者枪毙。

十一、强奸或强占妇女者枪毙。

十二、焚杀良民者枪毙。

十三、寻仇报复捏词诬〈陷〉者枪毙。

十四、残毁罪人肢体及死骸者枪毙。

十五、收贿赂勒索资财者枪毙。

十六、掳人勒赎者枪毙。

十七、擅用私刑擅捕良民者枪毙。

十八、贩卖人口者枪毙。

十九、结伴持械互斗者枪毙。

二十、捏报名额虚领饷项者枪毙。

二十一、杀害外国人，焚拆外国教堂、学校、医院者枪毙。

二十二、强买强卖者禁锢。

二十三、斗殴杀伤者禁锢。

二十四、遗失或浪费军械、弹药、资粮者禁锢。

二十五、获敌资粮军械物品，藏匿不报，私行售卖者禁锢。

二十六、私入良民家宅者禁锢。

二十七、盗窃者禁锢。

二十八、赌博或开设包庇者禁锢。

二十九、吸食洋烟或开设包烟者禁锢。

三十、纵酒行凶者禁锢。

三十一、滋闹娼寮、戏馆者禁锢。

中华民国　　年　　月　　日　　司令署　　　名钤押

第二节　举义后之要务

第一款　略地要务

第一项　攻　取

第四十八条① 革命军总司令、司令以兵力攻克地方时，亟应执行者：

第一，司令于攻克地方时，即时于其城垒、公署遍树第五节所定之旗帜。

第二，司令于攻克地方时，即时收取该地方公署、府库、银行、造币局厂、

---

① 原文如此，编号与前条重复。

电报电话无线电、铁路、船舶、船坞、军营、炮台、要塞、要隘、军械局库，制造局厂、弹药局库、其他各官业，点查官印、文书，册籍、案卷、物品，分别保存。

第三，司令于攻克地方时，总司令设警备队司令部，置司令长一员；司令设警备队本部，置警备队长一员，担任地方警备事宜。

警备队之职务如左：

（第一条）① 警备队司令长、队长，〈由〉总司令部、司令部直辖。

（第二条）警备队于地方之适中地点，设警备队司令部本部。

（第三条）各城门或要隘，应派官长率领士兵前往把守；其士兵之多寡，视地点之轻重而定。如于各城门要隘之外有紧要地点时，应由该守卫长酌派兵卒前往守备。

（第四条）通过城门或要隘者，除将校及将校相当官、传令官以外，须有口号或颁有路照始许通过。

（第五条）警备队司令部本部宜酌量情形，随时派遣官长一名，率士兵若干进行警戒线以内或警戒线以外（其距离在警戒线以外五百密达以内），任监视守卫兵之勤惰，军人、军属之军纪、风纪及地方之动静。

（第六条）凡水陆各隘口、各关卡、码头、渡头等处，每处应派官长一名为稽查长，率领士兵若干前往把守，担任稽查事宜。其应办之事如左：

一、各隘口关卡码头渡头，凡出口者，须有司令部给发之执照。

二、出口者不得携带现银，如查有现银，概行充公。

三、出口者不得携带行李至三十斤。

四、出口者所携行李，不得装载米、谷、油、盐、糖及菜蔬等项货物，如查有此项物件，一概充公。

五、无论何人，非因公事及有一定住居职业者，不许入口。

六、无论何人入口，均须搜查行李，如形迹可疑，并得搜查身体。

七、稽查队执务，须平心静气，不得威吓、侮辱人民。

---

① 原稿无括号，与前错乱，现由编者统一加上。下同。

（第七条）细微之事，警备队得处理之；重要之事，当报告于司令部。

（第八条）警备队派出之守卫兵交番时间，由警备队司令长、队长临时规定。但交代后须将守卫期中之记事报告司令长、队长，汇呈司令部。

（第九条）警备队司令长或队长关于维持秩序，取缔军人、军属诸事，得与宪兵队协商办理。

第四，司令于攻克地方时，即命宪兵司令或宪兵队长专司监察军民、维持秩序之事。如无宪兵之设备，得临时挑拔优等兵卒、干练长官编成之，直隶司令部管辖，并各给显明标帜，以别于寻常军士。宪兵队应办之事如左：

一、分区巡行街道，并张贴告示。

二、严禁居民出入城门或要隘。

三、严禁军官、军士出入店户、民家。

四、命居民严扃大门，不许出入来往，以绝盗匪。

五、严饬居民将所藏军火、弹药、凶器（长刀）直接缴送司令部，其重大者，报告司令部。

六、体察情形发给居民路照，以便出入城门要隘。但领路照须申明正当理由，并觅保证。

七、查察居民因战事伤亡及损害程度，逐户踏勘，录入日记报告司令部。

八、查察绝粮民家，以便给与相当救济。

九、查察〈居〉民被害是否出自本军所为，以便究办。

十、严禁非有官长率领或服特别勤务之士兵携带枪械、子弹游行街市，并不准无故放枪。

十一、严禁军队内军佐、人夫携带军器（马夫、火夫、杂役总称人夫）。

十二、严禁路上摆设路店、聚众赌博、售卖掳获物品。

十三、严禁开设烟局、烟馆，严禁军人、军属购买洋烟。

十四、严禁军人、军属滋闹娼寮、戏馆，〈宪〉兵或步兵前往外国人开设之教堂、学校、医院，加意保护。

各该外国人愿出境他往者，加派人员保护出境，但出境后如再入境不得携带别人。

十五、严禁军人、军属强买强卖及酗酒滋事。

十六、严禁军人结伴斗殴。

十七、督率卫生队移去尸体及救护病伤。

十八、宪兵司令或队长为维持秩序，得向守备队司令部本部商拨军〈队协照〉①。

第六②，司令于攻克地方时，于二十四点钟内即须将因粮局组织完备，其因粮局组织及办法，别以专章定之。

第七，司令于攻克地方时，宜将向来保障地方得力之街勇、团勇、巡警，于大军到时已降服者编入警备队，听候调遣。

第八，司令于攻克地方时，宜即时出示颁布戒严地刑罚法，并将条文刊成告示张贴各处，即日实行，以维秩序。其告示及条文如左：

职名　　姓氏　　〈为〉布告事：照得大军克复地方，首宜维持秩序；但当此军政时代，各处戒严，平时行政、司法各官衙及各项法律均暂行停止。□非□□律法无以资遵守。为此制定戒严地刑罚法八条，颁布各处，俾众周知，即日施行。凡军民人等，须知违犯本法，决不姑容，各宜凛遵，勿罹刑戮。特此布告。

　　计开：

　　第一条　戒严地方之人民有犯以下各罪者，处以死刑：

　　一、毁坏电线、电话、铁路、造船厂、军舰、堡垒、隘口、军器、弹药、其余军用物品，及毁坏有关军事之道路、桥梁、森林、家室、船舶、火车、水管（自来水管），或放火烧毁之者。

　　二、诱引、帮办窝藏奸细，或放走俘虏、劫夺囚犯者。

　　三、将军队、军舰舰队、军用船舶之动静或军需品囤积之所密报敌人或指引敌军者。

　　四、充当本军军队、军舰舰队、军用船舶之向导而为假伪之指引者。

---

① 原件缺"队协照"三字，据胡汉民编《总理全集》增补。

② 原文如此，缺第五。

五、结党图谋反抗，对于军队、军舰舰队、军用船舶为反抗之所为者。

六、以文字、演说、集会、结社、造谣生事表示反对革命之宗旨者。

（按此条规定而后，报律、集会律当然无效。）

七、聚众喧哗鼓噪，妨害军队、军舰舰队所在之静肃者。

八、以各种之方法变坏井水、河水、自来水、山水等饮用之水，图害公众之健康者。

九、贩卖鸦片烟具于本军军人及从军者或开设烟局者。

十、开设赌局及售卖赌具者。

十一、劫掠财物者。

十二、强奸妇女或强占妇女者。

十三、掳人勒赎、勒收行水者。

十四、放火者。

十五、械斗者。

十六、擅行招兵者。

十七、秘密结社拜盟者。

十八、私行收买、贩运军火者。

十九、伪称文武职员者。

二十、伪造公文、印信者。

二十一、伪造货币、纸币、债券者。

第二条　犯前条各项之罪者，不论正犯、从犯、教唆犯及已遂、未遂、预备、阴谋，因其情形，或科本刑，或减等处分。

第三条　除前条各项之规定外，犯其他之罪者，仍适用刑律各条各〔及〕违警律各条之规定。

第四条　犯本法之罪者，悉由军法局审判处罚之。除军法局外，不论何种机关不得行之。

第五条　犯本法之罪，除大元帅外，无论何人不得赦免之。

第六条　犯本法之罪者，并适用刑律剥夺公权、停止公权之规定。

第七条　军法审判各项犯罪之时，不得用刑讯。

第八条　军法局之审判，不适用刑事诉讼法上律师辩护之规定，但被告人得请求传问证人及呈递辩诉状。

第九，司令于布告军律及戒严地刑罚法后，即遴委革命党中精通法律人员，组织军法局。军法局之组织如左：

一、军法局设局长一员，副局长一员，审判员三员，中任一员为审判长。

二、审判之开庭，除局长、副局长可自由列席外，审判员三员必须列席，以合议行审判。

三、军法局判决之案须经司令核准执行，各司令将原案驳回，须详加复审，呈诸司令核办。

四、军法局长、局员如与原被告人有亲族、姻戚、师生之关系，宜自请回避。如素与被告私怨嫌隙者，被告得请司令饬令回避。

五、军法局之权限，对于军人（包含军属）限于非战场上非战斗中之犯罪，得审判之。战场上或战斗中之犯罪，须临机处置者，仍归各军中之执法官审判执行之。但人民犯罪，悉由军法局审判之。

六、组织俘虏收容所，以便将捕获或降服敌军收容，其办法如下：

（一）俘虏收容所设卫兵守护之。卫兵人数依俘虏之数而定。

（二）俘虏就捕后，即送收容所，先行身体检查，去其携带之一切武器，分别将官兵士。收容所内，去其缚束，给予饮食。饮食分为二等，将士给与上等食，兵士给与次等食。上等食与本军将士同，次等食与本军兵士同。

（三）俘虏衣服卧具依其身份给与之。

（四）俘虏有伤病者，送病院治疗之；死亡者，分别身份埋葬之。

（五）俘虏沐浴剃发每月至少二回，但有辫发者割去之。

（六）俘虏收容后，听候审讯，其誓愿永远服从者，俟战后乃释放之，倔强而不愿降服者，依刑律处分之。

第十，司令既设军法局后，即将戒严地执行刑罚规则，谕交军法局遵守，其规则如左：

（第一条）执行军人之死刑，用枪毙之法。但执行枪毙时，发枪者须击要害，违者以擅用私刑论。

（第二条）执行军人以外之人民之死刑，用绞死之法。

（第三条）执行以上两项死刑时，宜按犯人酒量强弱，给与剧烈之酒，以饮至洪醉为度，并为掩蔽头面眼目。

（第四条）执行死刑，须在狱内或法庭内行之，不得在公众场所，并严禁参观。

（第五条）于执行后，应将犯人罪状详细开列，悬引军法局门外，至少七日，布告人民。

（第六条）执行其他刑罚（禁锢、罚金）仍适用《刑事诉讼法》、《监狱规则》、《警察规则》规定方法。

（第七条）凡不遵本规则之规定，擅用他法执行刑罚者，以擅用私刑论。

第十一，司令于攻克地方时，即时出示严禁私人擅行招募民军，及非奉〈大〉元帅或总司令命令之民军入境。

第十二，司令于攻克地方时，即时组织卫生队，或嘱托慈善团体赤十字会或私立病院、医院、医生，专司卫生事务，其事务如左：

一、即移去死尸，即时埋葬，不得迟至二十四时间以外，临时可不用棺木，并得合葬。

二、不分敌我，救时〔护〕伤者。

三、扫除道路，洗刷血秽。

四、依于时宜，对于人民施医赠药。

第十三，司令于攻克地方时，宜谕令各军队，将虏获敌人物品，缴交司令部或因粮局存贮，俟将来拍卖充赏，毋许分据私卖。如违，按军律惩办。

第十四，司令于攻克地方时，宜出示禁止军人擅行拆毁营内或驻扎处所之木石材料、陈设物品，并饬宪兵随时监察，其告示如下：

职名　　姓氏　　为布告事：照得军人一举一动，均为视听所关，务宜恪守文明规则。凡军营及军队驻扎处所，一切木石材料、陈设物品，均须加意保全，毋得故意毁拆损害，或任意践踏。倘敢故违，一经查出，定予严罚，望各遵守毋违。特此布告。

年　　月　　日

司令姓名

第十五，司令于攻克地方时，宜出示保护公共建筑、古迹、名胜，并饬宪兵随时监察，毋得毁拆损坏，其告示如下：

职名　　姓氏　　为布告事：照得公共建筑古迹名胜，均为地方公益之物，或系人民信仰所关，理宜保护，以重公德。凡军人等，毋得乘机毁拆损坏，如敢故违，一经查出，定予严办，望各遵守毋违。特此布告。

计开：

一、旧军政、民政各衙署局所。

二、国立、公立、私立之男女学校。

三、国立、公立、私立之图书馆、藏书楼、公园、陈列所。

四、寺庙、庵观、祠堂、书院。

年　　月　　日

司令姓名

第十六，司令既委办以上各事，即宜将办理情形呈报大元帅或总司令，候派员接办善后事宜，以便该司令拔队进取。

第二项　响　应

第四十九条　凡各处义民响应占据地方，即时呈报大元帅或总司令，候派员前往，按据方略布置一切。如该处义民已按本方略布置就绪，即明白报告，听候派员接办善后事务，始为响应之实据。如玩不呈报，即由大元帅或总司令派员前往收管。凡派员收管者，对于该义民不与赏功。

第五十条　对于响应地之办法，除将义民分别功绩，按方略赏功外，一切仿照攻取地之规定。

第三项 反 正

第五十一条　凡反正之文武官员，必须将官印文书及具有永远降服誓书，呈报大元帅或总司令，请派员接管地方，始为反正之确据。如玩不呈报，即由大元帅或总司令派员收管，但收管时对于该文武官员不与奖励。

第五十二条　反正之地，除分别奖励文武官员外，一切仿照攻取〈地〉办法。

据《革命方略》（精装铅印六十四开本，民国三年印行）
原件，台北、中国国民党文化传播委员会党史馆藏

中华革命党事前筹款要件①

（一九一五年一月二十五日）②

一 筹饷局章程

第一条　各处筹饷局及其筹饷区域，由本部特派之委员长指定。

第二条　筹饷局之职员如左：

局长一人。

监督一人。

书记一人。

理财一人。

董事若干人，中以一人为核数员。

第三条　局长由本部特派之委员长推荐或由支部公举，经本部委任。

第四条　监督以支部长充之；但支部未成立或以支部长兼充筹饷局长者，则监

---

① 孙文为准备在国内发动武装反袁的"三次革命"，曾于一九一四年八九月间在东京主持制订《第三次革命事前筹饷章程》，后又增改成四个文件，统名《事前筹饷要件》，饬令中华革命党本部总务部刊订成册，颁布分发。总务部遂于一九一五年一月二十七日发出通告第五号，将《事前筹饷要件》分寄海外各支部。而于上月，孙文委任邓泽如为南洋各埠筹款委员长。

② 上注总务部通告第五号称，孙文于一九一五年一月二十五日饬令该部刊订颁发《事前筹饷要件》（见南京《中央党务月刊》第一期，一九二八年八月一日出版），兹据该日期标出。

督由地方党员公举。

第五条 局长以下职员，由地方党员选举。

第六条 筹饷局成立后，局长应将该局职员姓名、年龄、籍贯、职业、住所报告本部。

第七条 筹饷局收到捐款，应即以该局名义发给收条与捐款者，随将款项并捐款者姓名、每名捐款若干开列清册分别汇寄本部，以凭按额发给债券，并照《筹饷奖励章程》奖给功章。

各局收到债券、功章等件，应即转给各捐款者，换还前项收条销毁之。

第八条 筹饷局俟革命成功后款项清还，始行解散。

二　筹饷奖励章程

第一条 凡资助革命，不论出资多寡，均照第一次革命办法两倍偿还。限期革命成功后三年内，与第一次之款一律偿还。

第二条 凡出资每次或累积至每百元者，每奖三等功章一座。

得前项功章者，虽未入党，亦照党员例赋与公民权。

第三条 凡出资每次或累积至每千元者，每奖二等功章一座。

得前项功章者，其特权如左：

一、照党员例享有公民权。

二、有经营矿山及各种实业优先权。

第四条 凡出资每次或累积至每万元者，每奖一等功章一座。

得前项功章者，其特权如左：

一、有经营矿山及各种实业优先权。

二、政府认为公民代表，参预政事、组织国会。

第五条 凡受奖一等功章至十座者，政府成立后，于其本籍县城交通繁盛公地，政府为建铜像，以示表章。

第六条 凡出资至五十万元者，政府成立后，除享有一等功章应享特权外，于出资者本籍省城、县城交通繁盛公地，政府为建铜像，以为全省人民模范。

第七条 凡出资至一百万元者，政府成立后认为殊勋，除享有一等功章应享特权外，于出资者本籍省城、县城以及国都人民游息之地，政府为建铜像，并以其名名公园，以为民国再造之纪念。

第八条　凡经手劝捐至每十万元者奖一等功章，至每万元者奖二等功章，至每千元者奖三等功章。

三　功章规条

第一条　功章特为奖励捐助资财者而设。

第二条　功章分为三等，其质别如左：

一、一等功章，金质。

二、二等功章，银质。

二、三等功章，铜质。

第三条　功章之形圆径一寸，正面镌十二道光之日章，背识"何等功章"四字，下镌交叉之月桂树。

第四条　功章之绶俱用白色，边镶红色，长一寸五分，宽一寸二分，红边宽二分。

第五条　凡功章佩于左胸，等高者顺次右列。

第六条　凡受有功章者得终身佩用。

第七条　凡受有功章者之名册，由党务部秘密保存，以备他日移交赏勋局记录。

右件自民国四年正月　　日印行。

四　债券章程

第一条　债券发行、偿还以日本金币为标准，所有内地、外埠捐款均以日币换算，照本章程第二条办理。

第二条　债券分为拾圆、百圆、千圆三种，按照捐款相当数目分别发给。但捐款未满拾圆或其零数不达拾圆者，由财政部于债券簿记内登记姓名、款目，俟将来累捐及额再行补发债券。

第三条　债券利息为照券面价格一倍，于偿还时连本一并支给。

第四条　此三种债券，定于本党政府成立后三年内由财政部定期公告偿还。

据《事前筹饷要件》铅印原件影印件，载黄警顽等编：
《南洋霹雳华侨革命墨迹》（又名《中华革命史迹》），
上海，文华美术图书公司一九三三年二月出版

中华革命党海外支部通则①

（一九一五年三四月间）②

第一条　本通则适用于海外各支部。

第二条　海外支部由各埠斟酌该地侨胞情形设立，其得成立支部之资格如左：

一、原有国民党支部或交通部，及洪门全部党员加入改组者；

二、由本部直接委任组织者；

三、由分部发达至万人以上者；

四、各种政治组合及爱国团体人数过万，照章写立誓约，缴入党捐而改组者；

五、除以上四资格外，而能以少数党员纳入党捐至一万元以上者。

第三条　海外支部既已成立地方，如有能具前条第一、四、五之三项资格之一，而欲于同地别设支部者，可许另设支部。

第四条　海外支部得于附近小埠委人设立分部。

第五条　海外分部发达，除合于第二条第三项之规定，得直接报告本部请求成立为支部外，而能具第二条第五项资格者，亦得直接报告本部请成为支部。

第六条　凡党员誓约必一律寄交本部存管，其号数一律由本部编定，即按照号数颁发证书。海外各支部对于党员不得自编号数，自发证书。

第七条　海外支部悉直接归本部统辖。如关于党务、财政，须受党务部、财政部之区处。

第八条　海外支部与支部，或支部与分部，有责任不明瞭或关于两支部以上

---

① 据中华革命党本部党务部通告第三号称，本通则系由孙文令该部"颁发，一体通行"。

② 底本无公布日期。按有关史料判断，本通则的制订公布时间似稍早于下篇《中华革命党各省支部通则》，故标为是年三四月间。

有争执时，应提出本部审定。

第九条　海外支部已写誓约认为党员者，除照总章尽义务享权利外，有左列之权利义务：

一、有享本党共同保护之权利。

一、有享本党抚恤之权利。

一、有享本党表彰之权利。

一、有委任为职员与在党建议之权利。

一、有事前筹款之义务。

第十条　海外支部以执行部、评议部组织之。

一、执行部定左列各职员：

正支部长一人。

副支部长一人。

主任五人，副主任五人。

书记一人或二人。

干事若干人。

一、评议部：

正议长一人。

副议长一人。

书记一人。

评议员十人乃至三十人（党员达三百人以上者定十人，达六百人以上者定二十人，达千人以上者定三十人）。

第十一条　正部长及副部长由该支部党员推荐，总理委任。

第十二条　主任、副主任由支部长呈请总理委任。

第十三条　书记、干事由部长呈请总理照准，自行加给委任。

第十四条　评议员由该支部党员选举之，评议长由选出之评议员互选之。

第十五条　评议部书记由议长于评议员中指定之。

第十六条　海外支部正部长总管支部全体事务，为一支部之代表，对于本部负完全责任；副部长补助之或代理之。

第十七条　主任承部长之命，掌管一科事务；副主任佐助主任，或代理之。

第十八条　书记承部长之命，掌管文书起草，及保存机要文件、典守印章事务。

第十九条　干事承科长之命，掌理所属事务。

第二十条　海外支部设左之五科：

总务科。

党务科。

财务科。

调查科。

交际科。

第二十一条　总务科掌左列事项：

一、关于书报社之管理及整理事项。

一、关于支部内之庶务。

一、关于支部内之文件收发及分配事项。

一、关于支部内办事规则之起草事项。

一、关于支部内之应接事项。

一、关于党员之功过记录事项。

一、关于不属各科事项。

第二十二条　党务科掌左列事项：

一、关于主盟事项。

一、关于传布宗旨事项。

一、关于誓约每月汇齐邮寄本部事项。

一、关于党员名册调制事项。

一、关于介绍人考覈事项。

一、关于分部收入党员，每月责成将誓约交支部注册转寄本部事项。

一、关于本部所颁之党员号数及党证分发于该党员本人事项。

第二十三条　财政科掌左列事项：

一、关于事前筹饷事项。

一、关于入党捐及年捐征收事项。

一、关于会计报告事项。

一、关于支部内之收支簿记事项。

一、关于捐簿调制，并收据保管或转发事项。

第二十四条　调查科掌左列事项：

一、调查党员职业及经历。

一、调查党员之住址移转及变更。

一、调查党员之为国赴难事项。

一、调查党员之毁家救国事项。

一、调查侨胞之在他党者对于本党之态度。

一、调查该地领事对于本党之态度。

一、调查居留地政府对于本党之态度。

一、调查侨胞在该埠之农、工、商、矿各事业。

一、调查侨胞在该埠之总人数（合男女及土生者）。

一、调查侨胞在该埠所创立之教育机关及公共事业。

一、调查居留地政府施行之政治法令。

第二十五条　交际科掌左列事项：

一、关于招待及联络事项。

一、关于党外交涉事项。

一、关于接洽他支部与分部事项。

一、关于演说事项。

第二十六条　除右五科之外，支部长认为必要或奉本部之命令，得设筹饷局。筹饷局之组织由本部另定之。

第二十七条　评议部议决左之事项：

一、支部长交议事项。

一、议决支部内之预算及决算。

一、议决对于党员之建议案或评议员之建议案。

一、议判党员之处罚事项。

一、对于执行部职员失职或旷职之质问事项。

第二十八条　评议部之开会，通常由评议长召集。但支部长认为必要时，得请求评议长召集开会。如评议长有故不到会时，得权举临时议长。

第二十九条　海外支部机关之经费由党员负担，其征收法由支部自定之。但不得挪用入党金及交本部之年捐。

第三十条　海外支部职员之任期，以一年为一任。但因党员之推荐或总理之委任，可得连任。

第三十一条　海外支部每经过三个月，须将办理支部之成绩报告本部一次。但于关系必要时，得临时报告之。

第三十二条　海外支部之会期，每半年中开大会一次，每星期开职员会一次。评议会每月一次。演说会无定期。

第三十三条　海外支部办事细则由支部自定，但须经评议部赞同之。

第三十四条　海外支部所辖之分部通则，除不设评议部及副主任外，适用本通则之规定。

第三十五条　本通则自公布到达之日施行。

第三十六条　附则：本通则如有海外十个支部以上之提议，得交本部修改之，但提议时须说明理由及应修改之条件。

据《中华革命党海外支部通则》，载南京《中央党务月刊》第一期，一九二八年八月一日出版

中华革命党各省支部通则①

（一九一五年四月二十日）②

一　本通则只适用于各省支部，不适用于海外支部。

二　各省以现在之区域为准，每省设一支部，统辖全省党务。

---

①　东京之日本外务省外交史料馆"各國内政関係雜纂·支那ノ部·革命黨関係（亡命者ヲ含ム）"档案中收藏有本通则，并说明此件系经孙文修改批准后公布。

②　据此件第三十条"本通则以四年四月二十日批准施行"标出。

三　各省支部须受成于本部。

四　如关涉两支部以上有争执时，应提出本部审定。

五　各省支部管辖之党员，以誓约上书明之省籍为准。海外支部不在此限。

六　各省党员，除对于本党之权利义务由总章规定外，其对于各该省支部应有之权利义务如左：

（一）有被推荐与被委任之权。

（二）有推荐支部长与建议之权。

（三）有介绍党员入党之义务。

（四）对于支部机关有服从之义务。

七　各省支部机关以左列之职员组织之：

支部长一人。

参议四人。

书记长一人。

科长四人。

干事、书记若干人。

八　支部长照章由党员推荐，总理委任；但因党员推荐之争执不成立者，总理得自由委任之。

九　参议、书记长、科长为荐任职员，由支部长推荐，总理委任。

十　干事、书记为委任职员，由各科长推荐，支部长委任。

十一　支部长以下之各职员，支部长得酌量事务之繁简分配之。

十二　支部长履行总章赋与职权，总揽全省支部事务，对于本部负完全责任，监督指挥所辖职员及支部以下之机关。

十三　支部长于其职权内，得对于支部党员为相当之约束及惩戒并记过事项。

十四　支部长对于一省司令长官，得为推荐及审查。

十五　参议承支部长之命，审议立案，策划进行。

十六　书记长承支部长之命，掌管支部机要、典守印章及各项文书起草事务。

十七　科长承支部长之命，掌管一科事务，监督所辖书记、干事。

十八　干事、书记承各科长之命，从事所属职务。

十九　各省支部设左之四科：

总务科。

党务科。

会计科。

调查科。

二十　总务科掌左列事项：

一、支部内庶务。

一、文件收发及分配。

一、应接及交际。

一、党员之功过记录。

一、不属各科事项。

二十一　党务科掌左列事项：

一、主盟新进。

一、传布宗旨。

一、汇齐每月入党誓约，呈交本部党务部。

一、调制党员名册。

一、稽核介绍人成绩。

一、登记或代领党务部所发证书转交本人。

二十二　会计科掌左列事项：

一、收支及簿记。

一、会计报告。

一、征收入党费及年捐（免除者不在此限）。

二十三　调查科掌左列事项：

一、关于内部调查者：党员、职员行动及住所变更。

一、关于外部调查者：如在该省之敌人军事配置、政治施设，任官吏、充侦探者，反对党之著名妨害本党者，其他各种团体之性质。

一、关于调制各种调查表册。

一、关于调查报告作成事件。

二十四　除前定四科之外，支部长认为地理、交通上之必要，得设特种机关；但该机关之组织，须以支部职员充之。若分部则不在此限。

二十五　各省支部长以一年为一任；但因党员之推荐或总理之委任，均得连任。

二十六　各省支部办事章程及各种细则，由各支部自定之，但不得与本通则相抵触。

二十七　各省支部所辖之分部，以左列职员组织之：

分部长一人，支部长推荐，总理委任。

参议二人，分部长推荐，支部长委任。

会计、书记各一人，分部长委任。

调查员若干人，分部长委任。

分部办事章程由分部自定，呈支部长核准，转呈本部立案。

分部长任期以三年为满任。

二十八　各省支部及分部经费、由各支部及分部党员负担。其有万不得已者，得请求本部补助。

二十九　各省支部长，每经过三个月须将办理成绩报告本部党务部。

三十　本通则以四年四月二十日批准施行。前所发布之支部、交通部及分部通则废止。

三十一　本通则如有五省支部以上之提议，得交本部修改之，但提议时须说明理由及应修改之条件。

据《中华革命党各省支部通则》，载南京《中央党务月刊》第一期，一九二八年八月一日出版

与宋庆龄婚姻誓约书①

（日　译　中）

（一九一五年十月二十五日）

此次孙文与宋庆琳②之间缔结婚约，并订立以下诸誓约：

一、尽速办理符合中国法律的正式婚姻手续。

二、将来永远保持夫妇关系，共同努力增进相互间之幸福。

三、万一发生违反本誓约之行为，即使受到法律上、社会上的任何制裁，亦不得有任何异议；而且为了保持各自之名声，即使任何一方之亲属采取何等措施，亦不得有任何怨言。

上述诸条誓约，均系在见证人和田瑞面前各自的誓言，誓约之履行亦系和田瑞从中之协助督促。

本誓约书制成三份：誓约者各持一份，另一份存于见证人手中。

誓约人：孙　文（章）

立约人：宋庆琳

见证人：和田瑞（章）

千九百十五年十月二十六日③

据日文原件，北京、中国国家博物馆藏（李锡经、马秀银译）

---

① 一九一五年十月二十五日，孙文和宋庆龄在东京结婚，此为办理登记手续后所签的日文法律誓约书。

② 宋庆琳，原名庆林，订婚誓时改称庆琳，后来改称庆龄。

③ 日本风俗以双日为吉日，孙文、宋庆龄接受律师和田瑞的建议，将二十五日写作二十六日。

致久原房之助关于借款目的及希望书①

（一九一六年二月二十日）

谨借到久原先生日金七十万元。兹将借款目的及今后希望附记如下：

一、署名人素以图东洋平和及中日亲善为目的，贷款人深谅此热诚，愿赞助署名人之政治改良事业，乃允本项借款。今后署名人得此援助，若获成功，必以全力贡献于东洋平和及中日亲善之事业。

一、今后如贷款人有关于在中国之实业计画商于署名人，署名人必以好意为之协力。

一、本项借款在署名人事业成功后，或由民国政府或由署名人负担偿还之责任。

中华民国五年二月二十日
孙文（孙文之印）

久原房之助先生惠存

据中文原件影印件，载久原房之助翁传记编纂会编：《久
原房之助》，东京，日本矿业株式会社一九七○年发行

---

① 在孙文旅居日本从事反袁活动后期，曾得到矿业家久原房之助五次借款的援助，是日在东京所得七十万日元借款为第一次。本件含有约定借款条件之作用。

与虞洽卿等联名发起上海交易所
致北京国务院农商部呈①

（一九一六年十一月）②

　　具呈人孙文、虞和德、张人杰、戴传贤③、赵家蕃、张鉴、赵家艺、盛丕华、洪承祁，为呈请核准事：今因发起上海交易所股份有限公司，所有组织方法均系按照《公司条例》暨《证券交易所法》，除章程及营业章程另行附册详呈外，谨将发起组织情形分条列下。

一　发起理由

　　谨按：上海为全国物产集散之枢，会所有大宗物产交易，均由各业商人任意买卖。价格无适中之标准，交易无保证之机关，恐慌无从预防，金融不能活动。且经纪人亦漫无限制，于工商业之发展窒碍实多。虽各业有各业之工会及任意集合之市场，然既无确实之资金，又无完备之组织，政府难于监督，商人无所置信，是以各大宗物产之价格，一二外国经纪人常得自由操纵之。病商病国，莫此为甚！至于有价证券之交易亦无一中心机关，已发行之公司股票不能流通，新发生之公司不易招股，已发行之公债价格日见低落，将来国家或地方发行公债更难于办理。因此之故，中国公司多于外国政府注册，以图其股票可以赖外国交易所而流通；

---

　　①　一九一六年六月袁世凯病死、黎元洪继任大总统后，中国政局一度有所缓解。孙文为发展国家实业并筹集革命资金，邀约上海商界领袖虞洽卿等协同筹办交易所，本件即为向北京国务院农商部申请呈报者。后因相继发生张勋复辟、段祺瑞擅权排黎等变故，孙文南下护法而无暇顾及交易所之事。但到一九一九年，北京当局终于批准虞洽卿等成立"上海证券物品交易所"。

　　②　底本未说明时间，多种文献记载皆谓在一九一六年冬季。据载，该呈拟就后，孙文即派戴季陶持呈赴京疏通，旋又派他往日本谋求借款，似此则由中国人自行集资申办之事，显然在时间上要比下篇更早，故酌为十一月。

　　③　虞和德，字洽卿；张人杰，字静江；戴传贤，字季陶。虞洽卿、张静江、戴季陶皆为常用名。

中国之投资者亦多弃本国公债于不顾，而乐购外国之公债。且各公司之内容无一机关调查保证之，买入卖出漫无所察，一旦破绽发生，股票顿成废纸。往往因一公司之内容缺陷，致市场大起恐慌。凡此种种之祸患，皆由无资本充足、信用确实之交易所有以致之，不能徒责商人之乏爱国心也。

文等有鉴于上列各种情形，深感交易物品所设置之必要，而交易所之组织则以证券交易、物品交易二者同时经营为最有益于上海商场，尤能助中国一盘实业之发展。是以集合资本，发起上海交易所股份有限公司，一切章程皆准据《公司条例》及《证券交易所法》。唯交易所系特种公司，自应于呈请注册设立以前先行呈请核准，以便进行。一俟核准后，即行收齐股本，组织完备，呈请注册设立。

二　股本

本公司股本银额五百万元。共分为十万股，每股银五十元。先收二分之一即每股银廿五元，全额二百五十万元开办。其余股银，视营业情形再行定期收集。现在所有全部股额，由发起〈人〉担任全部招足。

三　营业种类

（1）中外各国发行之有价证券。

（2）中外棉花。

（3）中外棉纱。

（4）金银。

（5）中外布匹。

（6）油类。

（7）粮食。

四　地点

上海。

五　营业期限

自部注册之日起十年为限。

六　筹备事务所住址

上海英租界宁波路九号。

七　发起人姓名住址

孙　　文：上海法租界环龙路六十三号。

虞和德：上海英租界福州路宁绍商船公司。

张人杰：上海英租界汉口路兆福里通运公司。

戴传贤：上海法租界霞飞路渔阳里北衖六号。

赵家蕃：上海英租界江西路利益新号。

张？鉴：上海英租界成都路久兴里四百三十三号。

赵家艺：上海威海卫路大经工厂。

盛丕华：上海天津路同吉里大丰布号。

洪承祁：上海美租界百老汇路一千零九十七号慎记号。

据孙文等呈毛笔原件，南京、中国第二历史档案馆藏

与三上丰夷合办上海交易所的密约

（日　译　中）

（一九一六年十二月五日）

彼等①与日人三上丰夷代理者中岛行一订有密约，就该约原文摘其要点如左。

原文第二款：本公司总资本额上海通用银元五百万元，其股总份数为十万股，

---

① 指孙文等中方人士。

每股银五十元，第一回付股款二分之一开始营业。

原文第三款：由创立人①以本公司所发出额面五百万元之股票全数为担保，由日本资本团以上海银元二百五十万元相当之日本金元，无利息借与创立人。

原文第七款：担保股份在担保期中其利益分配方法如下：第一项，在担保期中之股份所应得股份之红利，日本资本团得十分之八，创立人得十分之二。

原文第八款：本借款之金额，交款后用创立人名义存入于日本正金银行本店，以信用状在正金银行上海支店支用，所存正金银行本店内日本金额之上海银元交付股款。

原文第九款第三项：关于业务经营，以日本资本团所推选精通经营本业之人为顾问，以合议处理一切，但章程中须规定以内外人为顾问之一项。

中华民国五年十二月五日订于上海霞飞路渔阳里北衖六号戴传贤公馆。

上海交易所创立人总代表：戴传贤

日本资本团代表者：三上丰夷代理——中岛行一

其他签字人名列下：孙　文　赵家艺　虞和德　唐仲喧　张人杰　戴丕谟

　　　　　　　　　张　德　洪承初　戴传贤　周佩箴　赵宗香

据《孙中山创办上海交易所之内幕》，载一九一七年四月十三日长沙《大公报》第六页，译自三月二十九日日文报《上海日报》

中日组合规约

（一九一七年六月十一日）

以开发中国富源为目的，中、日两国人组织组合，而订规约如左：

一、本组合员中、日各以　名组织之。

二、本组合办理中国各省之矿业及主要物产。

三、本组合之资本定为上海规银二十万两，必要时按次缴纳之，中、日之出资额同额以　为限度。

---

①　指孙文等中方人士。

四、非中日两国组合员协议同意后，不得以组合员之权利让与组合以外之人。

五、组合之业务执行，中、日双方协议决定之，组合员不得一致之承诺，不得以关于组合之事项漏泄于组合以外之第三者，或与之为交涉商谈。

六、组合之存立期限，自本组合规约签字之日起，二十年为限，至期限满了后，双方协议得延长之。

七、在组合存立期限内发生解散之必要时，双方协议决定之。

八、组合本部置于上海，支部置于东京。

九、组合规约以中、日两国文制定之，组合员各自署名盖印，各执一通。

十、组合之事业经营及其他一切设备别定细则，选定业务执行员担任之。

民国六年六月十一日

大正六年六月十一日

孙逸仙

张人杰

朱大符

廖仲恺

杨　丙　廖仲恺代署

丁仁杰　朱大符代署

戴传贤

余建光　戴传贤代署

蒋介石

周日宣

大〔犬〕塚信〈太〉郎

协乐嘉一郎

菊池良一

芳川宪治

山田纯三郎

据秦孝仪主编：《国父全集》第九册（转录中国国民党中央委员会党史委员会藏《日支组合规约》原件），台北，近代中国出版社一九八九年十一月出版

中华民国军政府组织大纲

（一九一七年八月三十一日）①

第一条　中华民国为戡定叛乱，恢复《临时约法》，特组织中华民国军政府。

第二条　军政府设大元帅一人，元帅三人，由国会非常会议分次选举之，以得票过投票总数之半者为当选。

第三条　《临时约法》之效力未完全恢复以前，中华民国之行政权由大元帅行之。

第四条　大元帅对外代表中华民国。

第五条　大元帅有事故不能视事时，由首次选出之元帅代行其职权。

第六条　元帅协助大元帅筹商政务，元帅得兼任其他职务。

第七条　军政府设立各部如左：

一、外交部。

二、内政部。

三、财政部。

四、陆军部。

五、海军部。

六、交通部。

第八条　各部设总长一人，由国会非常会议分别选出，咨请大元帅特任之。前项选举以得票过投票总数之半者为当选，但遇总长缺位，未经选举以前，大元帅得为署理之任命。

第九条　各部总长辅助大元帅执行职务。

第十条　〈大〉元帅府及各部之组织以条例定之。

第十一条　军政府设都督若干员，以各省督军赞助军政府者任之。凡有举全

---

①　原件未署日期，据一九一七年八月三十一日国会非常会议第三次会议通过《中华民国军政府组织大纲》，故系于八月三十一日。

省兵力宣布与非法政府断绝关系者，依前项之规定。

第十二条　本大纲至《临时之①约法》完全恢复，国会及大总统之职权完全行使时废止。

第十三条　本大纲自公布之日施行。

据《中华民国军政府组织大纲》，载广州《军政
府 公 报》第 一 号 , 一 九 一 七 年 九 月 十 七 日

公布《海陆军大元帅府组织条例》

（一九一七年九月十一日）

大元帅令

　　兹制定《海陆军大元帅府组织条例》公布之。此令。

（大元帅印）

中华民国六年九月十一日

据《大元帅令》，载广州《军政府公报》
第 一 号 , 一 九 一 七 年 九 月 十 七 日

附：中华民国军政府海陆军大元帅府组织条例

第一章　总　　纲

第一条　海陆军大元帅依据《军政府组织大纲》第十条所定，设立大元帅府。

第二条　大元帅府设备处如左：

一、参谋处。

二、秘书处。

三、参军处。

第三条　大元帅府设卫戍总司令，承大元帅之命，掌理卫戍一切事宜。

---

① "之"字应系衍文。

第四条　大元帅府得设顾问及参议若干人，以备大元帅之咨询。

第五条　各处因事务之必要得酌设各科，置科长、科员、差遣员、电报生、技师、书记、录事、供事若干人。

第二章　参谋处

第六条　参谋总长辅佐大元帅参赞机要，统一作战计划，并指挥监督海陆军参谋执行职务。

第七条　参谋处设参谋次长二人，海陆军参谋若干人，承总长之命执行职务。

第八条　参谋处因军事之必要，得酌设调查、编辑、测绘、作战、谍报各科。

第三章　秘书处

第九条　秘书长承大元帅之命，指挥监督各秘书掌管机要文书，管守印信，及重要文书之起草、记录、保存事项。

第十条　秘书处得酌设总务、外交、内政、财政、军事、交通、法制各科。

第四章　参军处

第十一条　参军长承大元帅之命，率同参军掌理内部勤务，传达军令，接见宾客，并办理会计、庶务、警卫、扈从、典礼及一切不属他处之事务。

第十二条　参军处设电报总管一人，承参军长之命，指挥电报生办理特别电报事务。

第五章　附　则

第十三条　大元帅府各处之组织及办事细则，由各该处长拟定后，呈请大元帅核准施行。

第十四条　本条例有须修改之时，得由各该处长呈请大元帅核夺办理。

第十五条　本条例自公布日施行。

据《中华民国军政府海陆军大元帅府组织条例》，载广州《军政府公报》第一号，一九一七年九月十七日

公布《大元帅府秘书处组织条例》

（一九一七年九月十七日）

大元帅令

　　兹制定《大元帅府秘书处组织条例》公布之。此令。

（大元帅印）

中华民国六年九月十七日

据《大元帅令》，载广州《军政府公报》
第二号，一九一七年九月二十日

附：大元帅府秘书处组织条例

第一条　秘书处据《大元帅府组织条例》第二条组织之。

第二条　秘书处设秘书长一人，秘书若干人，书记若干人，差遣若干人。

第三条　秘书长承大元帅之命管理全处事务，并指挥监督所属各职员及雇员。

第四条　本处设各股如左：

总务股。

军事股。

财政股。

外交股。

内政股。

交通股。

法制股。

第五条　总务股掌理事务如左：

一、典守印信。

二、文书函电之起草。

三、保管案卷。

四、委任事项。

五、收发事项。

六、华侨函电事项。

七、国会事项。

八、军政府公报事项。

九、新闻事项。

十、制造印信事项。

十一、本处会计事项。

十二、本处庶务事项。

第六条　军事股掌理批答寻常军事文书及函电之起草。

第七条　财政股掌理关于筹措军饷、会计出纳一切文件之起草、编制及批答。

第八条　外交股掌理关于外务行政、国际交涉之一切文申。

第九条　内政股掌理关于内务行政一切文书函电之起草及批答。

第十条　交通股掌理关于交通事项之一切文件。

第十一条　法制股掌理事务如左：

一、关于法令条例之起草、审查、立案事项。

二、关于大元帅交议一切法规、条例之审查、修正事项。

三、关于军政府所属各机关法律疑义之解答。

第十二条　各股设主任一人，以秘书充之。

第十三条　各股秘书由秘书长按事之繁简酌量分配。

第十四条　各股秘书所拟就之文件，应先交由该股主任审定后，再呈请秘书长核定办理。

第十五条　各股主任对于各该股范围内事务，有整理统一之责。

第十六条　书记承秘书长、秘书之命，誊写文件、记录簿籍、表册。

第十七条　差遣承秘书长、秘书之命，从事办理庶务。

第十八条　本处办事细则另定之。

第十九条　本条例自公布日施行。

据《大元帅府秘书处组织条例》，载广州《军政府公报》第二号，一九一七年九月二十日

公布《特别军事会议条例》

（一九一七年九月十七日）

大元帅令

　　兹制定《特别军事会议条例》公布之。此令。

（大元帅印）

中华民国六年九月十七日

据《大元帅令》，载广州《军政府公报》第二号，一九一七年九月二十日

附：大元帅府特别军事会议条例

一、为决定军事上行动纲要，由大元帅召集特别军事会议。

二、特别军事会议议员以左列之人员充之：

参谋总长。

海军总长。

陆军总长。

广东督军。

海军总司令。

第一军总司令。

卫戍总司令。

由大元帅特指定之军事参议五人。

三、以上人员如有事不能列席者，不得派人代表。

四、会议时大元帅为主席，以多数决定。

五、凡会议时，必有过半数以上之列席，始得开议。

六、会议之内容及其议决，与议者均须绝对守秘密。

据《大元帅府特别军事会议条例》，载广州《军政府公报》第二号，一九一七年九月二十日

公布《大元帅府参军处组织条例》

（一九一七年九月十九日）

大元帅令

　　兹制定《大元帅府参军处组织条例》公布之。此令。

（大元帅印）

中华民国六年九月十九日

　　　　　据《大元帅令》，载广州《军政府公报》
第三号，一九一七年九月二十一日

附：大元帅府参军处组织条例

第一条　参军处按照《大元帅府组织条例》第二条组织之。

第二条　参军处设左列各科：

一、总务科。

二、会计科。

三、庶务科。

第三条　总务科设科长一员，一、二、三等科员若干人，掌理左列事务：

一、关于机密事项。

二、关于文书收发事项。

三、关于统计报告事项。

四、关于典礼、仪式、设备、扈从并军乐及其他杂务。

五、关于府内卫生事项。

六、关于不属他科主管事项。

第四条　会计科设科长一员，一、二、三等科员若干人，掌理左列事项：

一、关于预算、决算事项。

二、关于收入、支出、簿记及金库事项。

三、关于会计之监查事项。

第五条　庶务科设科长一员，一、二、三等科员若干人，掌理左列事务：

一、关于物品采办、保管事项。

二、关于本府整理、装修及其他杂务。

第六条　参军处设副官若干人，掌理左列事务：

一、关于府内勤务、传达命令及接待宾客事项。

二、关于府内警卫、风纪、稽查事项。

三、关于管理弁兵、杂役人等事项。

第七条　参军处设电报总管一员，电报员若干人，掌理关于电务事宜。

第八条　参军处因事务之繁简，得酌设备等通译、差遣、技师、录事、供事若干员。

附　则

第九条　本条例如有未尽及应行修改之处，由处长随时呈请大元帅核夺。

第十条　本条例自公布日施行。

据《大元帅府参军处组织条例》，载广州《军政府公报》第三号，一九一七年九月二十一日

《军政府公报》发行章程

（一九一七年九月二十二日）

第一条　《军政府公报》暂由大元帅府秘书处公报课发行。

第二条　《军政府公报》按照阳历自九月二十日起，每日出报一号。定购一月者，收回报价大洋八角；三月二元三角；半年四元五角；常年八元。须先交报价，邮费在外，零售每号铜元四枚。

第三条　凡远近订购公报，预缴报费后给予定报收单，即照开明地址分别寄送。如有迁移事故，须随时知照，以便更改。

第四条　如有殷实店铺愿代销售《军政府公报》者，得由公报课与该店铺商

订合同。

第五条　凡内外官绅商民欲在《军政府公报》刊登广告者，第一日每行二角四分；第二日至第七日，每日每行一角六分；第八日至第十五日，每日每行一角二分；第十六日至一个月，每日每行八分；登至半年，每月每行一元六角。均以两行起码，每行四十字，大字照加。

第六条　本章程有未尽事宜，得随时修正之。

据《〈军政府公报〉发行章程》，载广州《军政府公报》第四号，一九一七年九月二十二日

咨请国会非常会议议决《军事内国公债条例》等件

（一九一七年九月二十五日前）①

为咨行事：国会非常会议组织大纲》第九条："国会非常会议于军政府有交议事件得随时开会议决。"兹因整备军旅，筹划出师，需款孔殷，特拟募集内国公债五千万元，以济军用。相应将《军事内国公债条例》一份，《承购军事内国公债人员奖励办法》② 一份，《募集军事〈内国〉公债票条例》一份，咨请贵会开会公决。此咨

国会非常会议

据《募债之大集议》，载一九一七年十月一日上海《民国日报》第三版

---

① 底本未说明日期。按国会非常会议接咨文后于九月二十五日开会审议，故咨文应于是日前发出。

② 据《军政府公报》第九号"更正"栏，该件后改称《承购军事内国公债奖励条例》。

公布《军事内国公债条例》

（一九一七年九月二十六日）

大元帅令

国会非常会议议决《军事内国公债条例》，兹公布之。此令。

（大元帅印）

中华民国六年九月二十六日

据《大元帅令》，载广州《军政府公报》
第七号，一九一七年九月二十六日

军事内国公债条例

第一条　军政府为供给军需，募集公债五千万元。

第二条　此项公债利率定为按年八厘。

第三条　此项公债以每年四月十日为给付利息之期。

第四条　此项公债自发行之日起，二年以内只付利息，第三年起依附表所列每年应付本银数目用抽签法偿还，至第六年全数偿清。

第五条　此项公债财政部实收九成。

第六条　此项公债其最先交纳之二百万元，财政部特别减收为八成八。

第七条　经手募债人员不另给募债费用，即以折扣充支；但募集多额者，另章奖励。

第八条　此项公债付息偿本，由财政部委托本国外国银行、中国殷实商号支付。

第九条　此项公债票面概不记名，其有请求记名者亦准照办。

第十条　公债票面数额定为四种如左：

一、壹千元。

二、壹百元。

三、拾元。

四、五元。

第十一条　此项公债之债票及息票，得自付息及偿本之日起，除海关税外得用以完纳一切租税及代其他各种现款之用。

第十二条　经理此项债票之官吏、人民，对于此项债票如有非法行为，依照法令分别惩罚。

第十三条　本条例自公布之日施行。

中华民国六年九月二十五日

据《军事内国公债条例》，载广州《军政府
公报》第七号，一九一七年九月二十六日

公布《承购军事内国公债奖励条例》

（一九一七年九月二十六日）

大元帅令

国会非常会议议决《承购军事内国公债奖励条例》，兹公布之。此令。

（大元帅印）

中华民国六年九月二十六日

据《大元帅令》，载广州《军政府公报》
第七号，一九一七年九月二十六日

承购军事内国公债奖励条例[①]

第一条　凡承购军事内国公债人员，应得奖励分级如左：

---

　① 该条例原标题为"承购军事内国公债人员奖励条例"，据《军政府公报》第九号"更正"栏订正，删去"人员"二字。

一、承购公债满十万元者，由财政部呈请给予三等勋章。

一、承购公债满五万元者，由财政部呈请给予四等勋章。

一、承购公债满一万元者，由财政部呈请给予五等勋章。

一、承购公债满五千元者，由财政部呈请给予六等勋章。

一、承购公债满五百元以上不及五千元者，由财政部酌给奖章。

第二条　前条奖励以独立承购人员为限。

第三条　应得奖励人员，由经募机关报明公债局转咨财政部呈请核奖。

第四条　公共团体承购公债应得奖励，由财政部比照本条例另案呈请核奖。

第五条　独立承购公债十万元以上者，由财政部另案呈请给予特别奖励。

第六条　本条例自公布日施行。

中华民国六年九月二十五日

据《承购军事内国公债人员奖励条例》，载广州
《军政府公报》第七号，一九一七年九月二十六日

公布《〈军政府公报〉条例》

（一九一七年九月二十六日）

大元帅令

兹制定《〈军政府公报〉条例》公布之。此令。

（大元帅印）

中华民国六年九月二十六日

据《大元帅令》，载广州《军政府公报》
第七号，一九一七年九月二十六日

《军政府公报》条例

第一条　《军政府公报》为公布法律命令之机关，凡法令及应行公布之文电，统由《军政府分〔公〕报》发行。

第二条 军政府所属各官署通行文书，已由《军政府公报》公布者，可毋庸再以文书传达。但未便公布之件及并非通行之件，仍由各官署自用文书传达。

第三条 凡军政府一切文电，均以《军政府公报》公布之文为准。至其他报纸或印刷品抄录或传闻者，不得援据。

第四条 凡法令除有专条别定施行期限者外，军政府所在之地以刊行《军政府公报》之日起，各地以《军政府公报》递到该官署之日起，即生一体遵守之效力。其各地先期接有官发印电或文书者，不在此限。

第五条 各官署送刊之件，如抄录字迹难于辨认，以致错误或原抄稿有错误者，概由各官署自负其责。

第六条 本条例自公布日施行。

据《〈军政府公报〉条例》，载广州《军政府公报》第七号，一九一七年九月二十六日

准军政府通俗讲演所规程规则

（一九一七年十月八日）

大元帅训令

令代理内政总长居正

呈为筹设通俗讲演所及附讲演规程、规则各一件由。

呈及所拟讲演规程、讲演规则均悉。共和国家重在民治，民之自治基于自觉。欲民之自觉，不可无启导诱掖之方。今据呈称"筹设讲演所，遴选热心爱国之士分任讲演，使宣示军政府成立之必要，发挥民治之真理"等语，询〈洵〉足为导民自觉之一助，良堪嘉许。所拟办法，尚属周密，应即照准。着该部即行如拟切实办理。此令。

据《大元帅训令》，载广州《军政府公报》第十一号，一九一七年十月八日

附一：军政府通俗讲演所规程

第一条　通俗讲演所依本规程设置之。

通俗讲演规则另定之。

第二条　通俗讲演所由内政部酌量情形设置之。至私人或私法人均得设立，但须呈请内政部核准备案。

第三条　通俗讲演所设职员如左：

一、所长一人。二、讲演员若干人。三、办事员一人或二人。

第四条　所长综核理全所事务，讲演员、办事员承所长之指挥，分任讲演及各项庶务。

第五条　所长除综理所务外，仍担任讲演。但系名誉职者不在此限。办事员亦得兼任讲演。

第六条　所长及讲演员须年在二十几以上具有左列资格之一者：一、讲演传习所或通俗教育研究所毕业者。二、曾任职演一年以上著有成绩者。三、曾任小学校以上之教员或简易师范毕业者。四、教育会、劝学所、商会各职员。五、地方绅商有资望者。

第七条　所长由内政部函请或荐任之，讲演员由所长荐请内政部委任之。至私立之讲演所所长、讲演员，须呈报内政部核准备案。

第八条　所长、讲演员公费额数，由内政部酌定之。

第九条　所长、讲演员如有奉职不力者，得由内政部撤换之。

第十条　私立之讲演所如有不遵通俗讲演规程者，得由内政部停止或解散之。

第十一条　本规程之规定，巡回讲演所得适用之。

第十二条　本规程自公布日施行。

附二：军政府通俗讲演规则

第一条　通俗讲演以宣扬大义、提倡民治为宗旨。

第二条　讲演要项如左：

一、鼓励民气。二、提倡自治。三、保障国会。四、主张民权。五、拥护军府。六、劝勉护法。七、赞助讨逆。八、应募军债。

第三条　通俗讲演不得涉及前条以外之事。

第四条　讲演员有不遵前各条之规定而藉端讲演者，得由内政部禁止或处分之。

第五条　讲演稿本由内政部发给，或由各讲员按照第二条要项分别拟编，禀由内政部审定。

第六条　通俗讲演得酌量情形，置备左列各种辅助品：

一、幻灯及活动影片。二、各种画图。三、风琴留声机军乐。

第七条　本规则之规定，巡回讲演得适用之。

第八条　本规则自公布日施行。

据《军政府通俗讲演所规程》、《军政府通俗讲演规则》，广州《军政府公报》第十一号，一九一七年十月八日

批准《参军处办事细则》

（一九一七年十月八日）

大元帅训令

令参军长许崇智

呈办事细则，请批示由。

呈悉。所拟该处办事细则，大致尚属妥善，间有未尽合宜之处，业经改正，仰即遵照办理可也。改正细则抄发。此令。

（大元帅印）

中华民国六年十月八日

据《大元帅训令》，载广州《军政府公报》第十二号，一九一七年十月九日

附：参军处办事细则

（一九一七年十月三日）

第一条　参军处依《大元帅府组织条例》第十一条之规定，掌理大元帅府内属于本处之事业。

第二条　参军长率同参军及各科长，于星期二、四、六等日午前九时齐集参军长办公室，由参军及科长报告一切应行事件，候参军长酌定。

第三条　关于宴赍、恤祭、设备、侍从一切礼仪，由参军长酌定办法后，交总务科协同庶务科及副官辨〔办〕理。

第四条　府内应设通谒室、候见室，用备接待宾客。通谒室选派差遣、差弁招待，候见室由副官轮值招待。

第五条　凡谒见大元帅宾客，由通谒员延入候见室，再由招待副官呈请大元帅接见，或由大元帅派员接见。

第六条　副官掌命令之传达与府内之勤务，每日应派员随从大元帅以备差遣。其随从人员由参军长指派之。

第七条　府中军纪、风纪，由副官随时稽查纠正之。

第八条　府中差弁、杂役等，由副官管理。其分配于各处之杂役，得由各该长官考察勤惰，自行开补，但应通知副官备查。

第九条　各科得依事务之类别繁简，分股办理。

第十条　府中应设总收发所，管理府中收发事项。由总务科特派专员办理。

第十一条　凡府中各处科所用款项，非经参军长核准盖章后，会计科不得发给。

第十二条　会计科发给款项，所有一切发票、清单、领条，均须粘于收据簿内保存，以备查考。

第十三条　凡府中购置物品及建筑修理工程，先由庶务科计算价目，再由会计科稽核盖章，呈报参军长批准，方可执行。

第十四条　会计科应设预算、决算各表。预算表于月终制定，决算表于本月终制定，呈请参军长察核，转呈大元帅批准执行。

预算、决算各表，分经常费、临时费两项制定。

第十五条　参军处各项文件，均须经参军长核定。但参军长因有事故，得委托参军核定之。

第十六条　各员承办文件，均应盖章或签字。其为各科互相关联之件及数员共办之件，均应连带盖章或签字。

第十七条　凡本处文件不属于各科者，均由总务科办理。

第十八条　本处文件有应行送登公报者，由该科登入事由簿，送呈参军长核定、再送公报编辑处登载。

第十九条　各项档案及油印公布文件，由经管各员随时检入卷夹，标明事由，归档存案。

第二十条　未经宣布之文件，经管各员均应严守秘密。

第二十一条　军医掌府中卫生事项，如府中人员有疾病时得诊治之。

军医诊断时，应设诊断簿，详载患病者姓名、病症，每月终将诊断人数列表，呈报参军长核阅。

第二十二条　技师掌府中测量、建筑等事项。遇有工程时，应由参军长责成技师绘图具说，呈请参军长核定，再交庶务科估价。但重大建筑之工程，应呈请大元帅核办。

第二十三条　差遣专备临时事务之差遣。

第二十四条　通译掌外国文件之翻译，及外①与外国人员应接事宜。应设记事簿，备载所译文件及外宾谈话，每日呈报参军长核阅。

第二十五条　电报员掌府中电文之收发及写译，应设收发簿，以备稽核。

第二十六条　办公时间：午前自九时至十一时三十分，午后自一时至五时。惟遇有事件时，不在此限。

第二十七条　星期日或例假日遇有特别要紧事务，得由各科指定所属人员照常办理。

----

①　"外"字为衍文。

第二十八条　本处副官及各科人员每日到处时，须到各该办公室签到簿内注到。

各科应备考勤表，每届月终呈报参军长察核。

第二十九条　参军处人员因故请假时，未逾二十四时者，得由科长许可；已逾二十四时及参军、科长、军医等请假时，应呈请参军长许可。

第三十条　参军处各科及副官办公室，应派员轮流值日、值宿，其轮值方法，由该各长官定之。

第三十一条　各员于办公时刻内有宾客来访，除因事外，概不接见。

第三十二条　各科办事细则由各科另定之。

第三十三条　本细则如有未尽及应行修改之处，由参军长随时呈请修改。

第三十四条　本细则自批准日施行。

据《参军处办事细则》，载广州《军政府公报》第十三号，一九一七年十月十一日

咨请国会非常会议议决《大理院组织大纲》

（一九一八年三月五日刊载）

为咨行事：查《国会非常会议组织大纲》第九条，国会非常会议于军政府交议事件时，得随时开会议决。兹据该条规定，提交《大理院组织大纲》，交由贵会议决。除开会时派员出席说明提案理由外，相应咨请贵会查照，议决施行。此咨国会非常会议。

海陆军大元帅孙文

据《大元帅为设大理院咨国会非常会议文》，载广州《军政府公报》第五十二号，一九一八年三月五日

公布《陆军部组织条例》

（一九一八年三月六日）

大元帅令

　　兹制定《陆军部组织条例》公布之。此令。

（大元帅印）

中华民国七年三月六日

据《大元帅令》，载广州《军政府公报》

第五十三号，一九一八年三月九日

附：陆军部组织条例

　　第一条　陆军部直隶于军政府，管理陆军军政。

　　第二条　陆军总长经国会非常会议选出后，由大元帅任命。

　　第三条　陆军总长承大元帅命，管理本部事务，统辖陆军军人、军属，监督所辖各官署。

　　第四条　陆军部置次长一人，辅助总长整理部务。

　　第五条　陆军部置秘书四人，参事四人。秘书秉承总、次长之命，掌理机要文书之起草、收发、保存及典守印信等事项。参事秉承总、次长之命，掌理本部管理法律、命令之审议事项。

　　第六条　陆军部置总务厅及左列各司：

　　军衡司。

　　军务司。

　　军学司。

　　军储司。

　　军医司。

　　军法司。

　　军牧司。

第七条　总务厅职掌事务如左：

一、关于机密及陆军文库事项。

二、关于部内军官、军佐及军用文官事项。

三、关于公文函电之纂辑、保存及收发事项。

四、关于本部内会计事项。

五、关于编制各统计及报告事项。

六、关于征发物件表及征发报告事项。

七、关于部内风纪事项。

八、关于管理本部官产、官物事项。

九、其他不属各司事项。

第八条　军衡司掌事务如左：

一、关于陆军官佐及军用文官之任免事项。

二、关于调查各兵科人员事项。

三、关于考绩表、兵籍、战时名簿及军用文官名簿事项。

四、关于保管军官、军佐、军用文官及战时职员表事项。

五、关于赏赉、叙勋、配章、褒章及赏给事项。

六、关于编纂年格、名簿事项。

七、关于休假事项。

八、关于陆军军人结婚事项。

九、关于废兵处置事项。

十、关于养赡事项。

第九条　军务司掌事务如左：

一、关于陆军建制、编制及训练事项。

二、关于军队配置事项。

三、关于陆军军旗事项。

四、关于整旅计划之准备执行事项。

五、关于陆军礼节、服制、徽章事项。

六、关于各军队之军纪、风纪事项。

七、关于编拟战时各项规则事项。

八、关于戒严各征发事项。

九、关于征募召集及解兵退伍事项。

十、关于操练场所事项。

十一、关于军队内务、卫戍、勤务及宪兵服务事项。

十二、关于各兵科及军乐队事项。

十三、关于各兵科军官军士以下人员之调用及其补充事项。

十四、关于要塞建筑及其用地并要塞地带事项。

十五、关于要塞兵备事项。

十六、关于重炮兵之设置及分配事项。

十七、关于运输、通信、电气、电灯、电信轻气球、飞行器事项。

十八、关于要塞司令处、陆地测量部及交通各队事项。

十九、关于水陆交通事项。

第十条　军储司掌事务如左：

一、关于军用枪炮弹药之制式筹划、支给交换及检查事项。

二、关于军火禁令事项。

三、关于各项器具材料之经理及检查事项。

四、关于军用器具材料之制式筹划、支给交换事项。

五、关于要塞备炮事项。

六、关于军队通信各铁道、气球、飞行器之器具材料之支给交换事项。

七、关于攻城、守城、交通所用兵器、器具材料之备办事项。

八、关于技术审检院、兵工厂、军械局事项。

九、关于军需运用事项。

十、关于各军需处事项。

十一、关于各军需官勤务事项。

十二、关于各军需处人员之教育、考绩及其补充事项。

十三、关于军政经费出纳并预算、决算事项。

十四、关于军政会计稽核事项。

十五、关于管掌出纳之官吏等事项。

十六、关于各种给与及军需规定之审查事项。

十七、关于规定俸给及旅费事项。

十八、关于军服之经理及检查事项。

十九、关于军服粮秣之制造、购买事项。

二十、关于规定及准备平时军服、装具、粮秣等给与事项。

二十一、关于编制整旅之预算事项。

二十二、关于战时装具、炊具及洗马器具事项。

二十三、关于军队用具、消耗品及埋葬用料物等之准备事项。

二十四、关于陆军用地及建筑事项。

二十五、关于管理陆军所属官产事项。

二十六、关于军人祠宇及军用坟地事项。

二十七、关于规定军用金钱箱柜及行李事项。

第十一条　军学司掌事务如左：

一、关于军队教育及训练改良事项。

二、关于规定各兵科操典及教范事项。

三、关于军队校阅及特种兵演习事项。

四、关于所辖各学校一切章程之制定及筹办事项。

五、关于拟定所辖各学校教育纲领及计划，并审查各教科书事项。

六、关于所辖各学校职员奖罚事项。

七、关于所辖各学校学生奖罚及考试事项。

八、关于编订军语、军队符号及各军用之图籍表事项。

九、关于军学之编辑及印刷事项。

十、关于留外学生一切事件并选派高等专门学员事项。

十一、关于其他军事教育及训练一切事项。

第十二条　军医司掌事务如左：

一、关于军医、兽医各种诊疗机关事项。

二、关于伤病等差之诊断事项。

三、关于体格检查事项。

四、关于战时卫生勤务各种规则事项。

五、关于卫生材料及蹄铁事项。

六、关于时疫及卫生试验事项。

七、关于卫生报告统计及调查事项。

八、关于军医、司药、兽医所属各项人员之勤务教育、考绩及其补充事项。

九、关于红十字会及恤兵团体事项。

第十三条　军法司掌事务如左：

一、关于陆军军法事项。

二、关于陆军监狱事项。

三、关于赦免及罪人之处置事项。

四、关于陆军司法官及监狱职员之考绩及其补充事项。

五、关于高等军法会审事项。

第十四条　军牧司掌事务如左：

一、关于军马监及牧场之管理事项。

二、关于军马之供给、喂养、保存及征发事项。

三、关于改良马种及购买军马事项。

四、关于蹄铁术之教育事项。

五、关于军牧人员之教育、考绩及其补充事项。

第十五条　总务厅由次长直辖。

第十六条　陆军部置司长七人，承长官之命，分掌各司事务。

第十七条　陆军部置科长及一等军法官若干员，承长官之命，分掌总务厅及各司事务。

第十八条　陆军部置科员，一、二、三等军法官及司副官，承长官之命，助理总务厅及各司事务。科长、科员及一、二、三等军法官，得视事之繁简，酌定其员额。

第十九条　陆军部置技正四人，技士八人，承长官之命，掌理技术事务。

第二十条　陆军部职员依附表所定。

第二十一条　本条例自公布日施行。

附表　陆军部职员表

<table>
<tr><td colspan="5" align="center">总　　　长（上中将）</td></tr>
<tr><td colspan="5" align="center">次　　　长（中少将）</td></tr>
<tr><td rowspan="17">参事（少将、上校及相当文官）</td><td rowspan="1">总务厅</td><td colspan="2">秘书（少将及相当文官）一
上中校（及相当文官三）四
副官（上中校）六
科长（上中校或一二等军需正）
纂译官（上中校及相当文官）四</td><td>科员（中少校、上中尉或二三等军需都、一二等军需）</td></tr>
<tr><td rowspan="2">军衡司</td><td rowspan="2">司长（少将、上校）一</td><td></td><td>司副官（少校、上尉）</td></tr>
<tr><td>科长（上中校）</td><td>科员（中少校、上中尉）</td></tr>
<tr><td rowspan="2">军务司</td><td rowspan="2">司长（少将、上校）一</td><td></td><td>司副官（少校、上尉）</td></tr>
<tr><td>科长（上中校）</td><td>科员（中少校、上中尉）</td></tr>
<tr><td rowspan="2">军械司</td><td rowspan="2">司长（少将、上校）一</td><td></td><td>司副官（少校、上尉）</td></tr>
<tr><td>科长（上中校及相当技术官）</td><td>科员（中少校、上中尉及相当技术官）</td></tr>
<tr><td rowspan="2">军学司</td><td rowspan="2">司长（少将、上校）一</td><td></td><td>司副官（少校、上尉）</td></tr>
<tr><td>科长（上中校）</td><td>科员（中少校、上中尉）</td></tr>
<tr><td rowspan="2">军需司</td><td rowspan="2">司长（军需监、一等军需正）一</td><td></td><td>司副官（三等军需正、一等军需）</td></tr>
<tr><td>科长（一二等军需正）</td><td>科员（二三等军需正、一二等军需）</td></tr>
<tr><td rowspan="2">军医司</td><td rowspan="2">司长（军医监、一等军医正）一</td><td></td><td>司副官（三等军需正、一等军医）</td></tr>
<tr><td>科长（一二等军（兽）医正）</td><td>科员　二三等军（兽）医正
二三等司药正
一二等军（兽）医
一二等司药</td></tr>
<tr><td rowspan="1">军法司</td><td rowspan="1">司长（少将、上校相当文官）一</td><td>一二三等初级军法官（上中少校、上中尉相当文官）</td><td>司副官（少校、上尉相当文官）</td></tr>
<tr><td rowspan="2">军牧司</td><td rowspan="2">司长（少将、上校）一</td><td></td><td>司副官（少校、上尉）</td></tr>
<tr><td>科长（上中校、一二等兽医正）</td><td>科员（中少校、上中尉、二三等兽医正、一二等兽医）</td></tr>
<tr><td colspan="3" align="center">技正四</td><td>技士八</td></tr>
</table>

据《陆军部组织条例》，载广州《军政府公报》第五十三号，一九一八年三月九日

公布取消北京政府擅定之公债条例等决议案令

（一九一八年三月十八日）

大元帅令

　　国会非常会议议决取消北京非法政府擅定七年内国公债条例及发行办法，兹公布之。此令。

（大元帅印）

中华民国七年三月十八日

据《大元帅令》，载广州《军政府公报》第五十九号，一九一八年三月十九日

附：取消北京非法政府擅定七年内国公债
条例及发行办法议决案

　　近闻北京非法政府以偿还中交两行欠款提高纸币价格为名，颁布七年内国公债条例，其债额为四千八百万元，六厘起息，以延期赔款为抵押。自本年一月起，每年抽签还本两次，五年还完。其债票只定万元、千元两种，其发行方法全由中交两行包揽。

　　综观条例有绝对不能承认者四点：

　　一、违背约法。查《约法》第十九条，国会有议决公债之募集及国库有负担之契约之权。审此条立法之精神，专防政府滥募公债，重累人民，苟未经国会议决，政府即无自由募债之权，其所以限制之者至严。今非法政府竟于摧残国会之余，擅募巨额之公债，显与《约法》第十九条违背。

　　二、垄断发行。查前六厘公债及八厘公债之向例，均由公债局发行，分途劝募。今乃以归还中交两行欠款为词，全归两行承办，概不分售。且债票只有万元、千元两种，使小资本家无力购买。则四千八百万元之公债，全归三五银行关系人所垄断。既背公债之原则，复异屡届之成例。

三、侵蚀国库。按中交两行纸币市场价格不过五折有余，今以四千八百万元之纸币，而故授包揽发行者从中渔利之机会，使其五年之中连本息坐享三千万元之巨利。小民挟有数十百元纸币者，仍受折卖之痛苦，是徒损国库，而无补小民者也。

四、欺罔商民。此次非法政府发行公债，美其名曰提高纸币价格。使非法政府果有维持纸币之诚心，应即筹备现金收回纸币，庶几价格有日高之望。即不然，使商民咸有购买债票之机会，市间争收纸币以购债票，犹可望价格之稍高。今则反是，非中交两行则无从购入，银行关系人贪求无厌，必竭其操纵之能。故抑币价以营巨利，其结果必至纸币价格有降而无升，名曰提高币价，谓非欺民乎？

国会对于非法政府之一切行为，本已概不承认，然亦何忍听其违法营私，侵币罔民，缄默而不言。兹由议员褚辅成等提出议案，于三月十五日开大会公议，同日开二读会、三读会，一致议决办法三条如左：

一、北京财政部所定之民国七年内国公债条例，即取消之。

二、中交两行或人民收受北京财政部所擅发之七年内国公债票，概作无效。

三、通告各省民政长官，所有应解赔款，克日停解，妥实存储，非俟依法政府成立，经国会议决用途，不得擅动。

据《取销北京非法政府七年内国公债条例及发行办法议决案》，
载广州《军政府公报》第五十九号，一九一八年三月十九日

公布《陆军部练兵处条例》

（一九一八年四月九日）

大元帅令

兹制定《陆军部练兵处条例》公布之。此令。

（大元帅印）

中华民国七年四月九日

据《大元帅令》，载广州《军政府公报》第七十号，一九一八年四月十日

附：陆军部练兵处条例

第一条　陆军部练兵处直隶于大元帅，管理练兵事宜。

第二条　练兵处置督办一员，会商陆军总长，总理本处事务并统御所属军队。

第三条　练兵处置参谋长一员，辅助督办整理处务、监督各科职员。

第四条　练兵处置参议二员，辅助督办赞襄处务。

第五条　练兵处置秘书二员，秉承督办之命，掌理文牍之起草、保存及典守印信等事项。

第六条　练兵处分置三科：

一、总务科。

二、军务科。

三、军储科。

第七条　总务科职掌如左：

一、关于公文函电之纂辑及收发事项。

二、关于处内职员及所属军队官兵名册之保管事项。

三、关于处内军纪、风纪事项。

四、关于庶务及其他不属各科事项。

第八条　军务科职掌如左：

一、关于将校之储备事项。

二、关于征募之筹备事项。

三、关于军队之编组事项。

四、关于军队之训练事项。

五、关于军队驻扎地点之选定事项。

六、关于军队之卫生事项。

第九条　军储科职掌如左：

一、关于稽核经理事项。

二、关于粮饷之预算、决算及给与事项。

三、关于军用建筑事项。

四、关于被服装具之购备及给与事项。

五、关于军械之筹备事项。

第十条　练兵处置科长三员，承督办之命掌理主管事务。

第十一条　练兵处置科员及副官，承长官之命分任职务，但其员额视事之繁简酌定。

第十二条　练兵处职员依附表所定。

第十三条　本条例自公布日实施。

附表　陆军部练兵处职员表

督办	参谋长（中少将）		
	参议（少将上校）二	限于军事学校毕业、富有经验者	秘书（中少校相当文官）二
	总务科	科　长（上中校）一	副　官 科　员 （中少校上尉）
	军务科	科　长（上中校）一	科　员（中少校上尉）
	军储科	科　长（上中校）一	科　员（中少校上尉）
	备考	一、副官、科员之员额，视事之繁简由督办随时会商陆军总长酌定之。 二、本表〔处〕因事之繁简，得雇用书记及录事。	

据《陆军部练兵处条例》，载广州《军政府公报》第七十号，一九一八年四月十日

公布《外交部组织条例》

（一九一八年四月二十二日）

大元帅令

　　兹制定外交部组织条例公布之。此令。

（大元帅印）

中华民国七年四月二十二日

据《大元帅令》，载广州《军政府公报》第七十五号，一九一八年四月二十三日

附：外交部组织条例

第一条　外交部直隶于大元帅，管理国际交涉及关于外国居留民并海外侨民事务，保护在外商业。

第二条　外交部置总长一人，由国会非常会议选出，大元帅特任。

第三条　总长承大元帅命管理部务，监督所属职员及外交官、领事官。

凡护法各省区长官，其执行本部主管事务，应受外交总长之指挥、监督。

第四条　外交部置次长一人，秉承总长之命，辅助总长整理部务。

第五条　外交部置参事四人，秘书四人。参事承长官之命，掌拟订关于本部主管之法律、命令案；秘书承长官之命，掌管机要事务。

第六条　外交部置总务厅及左列各司：

一、政务司。

二、通商司。

第七条　总务厅掌事务如左：

一、收藏条约及国际互换文件。

二、调查编纂交涉案件。

三、撰辑、保存、收发或公〈布〉文件。

四、管理本部所管之官产官物。

五、管理本部经费并各项收入之预算、决算及会计。

六、稽核直辖各官署之会计。

七、编制统计及报告。

八、记录职员之进退。

九、典守印信。

十、管理本部庶务及其他不属于各司之事项。

第八条　政务司掌事务如左：

一、关于政治交涉事项。

二、关于地土国界交涉事项。

三、关于公约及保和会、红十字会事项。

四、关于禁令、裁判、诉讼、交犯事项。

五、关于在外本国人关系民刑法律事项。

六、关于外人传教、游历及保护、赏恤事项。

七、关于调查出籍、入籍事项。

八、关于国书、赴任文凭及国际礼仪事项。

九、关于外国官员觐见及接待外宾事项。

十、关于核准本国官民收受外国勋章及驻在本国之各国外交官、领事官、侨民等叙勋事项。

第九条　通商司掌事务如左：

一、关于开埠、设领事、商行船事项。

二、关于保护在外侨民工商事项。

三、关于路矿、邮电交涉事项。

四、关于关税、外债交涉事项。

五、关于延聘外人及游学、游历事项。

六、关于各国公会、赛会事项。

七、其他关于商务交涉事项。

第十条　总务厅归次长直辖。

第十一条　外交部置司长二人，秉承长官之命，分掌各司事务。

第十二条　外交部置佥事、主事各若干人。佥事秉承长官之命，分掌总务厅及各司事务；主事秉承长官之命，助理总务厅及各司事务。

第十三条　外交部因特别事件，得置雇员。

第十四条　本条例自公布日施行。

附表　外交部职员表

军政府公布　法　规　四月二十三日第七拾五号　　五	总　　　　长（特任）					外交部职员表
	次　　　　长（简任）					
	通商司	政务司	总务厅			
	司长（荐任）	司长（荐任）	次长直辖	秘书（荐任）	参事（荐仟）	
	佥事（荐任）	佥事（荐任）	佥事（荐任）			
	主事（委任）	主事（委任）	主事（委任）			

据《外交部组织条例》，载广州《军政府公报》
第七十五号，一九一八年四月二十三日

公布《大理院暂行章程》

（一九一八年四月二十二日）

大元帅令

　　兹制定《大理院暂行章程》公布之。此令。

（大元帅印）

中华民国七年四月二十二日

据《大元帅令》，载广州《军政府公报》第
七十五号，一九一八年四月二十三日

附：大理院暂行章程

　　第一条　大理院为最高审判衙门，于护法期内，依法院编制法之规定，暂行
设于广州。

　　第二条　大理院置院长一人，推事五人，候补推事二人。

　　第三条　大理院暂设一庭，审理民刑诉讼，由院长指定推事一人为庭长。

　　第四条　总检察厅设检察长一人，检察官一人。

　　第五条　大理院及总检察厅应置书记官长、书记官、录事、承发吏各员，视
事之繁简定之。

　　庭丁、司法警察名额临时约定。

　　第六条　大理院、总检察厅各员之职务、权限及办事方法，依法院编制法及
各级审判厅试办章程，并按诉讼律管辖各节及其他法令所定办理。

　　第七条　关于大理院所辖案件，其讼费、抄录费、送达费、传票费等，均照
现行章程加倍征收。

附　　则

　　第八条　本章程施行期间，自大元帅核准大理院开办之日为始，俟国会正式

开会议决大理院组织大纲颁行后，本章程即停止施行。

据《大理院暂行章程》，载广州《军政府公报》
第七十五号，一九一八年四月二十三日

公布《卫戍总司令部组织暂行条例》

（一九一八年四月二十九日）

大元帅令

　　兹制定《卫戍总司令部组织暂行条例》公布之。此令。

（大元帅印）

中华民国七年四月二十九日

据《大元帅令》，载广州《军政府公报》
第七十七号，一九一八年五月一日

附：卫戍总司令部组织暂行条例

　　第一条　卫戍总司令部设于军政府所在地，特任总司令一员，直隶于大元帅，管理一切卫戍事宜。

　　第二条　卫戍总司令专任维持军民秩序，保卫地方。其关于清乡剿匪事宜，随时会商地方官厅办理。除出征军队外，凡隶属军政府之军队，均有节制调遣之权。

　　第三条　卫戍总司令得审度地方情形，分设卫戍区域，其施行细则，另以专章定之。

　　第四条　卫戍总司令部分置参谋、秘书、副官、军需、军法、军医各课长一员，管理应办事务。其下各置属员，以事之繁简，定员数之多寡。

　　一、参谋长督率各参谋，辅助总司令，参赞戎机，规画关于军政令各事项。

　　二、秘书长督率各秘书，掌管各种公文函电之纂辑、保存、收发及保管印信事宜。

三、副官长督率各副官，办理本部庶务及关于本部军纪、法纪事项。

四、军需长督率各军需委员，掌管预算、决算之编造，薪饷之支领，并武器、被服、一切军用品物之购备给与事项。

五、军法长督率各军法官，掌管军事裁判、惩罚事项。

六、军医长督率各军医，管理病院及本部人员、各部队伤病之疗治并所辖区域内卫生事项。

第五条　卫戍司令部警备队之编制、饷章及本部人员之薪饷、服务、值日细则，均另定之。

第六条　本条例有未尽事宜，得随时呈请修正之。

第七条　本条例自公布之日起施行。

附表　军政府卫戍总司令部职员表

总司令	参谋长（中少将）	参谋（上中校）
	秘书长（少将上校及相当文官）	秘书长（少将上校及相当文官）
	副官长（少将上校）	副官（上中少校）
	军法长（少将上校及相当文官）	军法官（上中少校及相当文官）
	军需长（一二等军需正或相当文官）	军需委员（二三等军需正或相当文官）
	军医长（二三等医正或相当文官）	军医员（三等军医正或深明医理之文官）
	备考	一、各科人员之额数，另行编制，呈报备案。 二、参议顾问咨议及军事委员、差遣均无定额限于〔制〕，有军事学识者，不拘等级。

据《卫戍总司令部组织暂行条例》，载广州《军政府公报》第七十七号，一九一八年五月一日

中国国民党规约①

（一九一九年十月十日）②

第一章　总　纲

第一条　本党以巩固共和、实行三民主义为宗旨。

第二章　党　员

第二条　凡中华国民成年男女，与本党宗旨相同者，由党员二人介绍，并具愿书于本党，由本党发给证书，始得为本党党员。

第三条　党员入党时，须纳党金十元。

第四条　凡中华革命党党员皆得为本党党员，以中华革命党证书领取本党证书，免入党金。

第五条　凡党员须遵守本党宗旨及一切规则。

第六条　党员得被选为本党职员。

第七条　党员得依本党各项规则享有各项权利。

第八条　党员不得兼入他党。欲脱党时，须提出理由书于本党，并交还党员证书。

第九条　党员如有改变宗旨、违背规约或以个人行为妨害本党名誉者，经干事会公议后，由本党宣告除名。

---

①　一九一九年秋，孙文曾多次召集中华革命党本部职员及部分居沪党员举行会议，就改组为中国国民党进行筹备。他主持制定本规约等三个文件，以中国国民党本部名义在上海公布，用这种方式宣告中国国民党的成立。

②　底本未标示日期，此据当时国民党本部的通告中关于本规约等三文件"业于民国八年十月十日公布施行"的说明确定。以下两篇同。

第三章　机　关

第十条　本党设本部于上海，总理全党事务。

第十一条　本党设总支部、支部、分部于国内及海外华侨所在地。其总支部之应设地点，由本部定之。

第四章　职　员

第十二条　本党设总理一人，代表本党，综揽党务。①

第十四条　本党本部设各部如左：

一、总务部。

二、党务部。

三、财政部。

四、其他各部于必要时得增加之。

第十五条　各部设主任干事一人，总理各该〈部〉事务；副主任干事一人，辅助主任干事处各该部事务，主任干事有事故时得代理其职；干事若干人，由主任荐任，管理各该部事务。

第十六条　总务部之职务如左：

一、掌理本部机要。

二、管理本部庶务。

三、接洽海外总支部、支部、分部。

四、办理不属他部之事。

第十七条　党务部之职务如左：

一、主管党员入党事务。

二、保管党员愿书及册籍。

三、调查党员履历。

---

① 以下缺第十三条。据其前后文内容，似系将"第十三条"误写为"第十四条"。如此则本规约实有三十一条，而非三十二条。

四、招待来宾。

五、传布主义。

第十八条　财政部之职务如左：

一、管理本党度支。

二、接收总支部、支部、分部党捐及义捐。

第五章　职员之选举及任期

第十九条　总理由大会选举之。

第二十条　各部主任干事及副主任干事由总理任定，任期二年。

第六章　会　议

第二十一条　本党每年开大会一次。其有临时特别重大事件，由总理征集临时大会议决之。

第二十二条　大会之议决权依左列之规定（其选举权数与议决权同）：

一、海外各分部不满五百人者，有一议决权。

二、海外各分部过五百人者，有二议决权。

三、海外总支部及各支部不满二千人者，有三议决权。

四、海外总支部及各支部过二千人不满三千人者，有四议决权。

依此递推，每增一千人增一议决权；但一部分不得过十议决权。

第二十三条　本部为保持事务统一，得由总务〈部〉主任干事随时征集各部干事或各部主任干事会。

第七章　党　费

第二十四条　本党党费以左列各款充之：

一、党员入党金。

二、党员常年捐。

三、党员特别捐。

四、借债。

第二十五条　党员入党金作为本党基本金，非于本党必需时由总理支拨，不得使用。

第二十六条　党员常年捐一元。

第二十七条　本党遇有特别应办事件，得由总理向各党员募集特别捐。但不愿募者听〈之〉。

第二十八条　本党如急需巨款或党费不敷时，得由总理以本党所有财产作抵或由党员作保，借款充用。

第二十九条　本党财产应按月由财政〈部〉主任干事造具清册，汇齐报告大会及海外各支分部。

第八章　附　则

第三十条　本部与各总支部、支部、分部之关系，另以规则定之。

第三十一条　本规约经职员二十人以上或党员四十人以上之提议，大会半数之可决，得修改之。

第三十二条　本规约自公布之日施行。

据邹鲁编著：《中国国民党史稿》第一篇，长沙,商务印书馆一九三八年七月出版

中国国民党海外总支部通则[①]

（一九一九年十月十日）

第一条　总支部为谋各支分部与本部统一进行之联络[②]起见，设立于交通主要地点，掌理该地特定区域内事务[③]各支分部事务如左：

---

①　本通则于一九二○年十一月十九日以《中国国民党总支部通则》的名称重新公布（见南京《中央党务月刊》第一期，一九二八年八月一日出版），但内容不变，仅更改数字，并将第一条、第二条各项文字前面的"一"字改用序数。

②　一九二○年重颁件将"联络"改为"联贯"。

③　据一九二○年重颁件，此处删二衍字"事务"。

一、关于各支分部之交通事务。

一、关于各支分部之联络及招待事务。

一、关于整率各支分部之进行事务。

一、关于调查报告各支分部之成绩事务。

一、关于解释各支分部之权限争议事务。

一、关于汇理各支分部之款项事务。

一、关于其他不专属各支分部之管理事务。

第二条　总支部设职员如左：

一、理事七人。

一、总干事一人。

一、主任干事四人，干事若干人。

第三条　理事由总支部于特定区域内各支分部党员全体，连记〔运用〕无记名投票法选举之，以得票多数者为当选。

理事当选后，由总理加委，组织理事会处置党务。

理事会开会，以五人出席为足数，由理各〔各理〕事轮流主席。以过半数议决各项规程及事件，交由总干事执行之。但各理事有散处各支分部所在地不及法定人数开会者，得由总干事负责执行，于下次开理事会时提出，请求追认。

第四条　总干事由本部特派，执行总支部一切事务，对于本部及理事负责任。

第五条　主任干事依第三条之选举法举之，当选者由总理加委，分掌课务，对于总干事负责任。

第六条　干事由总干事报告本部委任，承主任干事之命，分掌事务。

第七条　总支部设四课如左：

一、总务课。

二、交际课。

三、调查课。

四、会计课。

第八条　总务课掌事务如左：

一、关于庶务。

二、关于党务。

三、关于第一条第五项及第七项事务。

第九条　交际课掌事务如左：

一、关于党外各项交际事务。

二、关于第一条第一项及第二项事务。

第十条　调查课掌事务如左：

一、关于调查该特定区域内之侨商各种情况。

二、关于第一条第三项及第四项事务。

第十一条　会计课掌事务如左：

一、关于总支部收支事务。

二、关于第一条第七项事务。

第十二条　总支部各课办事细则自定之。

第十三条　总支部于该特定区域内，有党员十分之一以上署名，得提起设立、改正、废止总支部一切规程，并罢免理事、总干事以下各职员之案，请求该区全体党员投票。

前项党员数目，以该总支部选举投票数为准。

第十四条　前条提案签名足数后，寄交总支部，总支部①即登之于本党机关报，并声明征求赞成、反对之理由，每一案，标明题目。（如无机关报，则印刷分配于各党员。）

前项自登报之日起，以两个月为截止。截止之日，即行投票。

第十五条　投票期，由总支部通告各支分部党员，在就近各支分部投票，用记名投票法。如投票所决不止一案，须于每一案题目下注明赞成、反对。

第十六条　投票由就近各支分部长监视，其期间不得迟出总支部所定期间一星期之外。每党员有一投票权。

第十七条　投票汇齐后，由各支分部寄交总支部，由理事会监视开票。

第十八条　开票之结果，由理事会宣告。总支部总干事应即执行之。

---

① 一九二〇年重颁件于此处添一"应"字。

第十九条　本规则自公布达到之日施行。

据邹鲁编著：《中国国民党史稿》第一篇，
长沙，商务印书馆一九三八年七月出版

中国国民党海外支部通则①

（一九一九年十月十日）

第一条　本通则适用于海外各支部。

第二条　海外支部之设立，须能担任本部事务所之经费每年千元以上，并具左列资格之一：

一、原有中华革命党支部及洪门全部党员加入改组者。

二、由本部直接委任组织者。

三、联合原有数分部党员至千人以上者。

四、各种团体人数过千，照章写立愿书，缴入党捐而改组者。

第三条　原有分部结合数分部，依于前条第三项之规定，直接报告本部，或由总支部请求，得成立为支部。

第四条　凡党员愿书应由支部直寄本部事务所，领取证书。在有总支部地方，须交总支部汇寄。海外各支部对于党员不得自发证书。

第五条　海外支部直接归本部统辖。如关于交通、党务、财政，须受总支部、党务部、财政部之区处。

第六条　海外支部与支部或支部与分部，有责任不明了或有争执时，应提出本部或总支部审定。

第七条　海外党员除照本部规约尽义务享权利外，有左列之权利：

一、享本党共同保护之权利。

二、享本党抚恤之权利。

---

①　本通则于一九二〇年十一月十九日重新公布（见南京《中央党务月刊》第一期，一九二八年八月一日出版），未作任何修改。

三、享本党表彰之权利。

第八条　海外支部以执行部、评议部组织之，一律由总理发委任状，以重职守。

一、执行部置左列各职员：

正支部长一人。

副支部长一人。

主任四人、副主任四人。

书记一人或二人。

干事若干人。

二、评议部：

正议长一人。

副议长一人。

书记一人。

评议员十人乃至三十人（党员达三百人以上者定十人，达六百人以上者定二十人，达千人以上者定三十人）。

第九条　正部长、副部长及主任由该支部党员选举之。

第十条　书记、干事由支部长荐任。

第十一条　评议员由该支部党员选举之，评议长由选出之评议员互选之。

第十二条　评议部书记由评议长于评议员中指定之。

第十三条　海外支部正部长总管支部全体一切事务，为该支部之代表，对于本部负责任；副部长辅助之，或正部长有事故时得代理之。

第十四条　主任承支部长之命掌管一科事务；副主任辅助之，或主任有事故时得代理之。

第十五条　书记承支部长之命，掌管文书起草及保存机要文件、典守印章事务。

第十六条　干事承主任之命，掌理所属事务。①

————————

①　底本漏排第十六条，此据一九二〇年重颁件补录。

第十七条　海外支部设左之四科：

一、总务科。

二、党务科。

三、交际科。

四、会计科。

第十八条　总务科掌左列事项：

一、关于书报社之管理及整理事项。

二、关于支部内之庶务。

三、关于支部内之文件收发及分配事项。

四、关于支部内办事规则之起草事项。

五、关于支部内之应接事项。

六、调查党员职业及经历，报告于本部及总支部。

七、调查侨胞在该埠之总人数（合男女及土生者），报告于本部及总支部。

八、调查侨胞在该埠之农、工、商、矿事业，报告于本部及总支部。

九、关于不属各科事项。

第十九条　党务科掌左列事项：

一、关于党员入党事项。

二、关于传布主义事项。

三、关于愿书按月汇齐邮寄本部事项。

四、关于党员名册调制事项。

五、关于分部收入党员，按月责成将愿书交支部注册转寄本部事项。

第二十条　交际科掌左列事项：

一、关于招待及联络事项。

二、关于党外交涉事项。

三、关于接洽他支部及分部事项。

四、关于演说事项。

第二十一条　会计科掌左列事项：

一、关于入党捐及年捐征收事项。

二、关于会计报告事项。

三、关于支部内之收支簿记事项。

四、关于捐册调制并收据保管或转发事项。

第二十二条　评议部议决左之事项：

一、支部长交议事项。

二、议决支部内之预算及决算。

三、议决党员之建议〈案〉或评议员之建议案。

四、议判党员之处罚事项。

五、对于执行部职员失职或旷职之质问事项。

第二十三条　评议部之开会通常由评议长召集，以过半数出席。但支部长认为必要时，得请求评议长召集开会。如评议长因有事不能到会时，得由副议长主席。

第二十四条　海外支部机关之经费由党员负担，其征收法由支部自定之，但不得挪用入党金及年捐。

第二十五条　海外支部职员之任期，以一年为一任，但得连举连任。

第二十六条　海外支部每经过三个月须将办理之成绩报告本部，但关于必要时须临时报告。

第二十七条　海外支部须于每半年中召集该支部所辖全体党员开大会一次，每星期开职员会一次。评议会每月一次。演说会无定期。

第二十八条　海外支部办事细则由支部自定，经评议会之议决。

第二十九条　海外原有中华革命党分部及新进党员满五十人以上者，得成为分部，受该支部之管辖。

第三十条　海外分部通则除不设副主任外，适用本通则之规定。

第三十一条　海外分部党员人数较少者，得以一人兼两科之主任。

第三十二条　本通则自公布达到之日施行。

附　则

第三十三条　本通则如有海外十个以上支部之提议，得交本部修改之。但提议须说明理由及应修改之条文。

据邹鲁编著：《中国国民党史稿》第一篇，
长沙，商务印书馆一九三八年七月出版

中国国民党总章①

（一九二〇年十一月九日）

第一条　本党以三民主义为宗旨。

第二条　本党以创立五权宪法为目的。

第三条　本党进行分二时期：

一、军政时期　此期以积极武力扫除一切障碍，奠定民国基础。同时由政府训政，以文明治理，督率国民建设地方自治。

二、宪政时期　地方自治完成后，乃由国民选举代表组织宪法委员会，创制五权宪法。

第四条　自革命起义之日至宪法颁布之日，总名曰革命时期。在此时期内，一切军国庶政悉由本党负完全责任。

第五条　凡中华民国人民成年男女，皆有进本党之权利义务。

第六条　凡进本党者，必须立约宣誓，永远遵守本党信条。

第七条　凡党员须纳入党金十元，每年年捐一元；但曾效力于革命及现在为革命奔走者，得由本部认可，免纳入党金。

第八条　本党组织本部，置各部如左：

一、总务部。

二、党务部。

三、财政部。

四、宣传部。

第九条　本部总理一人。每部部长一人，副部长一人，干事长及干事若干人。

---

①　本章程系在孙文主持下参照《中华革命党总章》修订而成，内容较简略。

第十条　总理有全权总揽本党一切事务。

第十一条　各部长、副部长、干事长、干事悉由总理委任，执行各该部主管事务。

第十二条　本党规约及本部、各部之各种规则另定之。

第十三条　本党设支分部于国内各省区、各县及国外之华侨所在地。

第十四条　各地支部长由各地党员推荐，总理委任。

第十五条　各地支部长得派人创设分部于其所属地方，而指挥监督之。

第十六条　本党由总理召集大会及组织各种会议。大会及各种会议规则另定之。

第十七条　本总章之修改，须由本部职员过半数或支部长十人以上之提议，得开大会修改之。

第十八条　本总章自议决之日施行。

据《中国国民党总章》铅印原件，台北、
中国国民党文化传播委员会党史馆藏

中国国民党规约①

（一九二〇年十一月十九日修正）

第一章　总　纲

第一条　本党以实行三民主义为宗旨。

第二条　本党以创立五权宪法为目的。

第二章　党　员

第三条　凡中华民国人民成年男女，与本党宗旨相同，愿确守本党信条者，由党员二人介绍并具誓约于本党，由本党发给党员证书，始得为本党党员。

---

①　本规约据一九一九年十月十日《中国国民党规约》修正，在上海刊布。

第四条　党员入党时须纳入党金十元，每年年捐一元。但曾效力于革命及现在为革命效力者，得由本部认可，免纳入党金。

第五条　前经入中华革命党领有党员证书者，得换取或补给新证书。

第六条　凡党员须遵守本党一切规则。

第七条　党员不得兼入他党，并不得自行脱党。

第八条　党员如有违背规约或以个人行为妨害本党名誉者，经干事会审查确实议决后，得宣告除名。凡已受除名处分者，不得再入本党。

第三章　机关及组织

第九条　本党设本部于上海，管理全党事务。

第十条　本党设支分部于国内各省区、各县及国外之华侨所在地，并因交通上之关系得设总支部。总支部之应设地点，由本部定之。

第十一条　总支部、支部、分部之通则另定之。

第十二条　本党〈设〉总理一人，代表本党，总揽党务。

第十三条　本党本部分为总务部、党务部、财政部、宣传部；其他直隶于本部之必要机关，得依总理命令创设之。

第十四条　总务部之职务如左：

一、掌理本党机要。

二、管理本部庶务。

三、接洽国内外各总支部、支部、分部。

四、办理不属他部之事。

第十五条　党务部之职务如左：

一、主管入党事务。

二、保管誓约及册籍。

三、调查党员履历。

第十六条　财政部之职务如左：

一、管理部〔本〕党度支。

二、征收党费及义捐。

三、调制预算及决算报告。

第十七条　宣传部之职务如左：

一、书报编纂及译述事项。

二、演讲事项。

三、教育事项。

第十八条　各部部长〈承〉总理之命，综理各该部事务。

第十九条　各部副部长辅助部长处理各该部事务；部长有事故时得代理之。

第二十条　各部干事长、干事承各该部部长之命令，分掌各科事务。

第二十一条　各部部长、副部长任期二年。

第四章　会　议

第二十二条　本党每年由总理召集大会一次。其有特别重大事件，由总理召集临时会。

第二十三条　大会以总理为会长。

第二十四条　大会会期由总理定之。

第二十五条　大会会议、本部各部会议及特种会议，另以规则定之。

第五章　党　费

第二十六条　本党党费以左列各款充之：

一、党员入党金。

二、党员常年捐。

三、党员特别捐。

四、借债。

第二十七条　本党财政按月由财政部长造具清册，汇齐公布。

第六章　附　则

第二十八条　本部、支部、分部及总支部间之关系，另以规则定之。

第二十九条　本规约经本部职员过半数或支部长五人以上之提议，得修改之，

第三十条　本规约自公布之日施行。

据《中国国民党规约》（民国九年十一月十九日通过修正），
载南京《中央党务月刊》第一期，一九二八年八月一日出版

关于文武职官宣誓之议案①

（一九二〇年十二月二十八日刊载）

第一条　文武官员及其他依国家法令执行职务之人，须宣誓后始得任事。任事在前者，于本令公布后即补行宣誓。

第二条　宣誓词如左：

"余诚敬宣誓，尽忠本职，确遵国家法令，不得营私舞弊，滥受贿赂。谨守宣誓，决不违背。"

第三条　宣誓之仪式如下：

一、宣誓于就职地公开行之。

二、对国旗举右手宣誓。

三、宣誓时最少须有国家职员一人在场作证。

第四条　本令自十年一月一日施行。

据《广州通信——粤军府之现状》，载
一九二〇年十二月二十八日上海《申报》

---

① 底本谓此议案系由孙文与伍廷芳联名提出。

公布《内政部官制》[①]

（一九二一年一月九日）[②]

军政府令

兹修正《军政府内政部官制》公布之。此令。

附：内政部官制

第一条　内政部设官如左：

内政部长一人，内政部次长一人，司长二人，秘书二人，司员九人。书记官无定额，由内政部长定之。直辖局所职员另定之。

第二条　内政部长管理内务行政及地方自治、社会事业、劳工、教育、工地、农务、矿务、工业、渔业、商业、粮食、卫生等行政事务。

第三条　内政部次长帮助内政部长整理本部事务。

第四条　秘书承内政部长之命，助理左列事务：

一、钤用及典守本部印信。

二、收发及公布本部文件。

三、草拟不属于各司之文牍。

四、办理本部所管经费，并各项收入之预算、决算及会计。

五、稽核本部所辖各官署之预算、决算会计。

六、本部职员之任免、铨叙等事项。

七、管理本部官产、官物。

八、本部庶务。

第五条　司长承本部长官之命，分理左列事务：

---

① 此系孙文自兼广州军政府内政部长时制定的官制。

② 所标时间系上海《民国日报》刊载日期。

一、人口户籍及国籍事项。

二、选举事项。

三、地方行政事项。

四、地方自治事项。

五、育孤、养老、救灾、收养废疾，及监督公益慈善各团体事项。

六、警察等〔事〕项。

七、卫生防疫事项。

八、改良风俗事项。

九、保护劳动事项。

十、筹办普及教育及改良振兴各种学校事项。

十一、著作权及艺术特许事项。

十二、报纸事项。

十三、行政区域及分割变更事项。

十四、国道及桥梁事项。

十五、海河堤防及水利事项。

十六、振兴工业及监督、奖励各工厂事项。

十七、保护及改良渔业事项。

十八、管理粮食事项。

十九、礼制及国乐事项。

二十、宗教事项。

二十一、地方官吏之任免、奖恤、铨叙等事项。

二十二、土司事项。

二十三、文官考试事项。

二十四、文官惩戒事项。

二十五、统计事项。

司之分置及事务之分配，由内务部长定之。

第六条　司员承长官之命，助理各司及秘书处事务。

第七条　书记官承长官之命，缮写文件，并助理一切庶务。

第八条　本部得设左列各局，分理事务如左：

一、土地局。（甲）测量土地。（乙）规定地价。（丙）登记册籍。（丁）管理公地。

二、农务局。（甲）制造并输入机器肥料。（乙）改良动、植物种类。（而〔丙〕）保护农民。（丁）开辟荒地。（戊）培植及保护森林。（己）兴修水利。（庚）倡〈兴〉农会。

三、矿务局。（甲）调查矿区。（乙）考验矿质。（丙）草定矿律。（丁）监收矿税。（戊）监督官业。（己）奖励民业。

四、商务局。（甲）奖励国货。（乙）检查货品优劣。（丙）保护专利及牌号。（丁）奖励海外船业。（戊）监督专卖事业。（己）设立贸易银行及货物保险公司。

第九条　本官制自公布之日施行。

据《军政府内政部新官制》，载一九
二一年一月九日上海《民国日报》

与美商萨恩克订立的借款合同

（一九二一年一月十七日）

中华民国十年一月十七日，即西历一九二一年一月十七日，中华民国之一部（以后简称政府）于伊利挪斯州芝加哥城与乔治·萨恩克君商定条件如下：

一、政府预备发行公债票总额金一万万元，名曰中华民国十年分实业借款金币公债票。

二、前项债票发行时，凡本金一千元应给利息八元，此利息应于每一个年或半个年支付。

三、此项公债借入之款，应指定为供给中国民国各省实业之用。

四、乔治·萨恩克君所负一部分之责任，系于此项债票发行时签明每百元实交九十五元，并担保将此债票在合众国销售。

五、在本合同有效期间，应由乔治·萨恩克君对于中国各种实业负整理、指导、启发之责，政府应将各种实业因乔治·萨恩克君整理、指导、启发而获得之余利提出三分之一给予乔治·萨恩克君，以为酬报。此项应行提出三分之一之余利，系指结算后之纯利而言，其有效之期间为二十年，与债票为同一之生命。

六、上述之种种实业，系无限制者，故因办理种种事业而须之费用，概由此项公债借款支付，乔治·萨恩克君接受销行此项债票应以售足所应得之利益为率，亦不受何种限制，即以本合同为永久不改之凭证，至期满时为止。

七、政府如向合众国政府采办五金货物，得用此项债票给付货价，但乔治·萨恩克君得于货价内扣取百分之廿五之利益。

八、自经议定之后，立即将预备合同签字，由乔治·萨恩克君持回合众国，向其首领商妥之后，将其意见通知政府，并由乔治·萨恩克君表示其愿意兴办事业之种类，政府应即命令印刷债票，以需要总额为限。

九、议定后，乔治·萨恩克君应于四个月内聘定专门工程师及技术员又商业专家，备为各种工作。在此时期即可发行债票于美洲交付，否则此约无效。

签字　孙逸仙

乔治·萨恩克

见证　弗兰克

赵士觐

中华民国十年

西历一九二一年　　一月十七日

附一：徐勤、杨年呈大总统文①

大总统钧鉴：

顷接驻美调查员寄来孙文与美人乔治·萨恩克订立借款合同一种，兹特译成

---

① 此文另有同文函呈国务院总理。

中文，谨呈钧阅，敬祈饬下院部对于美使正式抗议制止，以免借款成立，延长战祸，无任企□。专肃，祇请钧安。

附呈译稿一件，原本已送院，合并声明。

徐勤、杨年谨呈

十一月二十八日

附二：外交部总长颜惠庆致美国公使舒曼照会

为照会事：风闻孙文与犹太人商订实业借款壹万万元一事，准本年十一月二十八日复函，以本署原不知有如此磋商之借款，已令行本国驻广州领事暨呈报本国政府等因。兹又据报告，孙文曾假用中华民国政府名义与美商乔治·萨恩克（Geoge H. Shank）订立公债借款合同，预备发行公债票总额壹万万金元，由该美商担任，将此债票在合众国销售等情。兹将所得该洋文合同照片抄录一份，送请查阅。所有孙文私与美资本家商借前项外债，无论是一是二，中央政府自概不能承认，并应声明，如美资本家允借各省款项，实足使战乱延长时期，与中国大不利益，相应再行照会贵公使查照，希转达贵国政府饬令该美商取消原订合同，并通告美国商民均勿承借为荷。须至照会者。

附抄件（预备合同译文）。

据北洋政府外交部档案，藏号：03 - 20 - 041 - 01 - 024，台北、
中国国民党文化传播委员会党史馆藏（贺渊女士提供）

中国国民党本部特设办事处规则[①]

（一九二一年二月五日）

第一条　本部依本党总理之命令特设办事处。本办事处暂设于广州。

第二条　本办事处受本党本部之指挥，办理各项事务；但本党总理有命令时，

---

① 本规则经孙文亲笔签名批准。所标时间是书于文末的批准日期。

应遵命令办理。所办事件应随时分别报告本部。其有关于国外支分部事件，应函请本部办理。

第三条 本办事处设处长一人，综理本处一切事务。

第四条 本办事处分设总务科、党务科、财政科、宣传科。

第五条 总务科职务如左：

一、管理本党机要。

二、管理本处庶务。

三、接洽国内外党员。

四、办理不属他科事务。

第六条 党务科职务如左：

一、主管入党事务。

二、保管誓约及册籍。

三、调查党员履历。

誓约经入党党员填写后，当随时连同入党者姓名清单汇寄本部。

第七条 财政科职务如左：

一、管理本处度支。

二、征收党费。

三、调制本处预算及决算报告。

党费之收支或征解，须商由本部处理。

第八条 宣传科职务如左：

一、办理书报编纂及译述事项。

二、办理讲演事项。

三、办理教育事项。

第九条 各科设主任一人，承处长之命分理各科事务；副主任一人，协助主任处理事务，主任有事故时得代理之。

第十条 各科因事之繁简设干事若干人，承各科主任之命办理事务。

第十一条 处长及各科主任、副主任、干事均由总理委任，任期二年。

第十二条 本办事处每星期开职员会一次，以处长为主席。处长有事故时，由总务科主任代理。

第十三条　除本规则所定外，依本党总章、规约及本部办事规则办理。

第十四条　本规则由总理命令或本处职员过半数之提议得修改之

第十五条　本规则自总理批准之日施行

据孙文手批《中国国民党本部特设办事处规则》（民国十年二月五日批准）原件，台北、中国国民党文化传播委员会党史馆藏

陆海军统率处条例[①]

（一九二一年三月十六日刊载）

（一）　全粤各军之分配及增募、裁并各事项由统率处规定。

（二）　关于各军作战计划及总司令、总指挥由统率处任命。

（三）　海军舰队之调遣及各舰军官之任命亦由统率处规定。

（四）　分配全省军队担任各区防务。

据《孙文自任陆海军大权》，载一九二一年三月十六日天津《大公报》

颁布《总统府财政委员会组织大纲》

（一九二一年五月十六日）

大总统令

兹制定《总统府财政委员会组织大纲》公布之。此令。

中华民国十年五月十六日

---

① 孙文因鉴于陈炯明把持军权，各种军事行动均不得自由，故特设立统率处，由本人兼摄各项陆海军统率职权，并制订相应的条例数则。

附：总统府财政委员会组织大纲

第一条 本会以助政府整顿国内财政积弊，规划新行赋税及筹办工商事业，发展国家富力为宗旨。

第二条 本会直接隶属大总统。

第三条 本会设委员长一人，副委员长一人，委员若干人，由大总统任命之。

第四条 本会得因事务之繁简，由委员会随时聘请或雇用办事人员。

第五条 本会应办之事，凡关于国家赋税、币制、证券、公债及工商各项实业，或经政府提交，或经人民请求，均得会议呈请政府执行之。

第六条 本会委员于应办各事，分股担任，另以规则定之。

第七条 本会应办各事，由各股委员起草提出会议定之。

第八条 本会会议每星期若干次，如有特别事项，得召集临时会议，其规则另定之。

第九条 本会经费及委员薪水、夫马等费，另定之。

第十条 本组织大纲由公布之日施行。

据一九二一年五月十八日广州《广东群报》

颁布《总统府秘书处官制》[①]

（一九二一年五月十六日）

大总统令

兹制定《总统府秘书处官制》公布之。此令。

中华民国十年五月十六日

---

① 本官制于一九二一年六月二十三日进行修正颁布，文见后。

附：总统府秘书处官制

第一条　秘书处置官如下：秘书长一人，秘书十二人，科长五人（以秘书兼充之），科员十二人，书记官七人。

第二条　秘书处分下列五科：机要科、撰拟科、铨叙科、印铸科、收发科。

第三条　机要科职掌如下：

一、关于国务会议之记录及编存事项。

二、关于典守印信事项。

三、关于法令之公布事项。

第四条　撰拟科职掌如下：关于法令、文书之撰拟事项。

第五条　铨叙科职掌如下：关于官吏之任免及铨叙事项。

第六条　印铸科职掌如下：关于发行公报，铸造印信、勋章、徽章等事项。

第七条　收发科职掌如下：关于文书之收发、传达及保管事项。

第八条　秘书〈长〉承大总统之命，管理秘书处事务。

第九条　秘书承长官之命，襄理秘书处事务。

第十条　科长承长官之命，分掌各科事务。

第十一条　科员承长官之命，佐理各科事务。

第十二条　书记官承长官之命，翻译电报、缮写文件及助理其他事务。

第十三条　秘书长由大总统特任之，秘书由大总统任命之，科长由秘书长指派秘书任之，科员、书记官由秘书长委任之。

第十四条　秘书处办事细则另定之。

第十五条　本官制自公布日施行。

据一九二一年五月十八日广州《广东群报》

颁布《总统府参军处官制》

（一九二一年五月十六日）

大总统令

　　兹制定《总统府参军处官制》公布之。此令。

中华民国十年五月十六日

附：总统府参军处官制

　　第一条　参军处置官如下：参军长一人，参军十二人，副官二十四人。

　　第二条　参军长承大总统之命，办理下列事务：

　　一、关于报告军事、承宣命令及接应宾客事项。

　　二、关于典礼仪式及扈从事项。

　　三、关于总统府内警卫、风纪事项。

　　第三条　参军承长官之命，襄助参军处事务。

　　第四条　副官承长官之命，助理第三条事项。

　　第五条　参军长由大总统特任之，参军由大总统任命之，副官由参军长呈请大总统任命之。

　　第六条　本官制自公布日施行。

据一九二一年五月十八日广州《广东群报》

颁布《总统府各处司官制通则》

（一九二一年六月二十日）

大总统令

　　兹修正《总统府直属机关官制》为《总统府各处司官制通则》公布之。此令。

附：总统府各处司官制通则

第一条　总统府设置左列各处、司：

一、秘书处。

二、参军处。

三、庶务司。

四、会计司。

第二条　各处、司各置长官一人，承大总统之命，管理各处、司事务，并监督所属职员。

第三条　各处、司之组织，依各该官制之所定。

第四条　本通则自公布之日施行。

据《孙大总统命令》，载一九二一年六月二十六日上海《民国日报》

颁布《各部官制通则》

（一九二一年六月二十三日）

大总统令

兹制定《各部官制通则》公布之。此令。

附：各部官制通则

第一条　各部设官如左：总长、次长、司长或局长、秘书、司员、技士、书记官。

第二条　总长承大总统之命，管理本部行政事务，监督本部职员及所辖各官署。

第三条　总长依其职权及特别委任，得发布命令。

第四条　次长辅助总长，整理本部事务，于总长有事故或暂缺时，受大总统之命代理部务。

第五条　司长或局长、秘书、司员，视部务之繁简定其员额。

第六条　技士得于必要时设置。

第七条　书记官无定额，视事之繁简由总长定之。

第八条　参谋、陆军、海军三部。得因必要设其他职员。

第九条　总长由大总统特任，次长由大总统简任，司长或局长、秘书，由总长呈请大总统任命。司员、技士，书记官由总长委任。

第十条　本通则自公布日施行。

据《孙大总统命令》，载一九二一年六月二十九日上海《民国日报》

颁布修正《总统府秘书处官制》

（一九二一年六月二十三日）

大总统令

兹修正《总统府秘书处官制》公布之。此令。

附：总统〈府〉秘书处官制

第一条　秘书处置官如左：秘书长一人，秘书十二人，科员十二人，书记官无定额。

第二条　秘书处分左列五科：第一科、第二科、第三科、第四科、第五科。

第三条　第一科职掌如左：

一、关于国务会议之记录及编存事项。

二、关于典守印信事项。

三、关于法令之公布事项。

四、关于法律、命令正本之保存事项。

第四条　第二科职掌如左：

一、关于命令之撰拟事项。

二、关于文告之撰发事项。

第五条　第三科职掌如左：

一、关于官吏之任免事项。

二、关于官吏之铨叙事项。

第六条　第四科职掌如左：

一、关于发行公报事项。

二、关于铸造印信、勋章、徽章等事项。

第七条　第五科职掌如左：

一、关于文书之收发、传达及保管事项。

二、其他不属于各科事项。

第八条　秘书长承大总统之命，管理秘书处事务。

第九条　秘书承长官之命，襄理秘书处事务。

第十条　科员承长官之命，佐理各科事务。

第十一条　书记官承长官之命，翻译电报、缮写文件及助理其他事务。

第十二条　秘书长由大总统特任之，秘书由大总统简任之，科员、书记官由秘书长委任之。

第十三条　秘书处办事细则另定之。

第十四条　本官制自公布日施行。

据《孙大总统命令》，载一九二一年六月二十九日上海《民国日报》

颁布《总统府财政委员会条例》

（一九二一年六月二十三日）

大总统令

兹修正《总统府财政委员会组织大纲》为《总统府财政委员会条例》公布

之。此令。

附：总统府财政委员会条例

第一条　本会对于政府整顿国内财政积弊、规划新行赋税及筹办工商事业等项，备大总统之咨询，并得建议于大总统。

第二条　本会设委员长一人，副委员长一人，委员若干人，由总统任命之。

第三条　本会〈视〉事务之繁简，由委员长随时聘请或雇用办事人。

第四条　本会会〔委〕员得就财政事项分股调查研究，另以细则定之。

第五条　本会呈复或建议各事，由各股委员起草，以会议定之。

第六条　本条例自公布日施行。

据《孙大总统命令》，载一九二一
年六月二十九日上海《民国日报》

颁布《财政部官制》

（一九二一年六月二十五日）

大总统令

兹制定《财政部官制》公布之。

附：财政部官制

第一条　财政部设官制如左：财政总长一人，财政次长一人，司长三人，秘书二人，司员九人，书记官无定额，由财政总长定之。

第二条　财政总长承大总统之命，管理国家之预算、决算、租税、公债、货币、银行及国有产业行政事务。

第三条　财政次长辅助财政总长，整理本部事务。

第四条　秘书承本部长官之命，助理左列事务：

一、钤用及典守本部印信。

二、收发及公布本部文件。

三、管理本部会计及庶务。

四、管理不属于各司之事。

第五条　司长承本部长官之命，分理左列之事务：

一、稽核国税之赋课征收及计算事项。

二、监督及管理印花税事项。

三、编定预算、决算事项。

四、制定货币及监督银行事项。

五、国库现金及官有产业之保管，及收入支出事项。

六、管理内外公债及本部证券事项。

第六条　司员承长官之命，助理各司及秘书处事务。

第七条　书记官承长官之命，缮写文件及助理其他事务。

第八条　本官制自公布日施行。

中华民国十年六月二十五日

据一九二一年七月二、四日上海《民国日报》

颁布《侨工事务局暂行条例》

（一九二一年六月二十五日）

大总统令

兹制定《侨工事务局暂行条例》公布之。

附：侨工事务局暂行条例

第一条　侨工事务局直隶于外交、内务两部。

第二条　外交、内务总长认为必要时，得设侨工事务局于各省口岸，其局长即以各该处之交涉员兼任之。

第三条　侨工事务局之职务如左：

一、掌理监督或稽查招募工人事项。

二、掌理保护工人事项。

三、取缔侨工之年龄、体格及女工出洋事项。

第四条　侨工事务局因遇招募工人，必要时得由该局附设临时募工处。

第五条　侨工事务局因保护工人，得填发工人出洋护照；侨工请领护照时，应纳护照费，每张银二元。侨工如由募工承揽人招募者，该护照费由承揽人出资缴纳。

第六条　侨工事务局经费，由所收护照费内开支。

第七条　侨工事务局因办理局务、缮写文件，得酌用局员。

第八条　侨工事务局所办事件，应按月呈报外交、内务两部一次，每年终汇报一次。

第九条　侨工事务局办事细则另定之。

第十条　本条例自公布日施行。

中华民国十年六月二十五日

据一九二一年七月二、四日上海《民国日报》

颁布《陆军部官制》

（一九二一年七月八日）

大总统令

兹制定《陆军部官制》公布之。此令。

附：陆军部官制

第一条　陆军部设官如左：

总长一人，次长一人，秘书一人，副官四人，司长三人，科长六人，科员十二人，书记属官无定额，由陆军部总长定之。

第二条　陆军总长承大总统之命，管理陆军之政，统辖陆军军人和军属。

第三条　陆军次长辅助陆军总长，整理本部事务。

第四条　秘书承长官之命，管理左列事务：

一、钤用及典守本部印信。

二、收管及公布本部公文。

三、草拟不属各司之文牍。

四、掌理及拟定关于本部主管之法律、命令。

五、关于军事教育及军用各机关之事项，认为有增益改革之必要时，得提呈长官予以考核编订。

第五条　副官承长官之命，掌官〔管〕左列事项：

一、办理并稽核本部及所辖各军队经费之预算、决算及会计。

二、备办、支给、检查本部及各辖〈军〉军服、粮秣、装具、炊具等事项。

三、征发物件及报告事项。

四、管理本部官产官物。

五、统计及报告事项。

第六条　司长承长官之命，主管各司事务。

第一司管理事务如左：

一、关于陆军编制训练，军队配置，征募招集，补充退伍，遣散戒严、征兵各事项。

二、关于陆军军旗、节礼、服制、徽章各事项。

三、关于编拟战时各项规划，及军队内务、卫戍、勤务、军纪、风纪各事项。

四、关于要塞兵备、水陆交通运输及航空各事项。

五、关于军队卫生防疫事项。

第二司所管事务如左：

一、关于陆军军官、军佐之任免、叙官勋赏事项。

二、关于陆军军法事项。

三、关于陆军之监狱事项。

四、关于高等军法会审事项。

第三司所管事项如左：

一、关于军队教育校阅及训练改良事项。

二、关于所辖各学校教育计划、学生考试及留外学生一切事项。

三、关于军用枪炮、弹药、器具、材料之购置、制造、存储、支给及检查事项。

四、关于军马之购置、征发、供给、喂养，及蹄铁术之教育，马种种〔之〕改良事项。

第七条　科长、科员承长官之命，助理各司司务。

第八条　书记承长官之指定，助理秘书、科员草拟一切普通文件。

第九条　本官制〈自〉公布日施行。

据《孙大总统命令》，载一九二一年七月十四日上海《民国日报》

颁布《内务部官制》

（一九二一年七月十五日）

大总统令

兹制定《内务部官制》公布之。此令。

附：内务部官制

第一条　内务部直隶于大总统，管理全国内政，兼管教育、实业、交通等行政事务。

第二条　内务部置秘书处，及第一、第二、第三等各司。

第三条　秘书处掌事务如左：

一、机密事项。

二、钤用及典守本部印信。

三、本部文件之收发、公布及保存。

四、草拟不属于各司之文告、函电。

五、办理本部所管经费，并各项收入之预算、决算及会计。

六、稽核本部所辖各官署之预算、决算及会计。

七、编制统计及报告。

八、本部职员之任免、〈铨〉叙等事项。

九、管理本部官产、官物。

十、办理本部庶务及不属于各司之事务。

第四条　第一司掌事务如左：

一、人口户籍及国籍事项。

二、选举事项。

三、地方行政事项。

四、地方自治事项。

五、救济及慈善、公益事项。

六、改良风俗及褒扬事项。

七、保存古物事项。

八、警察事项。

九、卫生及防疫事项。

十、行商〔政〕区划事项。

十一、土地调查、测绘事项。

十二、土地收用及官地收放事项。

十三、道路及桥梁事项。

十四、海河堤防及水利事项。

十五、地方官吏之任免、奖恤等事项。

十六、土司事项。

十七、文官考试事项。

十八、文官惩戒事项。

第五条　第二司掌事务如左：

一、礼制及国乐事项。

二、宗教事项。

三、筹办社会教育及学校教育事项。

四、管理粮食事项。

五、农业、林业之保护、监督、奖励及改良事项。

六、工商业之保护、监督、奖励及改良事项。

七、渔业之保护，监督、奖励及改良事项。

八、畜牧业之保护、监督、奖励及改良事项。

九、保护劳动事项。

十、著作权及艺术特许事项。

十一、医院、药房注册及医生、产婆、药剂士特许事项。

十二、报纸事项。

第六条　第三司掌事务如左：

一、筹划铁路建设事项。

二、管理国有铁路业务及附属营业事项。

三、监督地方公有及民业铁路事项。

四、监督陆上运输事项。

五、邮务事项。

六、邮务汇兑及储金事项。

七、电报、电话及其他电气事项。

八、监督地方公有及民业电气事项。

九、航业及航海标识事项。

第七条　内务部置总长一人，承大总统之命，管理本部事务，监督所属职员并所管辖各官署。

第八条　内务部置次长一人，辅佐总长整理部务。

第九条　内务部置秘书二人，承总长之命，管理秘书处事务。

第十条　内务部置司长三人，承总、次长之命，分掌各司事务。

第十一条　内务部置司员十一人，承长官之命，助理秘书处及各司事务。

第十二条　内务部置技士二人，专理考察、测量、化验等事务。

第十三条　内务部置书记官十二人，承长官之命，缮写文件并助理一切庶务。

第十四条　内务部附设矿务局，其官制另定之。

第十五条　本官制自公布日施行。

颁布《内务部矿务局官制》

（一九二一年七月十五日）

大总统令

兹制定《内务部矿务局官制》公布之。此令。

附：内务部矿务局官制

第一条　矿务局之职掌如左：

一、调查矿区。

二、考查矿质。

三、草定矿章。

四、监收矿税。

五、监督官业。

六、奖励民业。

第二条　矿务局设局长一人，承内务部长官之命，管理本局事务，监督所属职员。

第三条　矿务局设科员二人，承长官之命分理局务。科员事务之分配，由局长定之。

第四条　矿务局设技士二人，承长官之命，办理技术事务。

第五条　矿务局为缮写文件及助理其他事务，得酌用雇员。

第六条　局长由内务总长呈请大总统任命，科员、技士由内务总长任命。

第七条　本官制自公布日施行。

核准大本营组织机构

（一九二一年十月二十四日刊载）

```
                          大　元　帅
    ┌──────┬──────┬──────┬──────┬──────┬──────┐
   参军处  大本营  参谋   参谋   军衡局  文官部  陆军
          金柜    次长   总长                  总长
  ┌──┬──┬──┐    ┌──────────┐
 辎  卫  宪        大本营幕僚              兵站
 重  士  兵        ┌────────┐            总监部
 队  队  队       副官    参谋
                  ┌──┐   ┌──┬──┬──┐
                 副   副   第  第  第
                 官   官   三  二  一
                      长   股  股  股
```

说明

一、大本营军衡局　大本营军衡局之设，惟德国有之，由侍卫武官管，直隶于大元帅，掌理战时军官之升选调补事宜。兹为郑重及奖励作战起见，拟宜设专局办理。

二、大本营金柜　大本营原以中央国库为金柜，兹以领地未广，中央国库之收入支出，尚未十分整齐确实，拟划分专部管理。

三、大本营参军处　参军处除服行原有职务外，兼任大本营管理之职务。故以卫士队、宪兵队、辎重队属之。（向例此三部管属大本营管理部）

四、大本营文官部　大本营文官部通常以内务官吏充之。今拟由秘书处、外交部、内政部、财政部简员组成之。凡军事之涉及攻占，及占领地之内政、外交、财政，并其他文官事项均归掌理。

五、大本营兵站总监部　兵站与作战有直接关系，事务纷繁，其下有经理、卫生局、通信诸长官部，按现状况，暂从略。只设总督〔监〕一员，及所属之要员参谋副官等，并于总督〔监〕部内分设经理、交通、卫生一课，监督各军兵站事务。

六、大本营幕僚　分为参谋及副官两部，参谋十二人，副官六人。参谋又分左之三股：第一股、第二股、第三股。

据一九二一年十月二十四日上海《民国日报》

公布《军事会议条例》

（一九二一年十二月十二日刊载）

大总统令

　　兹制定《军事会议条例》公布之。

附：军事会议条例

一、军事会议直隶于大总统（大元帅）。

二、军事会议由左列各员组织之：

（一）陆军总、次长。

（二）海军总、次长。

（三）参谋总、次长。

（四）参军长。

（五）各省总司令及不设总司令省份之省长。

三、军事会议平时召集于政府所在地，军事时期召集于大本营所在地。

四、各省总司令或省长得派确有军事学识之曾任高级军官者一人为代表，出席军事会议。

五、军事会议主席由出席会员推举之。

六、本会议有议决左列各项之职责：

（一）关于建设国军及国防事项。

（二）关于作战事项。

（三）关于解决军政事项。

（四）关于军事统一及各省联防事项。

（五）关于政府交议事项。

（六）关于本会议各员提议事项。

七 本会议议决之事项，呈由总统核准发交各该管部及各省总司令、省长执行之。

八 本会议记录、文件、会计、庶务事宜，由陆、海、参三部职员选派充任之。

九 本条例有必要时，得修正之。

十 本条例自公布日施行。

据《大总统命令》，载一九二一年
十二月十二日上海《民国日报》

公布《大本营条例》

（一九二二年一月十六月）

大元帅令

　　兹制定《大本营条例》公布之。此令。

中华民国十一年一月十六日

附：大本营条例

第一条　陆海军大元帅于战时执行最高统帅事务，设置大本营。

第二条　陆军总长、海军总长、参谋总长、大本营文官长，承大元帅之命，综理所主管各事宜。

第三条　大本营置左列各机关，其编制别定之：

幕僚处。

兵站处。

军事委员会。

军务处。

军法处。

参军处。

政务处。

建设处。

度支处。

宣传处。

第四条　幕僚处参赞作战军令事宜。

第五条　兵站处专任作战军后方勤务事宜。

第六条　军事委员会赞襄联合作战，并任大本营与各省各军之联结。

第七条　军务处掌管战地军备之补充，及关于战地之军衡各事宜。

第八条　军法处审理并监督关于军法一切事宜。

第九条　参军处掌管大本营之内务及警卫，并战地慰劳、战况督察事宜。

第十条　政务处掌管战地外交、民政诸事宜。

第十一条　建设处规划军事范围外各种新事业之建设。

第十二条　度支处掌管大本营金钱出纳、预算、决算及筹备军费事宜。

第十三条　宣传处秉承大元帅意旨，宣传三民主义及建国方略于军队、人民。

第十四条　各机关之服务规程别定之。

第十五条　本条例由公布日施行。

大本营系统表

据《大本营条例》、《大元帅公布大本营条例》，载一九二二年二月一日上海《民国日报》

公布《大本营供给局条例》

（一九二二年一月二十三日刊载）

第一条　供给局主沿兵站线，采办军民需要物品，运到前方，以备军民购买；同时采办沿途重要物产，运回后方营卖。

第二条　供给局组织如左：

局长一人，文牍一人（一等局员），会计员二人（二等局员），庶务员一人（三等局员），营业员二人（三等局员），录事若干人，司事若干人。

第三条　局长由大元帅简任，局员由局长委任。

第四条　局长指挥局员办理局务。

第五条　文牍员专司掌管印信、收发公文、撰拟文搞〔稿〕、保管档案诸事务。

第六条　会计员专司收入、支出、预算、决算诸事务。

第七条　庶务员专司水陆运输、进出仓库诸事务。

第八条　营业员专司采买、发卖诸事务。

第九条　录事承局长、局员之命，司理缮写表册。

第十条　司事承局长、局员之命，司理各庶务。

第十一条　于军源地或沿途认为必要时，得设供给分局，其条例另定之。

第十二条　供给局或供给分局应办之事及营业之盈亏，随时呈报度支处。

第十三条　供给局或供给分局每日应造具报告报销册、买入册、卖出册，存货册，呈报度支处稽核存案。

第十四条　本条例自公布日施行。

据《大本营供给局条例公布》，载一九二二年一月二十三日上海《民国日报》

"日华林矿工业公司" 密约[①]

（一九二二年二月五日）

一、公司同意供给南政府二万枝最新式长枪、五百万发子弹、七十二尊野炮，及一万五千发炮弹、一百二十枝机关枪与子弹。

二、公司同意资助南政府五百万元（金）日元。

三、公司愿与南政府再签订另一援助金钱与军火的合约。

四、南政府同意将海南岛，及所有沿广东海岸之岛屿的开发权，及从厦门以南至海南岛的渔权，全让给公司专利包罗。

五、南政府同意公司对开发广西之林矿有优先权。

六、公司有全权开发本合约所提及的岛屿，并可改变地名。雇用之劳工须为中国人。但若某种工作，中国人不能胜任时，可雇用台湾或日本劳工。

七、公司将由各种委员会所控制。南政府指派三分之一的委员名额。委员会主席须为日本人。

八、公司同意在本合约签字后四个月，先交付南政府一百万（金）日元和三分之一的军械弹药。

在这时期内，南政府必须动员其军事行动。所剩余的，须等到南政府能显示出其权力，而控制到一个省（如江西、湖南或福建）之后，公司才能交付。此为何时，将由公司决定。譬如，攻陷其中一省的省都后，即可全部交付。

九、当第一次交付款项与军械弹药时，南政府总统必须签订另一附属合约，并交出充足的抵押。

据陈定炎、高宗鲁：《一宗现代史实大翻案——陈炯明与孙中
山、蒋介石的恩怨真相》，香港，吴兴记书报社一九九七年发行

---

① 一九二二年二月五日，孙文与"日华林矿工业公司"（Japan-China Forestry, Mining and Industrial Society）代表签订密约。据广州英国总领事詹美生的机密报告说："这不完全（英译）的文件，是从香港海陆军联合情报处的秘书传递给我的。他说一部分的中文原件是上月十六日后，在孙中山总统府的桌上发现的。这中文原件现在叶举将军手里。"这个密约共有十九条，此系其要点。

废除《暂行刑律补充条例》令

（一九二二年二月十七日）

大总统命令

　　《暂行刑律补充条例》应即废除。此令。

据《公布废除〈刑律补充条例〉》，载一九
二二年二月二十六日上海《民国日报》

公布暂行《工会条例》[①]

（一九二二年二月二十四日）

大总统令

　　兹制定暂行《工会条例》公布之。此令。

据《大总统命令》，载一九二二年三月五日上海《民国日报》

附：工会条例

　　第一条　凡从事于同一职业之劳动者有五十人以上，得以〔依〕本条例组织工会。

　　第二条　工会为法人。

　　第三条　工会之区域以市或县之区域为准，其合两区域以上设立工会者，须经省之主管署认可。

　　第四条　组织工会须由发起人连署提出注册请求书，并附职员履历书及章程各三份于地方官署，请求注册后，始得受本条例之保护。注册之地方官署在市为

---

　　① 此件为中国历史上第一次公布的工会条例，由广州政府内务部主持编订，经法律审查会核议，于一九二二年二月二十三日国务会议通过，次日由孙文以大总统命令公布。

市政厅，在其他地方为县公署。

第五条 地方公署于工会注册后，应以其职员履历书及章程各一份，呈送中央及省立之主管官署。

第六条 工会章程内须记明左列各事项：

一、名称及业务种类。

二、目的及其职务。

三、区域及所在地。

四、会员入会、出会之规定。

五、职员之职权，并选任、解任之规定。

六、会议之规定。

七、经费惩〔征〕收额、惩〔征〕收法及会计等之规定。

八、关于调查及统计编制之规定。

第七条 工会之职务如左：

一、图工业之改良发展。

二、关于工业法规之制定、修改、废止，及其他有关系之事项，得陈述意见于行政官署及议会。

三、以工人之公共利益为目的，得设立共济会、生产消费、住宅保险等各种合作社，并管之理〔理之〕。

四、以工人之公共利益为目的，得设立图书馆、研究所、试验所、科学教育、社会教育、职业教育、印刷出版等业，并管理之。

五、以共同的条件，得与其他合作社、公司、商店、工场、官营事业的管理局所，得缔结雇佣契约。

六、同业者之职业介绍，行五、六两款之职务时，不得以任何名义分取就业者之利益。

七、主张并防卫同业之利益，但不得有强暴胁迫情事。

八、凡遇雇主与佣人有争执事件后，对于各当事者发表或征集意见，并调处之。

九、调查同业者之就业、失业，制成统计。

十、调查劳动者之经济及生活状况。

第八条　工会之职务，由委员会处理之。委员会由各该工会会员以投票法，于会员内选举七人以上之委员组织之。委员得因事之繁简，互选若干人为职员，执行事务。

第九条　成年之男女劳动者，得自由为工会会员，且得自由退会。

第十条　非从事于各该工会所属之业务一年以上，且现从事于其业者，不得为该工会职员。

第十一条　工会对于会员，不得设有等级之差别。

第十二条　工会经常会费之征收，不得超过会员收入百分之三，但会员自愿多纳者不在此限。

第十三条　工会之基金及关于第七条第三、四款所定事业之经营，除该工会会员自愿认捐外，得受省、县及其他公共团体之补助。

第十四条　工会所有之下列各项财产，非依法律不得没收：

一、基金。

二、集会所、图书馆、研究所、试验所、学校以及关于共济、生产消费、住宅保险等合作事业之动产与不动产。

第十五条　工会每年应将该工会下列各事项，造具统计表册，呈报于所注册之地方官署：

一、职业〔员〕姓名及其履历。

二、会员之人数，入会、退会及其就业、失业、死亡、伤害之状况。

三、财产状况。

四、事业之成绩。

五、争执事件之有无及其经过。

第十六条　地方官署对于所辖区域内之各工会报告，每年一次，应汇编统计表册及状况说明书，呈报中央及省之主管官署。

第十七条　依本条例所设立之工会，得以两工会以上之结会，组织工会联合会。计用本条例之规定。

第十八条　违反本条例之工会职员，审判厅因检察厅之论告，得科以五元以上、五十元以下之罚金，并得其资格职员之取消。关〈于〉本条例第四条、第十五条所规定之事项，工会发起人及职员为虚伪之呈报，或不呈报者，审判厅因检察厅之论告，得科以十元以上、百元以下之罚金。

第十九条　关于工会之解散及清算，准遵用《商会法》第三十二条至三十八条之规定。

第二十条　本条例自公布日施行。

一九二二年二月二十四日

据《新政府公布〈工会条例〉》，载一九二二年三月六日上海《民国日报》

颁布《大本营战地民政管理局组织条例》

（一九二二年五月二十七日）

陆海军大元帅令

兹制定《大本营战地民政管理局组织条例》公布之。此令。

中华民国十一年五月二十七日

附：大本营战地民政管理局条例

第一条　依《大本营战地地方民政条例》第十二条所定设立大本营民政管理局，管理新克区民政一切事宜。

第二条　本局分左列各课：

一、政务课。

二、财政课。

三、总务课。

第三条　本局设局长一人，副局长一人。每课设课长一人，课员若干人。

第四条　局长、副局长由政务处长、度支处长会同呈请大元帅任命之。

第五条　课长由局长、副局长呈请政务处长、度支处长委任之。

第六条　课员由局长、副局长委任之。

第七条　局长、副局长依照《大本营管理战地民政条例》综理战地民政一切事务。

第八条　局长、副局长综理战地民政事务，应随时报告或请示政务处长、度支处长。

第九条　政务课长承局长、副局长命处理行政事务。

第十条　财政课长承局长、副局长命处理财政事务。

第十一条　总务课长承局长、副局长命处理不属政务、财政两课之事务。

第十二条　课员承局长、副局长及各该课长之命，佐理该课事务。

第十三条　本条例有未尽事宜，得由局长、副局长随时呈请政务处长、度支处长会同修改之。

第十四条　本条例自公布之日施行。

据《陆海军大元帅令》、《大本营战地民政管理局条例》，载一九二二年六月六日、七日上海《民国日报》

颁布《大本营管理战地地方民政条例》

（一九二二年五月二十七日）

陆海军大元帅令

兹制定《大本营管理战地地方民政条例》公布之。此令。

中华民国十一年五月二十七日

附：大本营管理战地地方民政条例

第一条　大本营为谋战地行政之统一及人民之安全起见，关于该地方之一切事宜，悉依本条例管理之。

第二条　本条例所称战地，包括讨贼军驻屯地、作战地及新克复地而言。

第三条　战地地方行政由大本营政务处管理，政务处长有任免及监督该地方行政官吏之权。

第四条　战地地方财政由大本营度支处管理。度支处长有任免及监督该地方行〔财〕政官吏之权。

第五条　战地地方行政、财政相关连者，由政务处长、度支处长会同管理，其所属官吏之任免及监督亦然。

第六条　无论何项军队，不得有在战地任免各项官吏，及向征收机关提取或借用款项，或其他迹近干涉地方事务之行为。

第七条　本条例施行后，如遇战地有前条情事时，政务处长、度支处长得以职权请其纠正或撤销之。

第八条　各军克复各地时，由大本营政务处、度支处依第三、第四、第五三条，任委各项官吏。但未经委任以前，各军得将各机关印信、卷宗及现存款项由各军司令保管，俟大本营任委人员到后移交。

第九条　各征收机关租税在军事时期，应随收随解，由度支处长掣据批回。其未经缴解者，由度支处长委员催提之。

第十条　各项税率均照各征收机关现行章则办理。

第十一条　政务处长、度支处长处理各事务，得应战地之情况，酌量委托该地方公正绅商助理或采其意见。

第十二条　大本营未移动到该新克复地之前，得由大本营战地民政管理局处理以上各事项，其组织及办事细则另定之。

第十三条　大本营移到新克复地之时，即将①大本营战地民政管理局应将其所办各事务，应即分别移交各该主管机关。

第十四条　大总统任命省长及其他行政机关完全成立时，政务处长、度支处长应于半个月内将管理事项分别移交省长及各主管机关接收。

第十五条　本条例如有未尽事宜，或滞碍难行之处，得随时修改。

第十六条　本条例自公布日施行。

据《陆海军大元帅令》，载一九二二年六月六日上海《民国日报》

---

①　"即将"二字似系衍文。

公布《大本营游击队别动队组织条例》①

（一九二二年五月二十七日）

陆海军大元帅令

　　兹制定《大本营游击队别动队组织条例》公布之。此令。

中华民国十一年五月二十七日

据《陆海军大元帅令》，载一九二二年六月六日上海《民国日报》

---

① 《组织条例》缺。